탄핵 인사이드 아웃

탄핵 인사이드 아웃

탄핵심판·형사재판 변호사의 1년간의 기록

채명성 지음

기파랑

나는 왜 이 책을 내는가

나는 박근혜 대통령 탄핵심판에서는 대리인단의 일원으로, 대통령 파면 결정 후 이어진 형사재판에서는 변호인단의 일원으로서, '탄핵사태'의 첫 1년을 대통령과 함께했다. 이 책은 대통령 파면 2주년을 앞두고 '아픈 1년'의 기록을 다시 들춰보고, 그 이후 벌어진 일들, 새로 드러난 것들과 연결하며 법률가로서의 판단과 개인적 소회를 시간순으로 간추려 본 것이다.

2016년 11월경으로 기억한다. 박근혜 당시 대통령에 대한 국회 탄핵소추안이 아직 발의되기 전, 대통령의 조기 퇴진 문제가 회자되고 있던 시점이었다. 나는 '한반도 인권과 통일을 위한 변호사모임(한변)' 소속 변호사들과 대통령이 처한 입장에 대해 의견을 나누고 있었다. 한 변호사가 "지금 (박 대통령 쪽엔) 사람도 없는 것 같은데 우리가 뭐라도 돕자"고 했고, 나를 포함해서 그 자리에 있던 변호사 4명 전원이 동의했다. 모두 40대 안팎인 젊은 변호사들이었다.

먼저 제안을 했던 변호사가 이후 유영하 변호사와 연락이 되었고, 우리는 며칠이 지난 어느 저녁 무렵 역삼동의 한 오피스텔에서 유 변호사를 만났다. 그는 우리에게 당시의 급박한 상황을 설명하며 도와 달라고 했고 우리는 뒤에서 돕기로 했다. 그날부터 우리는 검찰이 수사 중인 혐의에 대한 법리 검토 작업을 시작했다.

얼마 후 12월 9일, 국회에서 대통령 탄핵소추안이 가결되었다. 나는 유영하 변호사를 통해 박 대통령에게 탄핵심판사건을 돕고 싶다는 의사를 표명하고, 다니고 있던 법무법인 화우에서 퇴사했다. 그곳은 내가 법무관을 마치고 들어간 첫 직장이었기 때문에 나오기까지 고민도 많이 했고 여러 가지 두려움도 컸다.

하지만 탄핵심판 대통령 대리인단에 합류한 시점부터는 그런 생각을 할 겨를도 없었다. 탄핵심판부터 이후 대통령 구속과 형사재판까지, 1년 동안 모든 것이 너무 빨리 지나갔다. 촉박한 일정 속에서 기록을 검토하고 서면을 작성하고 재판을 수행하느라 사태를 되돌아볼 여유가 없었다.

2017년 10월 16일, 박 전 대통령 형사사건에서 변호인단이 총사퇴를 하면서 나도 다시 일상으로 돌아갈 수 있었다. 그해 10월 말 언론 인터뷰를 통해 개인적인 소회를 한 번 밝힌 것을 제외하고는 따로 이번 사태에 대해 언급하지 않았다. 의미가 없다고 생각했다. 그렇게 1년여의 시간이 흘렀다.

그 기간 동안 많은 일들이 있었다. '국정원 적폐 청산' 명목으로

민간인들이 국정원 메인서버를 열람하는 사태가 발생했고, '국
정원 댓글 수사 은폐' 혐의로 조사를 받던 국정원 소속 정치호 변
호사와 변창훈 검사가 스스로 목숨을 끊었다. '보훈 적폐 청산'
의 일환으로 보훈처는 박승춘 전 처장을 직무유기 혐의로 검찰에
수사의뢰했으나 검찰은 무혐의처분을 내렸다. '공관병 갑질' 논
란으로 문제가 된 박찬주 전 육군대장에 대하여는 지인으로부터
184만 원의 숙식비를 제공받은 혐의만 인정되었으며, 이영렬 전
서울중앙지검장의 '돈봉투 만찬' 혐의에 대하여는 무죄가 확정
되었으나, 두 사건을 계기로 군과 검찰에서 대대적인 인적 청산
이 이루어졌다. '드루킹 특검'의 조사를 받던 노회찬 의원과 세월
호 유가족 사찰 혐의를 받던 이재수 전 기무사령관이 투신 사망
했다. 현재는 양승태 전 대법원장을 타깃으로 한 '사법 적폐 청산'
작업이 한창 진행 중이다. 안타까운 일들이다.

이 모두가 첫 단추를 잘못 끼운 대가라고 생각한다. 어쩌면 국
회의 대통령 탄핵소추와 헌법재판소의 대통령 파면 결정부터 이
러한 사태는 예정되어 있었다. 세상 어떤 것도 인과율을 벗어날
수는 없다. 최선은 잘못을 깨닫는 데서부터 시작한다. 그것이 이
책을 쓰는 이유이다.

이 책의 가장 직접적인 계기가 되어 준 것은 2018년 10월 지인
을 통해 미국 교포들로부터 들어온 원고 청탁이었다. 지나간 과
정이 잘못되었다는 것은 알겠는데 구체적으로 무엇이 잘못인지

몰라 답답해 하는 교포들이 많다며, 사태의 전말을 10~20페이지 정도로 정리해 달라는 얘기였다. 그 글을 쓰면서 나도 근 1년 만에 지난 일들을 되돌아볼 수 있었다. 거기에 이후의 사정들을 더하고, 더 많은 사람들과 공유하기 위해 이 책을 쓰게 되었다.

이 책의 문장들은 과거시제이지만, 책의 시선은 철두철미 미래를 지향한다. 탄핵사태는 거짓이 진실을 덮고, 법치가 정치에 굴복한 과정이었다. 대통령의 대리인단·변호인단의 일원으로 결정적인 순간들을 지켜본 사람으로서, 이 과정을 객관적 사실과 법리적 관점에 비추어 냉철히 되짚어 보았다. 잘못된 과거를 되풀이하는 일이 다시는 없도록 하자는 바람에서다.

내가 처음 작성했던 원고는 변호사가 법원에 제출하는 의견서처럼 너무 딱딱했던 터라, 일반 독자들이 읽기 쉽도록 개인적인 경험들을 추가하고 용어를 수정하는 작업에 상당한 시간을 할애했다. 그 과정에서 여러 가지 조언을 아끼지 않은 통일과나눔재단 안병훈 이사장과 도서출판 기파랑의 박정자 주간, 김현호 뉴시스 상임고문, 윤석홍 단국대 명예교수, 김세중 편집자, 나로서는 과분한 책을 만들어 준 기파랑의 손혜정 님, 박은혜 실장, 허인무 부장께 진심으로 감사를 드린다.

2019년 1월

| 차 례 |

제2장 ——— 실체 없는 파면 사유
허상으로 얼룩진 탄핵심판 결정문

제3장 ——— "법치 이름 빌린 정치보복"
朴前대통령 형사재판의 실상

대통령 파면의 날

2017년 3월 10일 아침.

서울 종로구 헌법재판소 대심판정에는 긴장감이 감돌고 있었다. 청구인 측 '국회 소추위원단'과 피청구인 측 '대통령 대리인단' 모두 착석한 상태였다. 국회 소추위원단 단장인 권성동 당시 국제 법제사법위원회(법사위) 위원장은 옆자리에 앉은 소추위원단 대리인 황정근 변호사와 잠깐씩 이야기를 나누었다. 황 변호사는 잠깐 미소를 짓는 듯했으나 이내 긴장한 표정으로 돌아갔다. 대통령 대리인단의 이동흡, 이중환, 서석구 변호사 등은 모두 긴장한 표정으로 정면을 응시하고 있었다.

오전 11시가 되자 헌법재판관들이 들어오기 시작했다. 나는 재판관들의 표정을 하나하나 살펴보았다. 한 재판관이 웃음을 억지로 참는 듯한 표정으로 들어섰다. 재판관이 웃음을 참는다 — 그 표정이 크게 클로즈업되면서, 느낌이 좋지 않았다.

재판장인 이정미 헌법재판소장권한대행이 '선고요지문'을 읽어 내려갔다. 절차 흠결에 관한 결론을 먼저 읽은 뒤, 탄핵 사유에 관한 부분을 하나하나 낭독하기 시작했다. 공무원 임면권 남용이 없었다는 점, 언론의 자유를 침해하지 않았다는 점, 세월호사고와 관련하여 생명권 침해를 하지 않았다는 점…. 탄핵 사유 각각에 대한 기각 취지가 차례로 나오고 있었지만 마음은 더 불안해졌다. 정작 중요한 미르재단, 케이스포츠재단이나 47건의 청와대 문건 유출에 대한 판단은 뒤로 미룬 채 상대적으로 중요성이 낮은 쟁점의 결론부터 먼저 내놓고 있었기 때문이다.

　　이정미 재판장은 이어, 정호성 전 청와대 비서관이 최서원(최순실의 개명 후 이름)에게 문건을 전달하고 국정 개입을 허용했다는 부분, 최서원이 공직 후보자를 추천하였고 그중 일부가 최서원의 이권 개입을 도왔다는 부분 등을 읽어 갔다.

　　'이제 틀렸구나.'

　　온갖 생각이 머리를 스쳤다. 재판장의 목소리가 더 이상 제대로 들리지 않았다. 마지막 한 대목이 또렷이 귀를 때렸다.

　　"주문. 피청구인 대통령 박근혜를 파면한다."

　　헌정사상 초유의 대통령 파면이었다. 그것도 재판관 8명 전원 일치 결정이었다. 통합진보당 해산 결정(2014년, 당시 8 대 1)에서조차 없던 일이었다.

　　대통령 대리인들은 충격에 빠졌다. 모두 할 말을 잃었다. 이중환 변호사는 3~4분간 멍하게 앉아 있다가 퇴정했다. 나도 잠깐 하릴없이 서 있다가 대심판정을 빠져나왔다. 대리인들끼리 인사를 나눌 경황도 아니었다. 기자들을 피해 신속히 차에 올랐다.

차 안에서도 머리는 혼란스러웠다.

'대체 무슨 일이 벌어진 것인가? 우리는 무엇을 한 것인가? 국회는, 헌법재판소는, 사법부는, 언론은, 우리 국민은…?'

대통령 탄핵 논의가 처음으로 불거져 나온 2016년 가을부터 시작하여 국회의 탄핵소추안 가결, 헌법재판소의 탄핵심판, 이어진 박 전 대통령 형사재판. 아직도 진행형인 이 과정을 '탄핵사태'라 부르자. 돌이켜보면 탄핵사태는 있지도 않은 귀신을 몰아낸다며 온 나라가 미쳐 돌아간 한판 푸닥거리가 아니었을까 하는 생각마저 든다. 굿판에는 온갖 사람들이 몰려든다. 누구는 "저 여자에게 귀신이 들렸대"라고 수군대고, 누구는 무당의 현란한 칼춤을 보며 연신 두 손을 비빈다. 그런가 하면, 굿이나 보고 떡이나 먹자며 숟가락을 챙기는 이들도 있다. 그러나 우리는 정녕 귀신을 내몰기나 한 것인가? 아니, 애당초 귀신의 실체가 정말로 존재하기나 한 것일까?

나는 박 대통령 탄핵사태를 가장 가까운 거리에서 지켜본 목격자의 한 사람으로서 이제 그 물음에 답하려 한다.

제1장

헌재는 심판인가 코치인가

朴대통령 탄핵심판의 절차상 위법과 불공정

날림으로 가결된 '정치탄핵'

조사도 하기 전에 탄핵안 발의부터
본회의선 토론도 없이 일괄 표결
차 떠난 뒤 "쟁점 정리해 달라" 부탁 와

박근혜 대통령에 대한 국회의 탄핵소추결의안은 정치적 일정에 따라 급박하게 작성되었다. 소추안을 발의하고 의결할 때까지 국회 차원에서 사건을 제대로 조사할 기회조차 없었다.

'박근혜 정부의 최순실 등 민간인에 의한 국정 농단 의혹사건 진상 규명을 위한 국정조사'는 2016년 11월 17일부터 시작되었다. 그 첫 청문회가 12월 6일로 예정되어 있었는데, 국정조사 청문회가 열리기도 전인 12월 3일에 탄핵소추안이 발의되었다. '박근혜 정부의 최순실 등 민간인에 의한 국정농단 의혹사건 규명을 위한 특별검사의 임명 등에 관한 법률'에 따라 임명된 '최순실 특검'도 아직 본격 수사에 착수하기 전이었다. 이런 상황에서 국회에서 탄핵소추안이 발의되고, 6일 만인 12월 9일 가결되었으니 사건의 실상도 모르는 채 '해석'부터 해 버린 격이었다.

탄핵소추의 필요요건인 '소추 사유'조차 제대로 정리되지 않은 상태에서 국회는 박근혜 대통령 탄핵을 밀어붙였다. 2016년 12월 3일, 국회의원 171명이 날림으로 작성된 '대통령 탄핵소추안'을 발의했다. 더불어민주당 121명 전원, 국민의당 38명 전원, 정의당 6명 및 무소속 6명이 발의에 동참했다.

12월 8일, 더불어민주당과 국민의당 의원 전원은 "탄핵안 부결 시 의원직을 사퇴하겠다"고 결의했다. 배수진을 친 것이다. 헌법 제41조 2항은 "국회의원의 수는 법률로 정하되, 200인 이상으로 한다"고 규정하고 있어, 두 야당 의원 전원이 사퇴할 경우 국회가 해산되는 것이 아닌지에 대한 논란도 있었다. 법리대로라면 의원들이 사퇴할 경우 지역구 의원은 보궐선거를 치르게 되고 비례대표(전국구) 의원은 후순위 후보자가 의원직을 승계하게 되지만, 두 야당이 이렇게까지 배수진을 친 이상 탄핵소추안이 가결되든 부결되든 혼란은 불가피했다.

12월 9일 오후, 탄핵소추안 처리를 위한 본회의가 개최되었다. 국민의당 김관영 원내수석부대표가 탄핵소추안 제안설명을 했다.

제안설명 말미에 김관영 의원은 이런 발언을 했다.

"최근 박근혜 대통령에 대한 지지율은 4퍼센트대에 불과하며 전국에서 200만 명이 넘는 국민들이 촛불집회와 시위를 통해 대통령의 즉각 퇴진과 탄핵을 요구하고 있습니다. (…) 박 대통령에 대한 탄핵소추와 파면은 국론의 분열을 가져오는 것이 아니라 오히려 국론의 통일에 기여할 것입니다. (…) 존경하는 선배, 동료 의원 여러분! 지금 국회 앞에서 외치고 있는 국민들의 함성이 들리십니까?"

여론에 의한 탄핵이라는 점을 스스로 보여 준 것이다.

새누리당 의원들의 의사진행발언 신청이 있었으나 무시되고, 곧바로 투표가 시작되었다. 탄핵소추안 의결 과정에서 토론조차 이루어지지 않은 것이다. 새누리당 최경환 의원을 제외한 299명이 투표에 참여했다. 오후 4시경 개표가 시작되어, 국회의원 234명의 찬성으로 '대통령 탄핵소추안'이 가결되었다.

때문에 의원들은 탄핵소추안의 구체적 내용에 대하여 제대로 파악도 하지 못한 채, 언론을 통해 보도된 내용 정도만을 인식한 상태로 투표에 참여할 수밖에 없었다. 야당이 정치적으로 밀어붙인 탄핵에 당시 여당 새누리당 의원들이 개인의 득실을 셈하며 부화뇌동한 꼴이라, 국회의원 자신들부터 탄핵소추안의 구체적 내용이나 증거에는 관심이 없기도 했을 것이다. 아닌 게 아니라 나중에 탄핵심판이 한창 진행 중일 때, 한 국회의원으로부터 "탄핵심판의 쟁점이 무엇인지 의원들이 제대로 모르고 있다"며 탄핵심판의 실체에 대해 자료를 정리해 달라는 요청이 오기도 했다.

헌법 제65조 1항은 "헌법이나 법률을 위배한 때"에 한하여 국회는 탄핵의 소추를 의결할 수 있다고 규정하고 있다. 따라서 탄핵소추안의 의결은 객관적 '사실'이 확인된 이후에 이루어져야 하며, '의혹'만으로 의결하는 것은 위헌이다. 하지만 국회의 탄핵소추안 의결은 확인된 '사실'에 기초하고 있다고 보기 어려웠다. 그동안 제대로 조사도 하지 아니한 채 언론 보도에 기초하여 날림 발의하고 졸속 의결했기 때문이다.

또한 개별 탄핵 사유별로 투표가 진행된 것이 아니라 탄핵 사유 전체에 대하여 일괄하여 표결이 이루어졌다. 탄핵 사유가 13개나 되고 각각이 사실관계와 적용 법조가 다른 별개의 사유이므로, 개별 사유별로 독립된 의결 절차를 거치는 것이 타당하다. 미국의 경우에도 의회에서 개별 사유별로 탄핵 표결이 이루어진다.

만약 개별 사유별로 투표하지 않고 일괄하여 표결하면, 의원이 구체적으로 어떠한 사유로 탄핵에 찬성하는 의사인지 확인하기 어렵다. 예를 들어 '소추 사유 A'에 대하여 찬성하는 의원이 재적 의원 3분의 2에 미치지 못하고 '소추 사유 B'에 찬성하는 의원이 재적 3분의 2 이상에 해당하는 경우, 일괄 투표로 인해 '소추 사유 A'까지 인정되어 버리는 불합리한 결과가 발생할 수 있다. 일괄 투표는 의원들의 투표를 '소추 사유에 대한 투표'가 아니라 '탄핵에 대한 찬반 투표'로 전락시킬 우려가 있는 것이다. 실제로 개별 소추 사유별 투표가 이루어졌다면 표결 결과는 어떻게 달라졌을지 알 수 없다.

1972년 미국 닉슨 대통령 탄핵은 우리와 전혀 다르게 진행됐다. 이해 6월 12일 워터게이트사건이 터지고, 상원 특별조사위원회는 이듬해 2월 7일부터 1년간 사실 조사를 했다. 그리고 하원은 1974년 2월 6일 결의안을 통과시켜 하원 법사위원회에 탄핵 사유에 대한 조사 권한을 부여했다. 하원 법사위원회는 약 6개월간의 조사를 거쳤다. 조사를 마친 뒤 7월 27일부터 탄핵 사유별로 날짜를 달리하여 5가지 탄핵 사유에 대한 표결을 진행했고, 5개의 사유 중 3가지 사유가 인정된다며 닉슨 대통령에 대한 탄핵권고안을 채택하여 하원에 보고했다(닉슨은 8월 9일 하원의 탄핵안 의결에 앞서 사임). 탄핵 전에 상원 특별조사위원회에 의한 1년의 사실 조사와 하원 법사위원회에 의한 6개월의 탄핵 사유 확인 절차를 거친 것이다. 우리와 너무도 대비되는 장면이 아닐 수 없다.

탄핵소추안이 가결되던 시각 나는 네이버-카카오 뉴스제휴평가위원회에서 회의 중이었다. 당시 나는 대한변협을 대표해 이 위원회에 참여하고 있었다. 회의를 마치자마자 위원 한 분이 탄핵소추안이 가결되었다는 이야기를 했고, 그 자리에서 TV를 틀었다. 분위기는 왁자지껄했다. 일부 위원은 너무 조급하게 통과된 것 아니냐는 이야기를 하기도 했지만, 당시 자리에 있던 대부분의 위원들은 약간 상기된 표정으로 탄핵소추안 가결을 반기는 분위기였다. 나는 뉴스를 잠시 지켜보다 착잡한 심정으로 조용히 자리를 빠져나왔다.

국회의 '탄핵소추결의안'이 본회의를 통과하면 '탄핵소추의결서'가 되고, 그 정본(正本)을 헌법재판소에 접수함으로써 '탄핵심판' 절차가 개시된다. 권성동 국회 법사위원장이 소추안 의결 당일 헌법재판소에 소추의결서 정본을 직접 접수했다.

오후 7시경에 박근혜 대통령에게도 소추의결서 등본이 송달되었다. 그 시점부터 박 대통령의 직무권한 행사가 정지되고, 황교안 국무총리가 대통령권한대행으로 직무를 수행했다.

02

대통령 대리인단

처음엔 변호사들 합류 꺼려
규모 커지자 "벼룩 열 마리 몰고 부산 가기"
대통령, 변호사별로 꼼꼼한 인사말 준비

탄핵심판에서는 국회가 청구인이, 대통령은 피청구인이 된다. 국회는 법사위원장을 단장으로 하는 '소추위원단'을 통해 탄핵심판에 참여한다. 국회 소추위원단과 대통령은 대리인(단)의 조력을 받을 수 있다. 탄핵심판 절차는 형사소송 법령을 준용(準用)하게 되므로 국회 소추위원이나 소추위원의 대리인은 일반 형사재판의 검사 역할을, 대통령 대리인은 변호인의 역할을 수행하는 셈이다. 청구인(국회) 대리인단에는 8명의 변호사와 5개 법무법인에서 8명, 도합 16명의 변호사가 참여했다. 피청구인(대통령) 대리인단은 최종 12명의 변호사와 6개 법인에서 8명, 도합 20명의 변호사로 구성되었다.

　내가 박근혜 대통령 대리인단에 정식으로 합류한 것은 국회의 '대통령(박근혜) 탄핵소추의결서'가 헌법재판소에 접수된 2016년 12월 9일로부터 일주일 지난 12월 16일의 일이다. 이날 오전에 이중환 변호사의 사무실에서 최재경 전 청와대 민정수석비서관 등과 최종 면담을 가졌다. 이 자리에서 나의 합류가 최종적으로 결정되었다. 이른바 '최순실 특검'에 대한 대응은 유영하 변호사가 총괄하고 있었고, 헌법재판소 탄핵심판에 대한 대응은 국회의 탄핵소추안 의결 직전 사퇴한 최재경 전 수석이 총괄하고 있었다. 이때까지 이중환 변호사를 좌장으로 서성건, 손범규 변호사와 나까지 해서 대리인단은 4명의 변호사로 조촐한 규모였다.

　이날 대통령 대리인단은 헌법재판소에 '탄핵소추의결서'에 대한 반박 답변서를 제출하는 것으로 첫 공식 일정을 시작했다. 이중환, 손범규 변호사와 내가 헌법재판소에 직접 가서 답변서를 접수했다.

　이날부터 나는 이중환 변호사의 사무실로 출근했다. 당시 나는 기존에 근무하던 법무법인에서 급하게 퇴사하여 제대로 일할 사무실도 아직 마련하지 못한 상태였다. 이 변호사가 이런 사실을 알고 사무실을 제공했고, 나는 그 제안을 감사히 받아들였다. 이후에 정장현, 위재민 변호사가 순차로 사무실로 들어왔다. 그 인연으로 이중환, 정장현, 위재민 세 변호사와는 지금도 함께 근무하고 있다.

나는 '한반도 인권과 통일을 위한 변호사모임(한변)' 소속 젊은 변호사들과 여러 차례 정보를 취합하고 논의를 한 적이 있기 때문에, 국회의 탄핵소추 추진 과정에 대해 그전부터 비교적 잘 알고 있는 편이었다. 나는 2016년 11월 28일 더불어민주당에서 개최한 '박근혜 대통령 탄핵소추안 마련을 위한 긴급토론회'에도 대한변호사협회(변협) 법제이사 자격으로 참석했다. 그 자리에서 나는 "검찰 수사 결과나 공소장 기재 사실이 모두 인정될 경우 탄핵 사유가 인정되지만, 현 시점에서는 대통령의 범죄사실이 확정된 것으로 보기 어렵다"는 취지의 원론적인 답변을 했다. 개인 자격이 아니라 변협 법제이사 자격으로 참석한 자리였고 변협에서 요구하는 가이드라인도 있었기 때문에 그 정도 수준의 발표를 할 수밖에 없었다.

하지만 내가 대통령 대리인단에 합류하고 난 후 언론에서는 내가 "탄핵에 찬성했다가 태도를 바꿨다"는 식으로 비난을 했다. 먼저 나서서 해명을 하지는 않았다. 당시 언론 분위기 상 해명이 별 의미가 없다고 생각했기 때문이다.

대통령 대리인단은 헌법재판소 탄핵심판 절차가 진행되면서 지속적으로 충원되기는 했지만, 우여곡절이 많았다. 당시 분위기 상 대부분의 변호사들이 참여하기를 꺼렸다. 때문에 정해진 일정에도 상당한 차질이 생겼고, 초기에 합류한 대리인들의 고생이 심했다.

처음에는 이중환, 손범규, 서성건 변호사와 나까지 총 4명으로 대리인단을 꾸렸다.

이중환 변호사는 대구지검 서부지청장 출신으로 법무부 송무과장, 헌법재판소 부장연구관을 지낸 경력이 있어 탄핵심판사건의 적임자였고, 대리인단 좌장 역할을 했다.

손범규 변호사는 18대 한나라당 국회의원과 정부법무공단 이사장을 지냈고, 소송 수행뿐만 아니라 언론 대응 부분에서 큰 역할을 했다.

서성건 변호사는 대한법률구조공단 기획부장 출신으로 '시민과 함께하는 변호사들(시변)'의 운영위원으로도 활동했다. 서 변호사는 손범규 변호사와 함께 분위기 메이커 역할도 했다.

이후에 여러 분들이 더 합류했다.

전병관 변호사는 서울남부지법 부장판사 출신으로 헌법재판소 부장연구관으로 근무한 경력이 있었고, 이중환 변호사와 함께 대표대리인으로 지정되어 주도적인 역할을 수행했다.

송재원 변호사는 서울지법 판사 출신으로, 치밀한 법리 분석과 성실한 서면 작성뿐만 아니라 궂은일을 마다하지 않는 적극성으로 전력에 큰 보탬이 되었다.

서석구 변호사는 대구지법 판사 출신으로, 5공화국 때 '부림사건'의 1심 재판장을 맡아 일부 피고인에게 무죄판결을 내린 이력이 있다. 탄핵심판과 태극기집회 참여를 병행했다.

이동흡 변호사는 헌법재판소 재판관으로 재직했던 경험을 살려 탄핵심판 초기부터 뒤에서 큰 도움을 주었다. 그는 사정상 정식 합류는 늦었으나 합류 직후 대표대리인으로 지정되어 이중환, 전병관 변호사와 함께 주도적인 역할을 수행했다.

정장현 변호사는 서울지검 동부지청 부부장검사 출신으로 초기부터 사실상 합류하였지만 소속 법인 내부 사정으로 정식 합류가 늦어졌다. 고영태 녹음 파일을 최초로 발견하는 등 큰 역할을 했다.

위재민 변호사는 광주지검 부장검사 및 법무연수원 교수 출신으로, 한국수력원자력 상임감사로 재직하다가 퇴임 즉시 대리인단에 합류하여 형사법 부분의 이론 구성에 큰 도움을 주었다.

최근서 변호사는 서울중앙지검 부장검사 출신으로, 법리 검토와 서면 작성에 큰 도움을 주었다.

이상용 변호사는 법인 회생, 파산 전문 변호사로 대리인단에 물심양면 도움을 주었는데, 대통령의 모교인 장충초등학교 동창회장이라는 이력을 가지고 있었다.

황성욱 변호사는 '자유와 통일을 향한 변호사연대(자변)' 창립 멤버로 소송 수행과 언론 대응 양쪽 분야에서 파이팅 넘치는 활약을 펼쳤고, 이후 자유한국당 혁신위원으로도 활동했다.

김평우 변호사는 서울중앙지방법원 판사 출신으로 대한변협 회장을 지냈으며, 대심판정에서 헌법재판관들과 치열한 설전을 벌이기도 했다. 김 변호사는 미국에 있다가 귀국하여 탄핵심판 후반부에 합류한 관계로, 내가 그의 숙소로 여러 차례 찾아가서 기존에 진행된 내용들에 대해 설명을 하고 자료를 전달하기도 했다.

정기승 변호사는 대법관 출신으로, 치밀한 논리로 소추 사유를 반박하는 등 큰 도움을 주었다.

구상진 변호사는 서울중앙지검 검사 출신으로, 멋진 최후변론을 했고, 현재 '헌법을 생각하는 변호사모임(헌변)' 회장으로 있다.

장창호 변호사는 인천지검 부장검사 출신으로 연세대 정경대학 겸임교수를 역임했다.

조원룡 변호사는 파란만장한 인생을 살다가 39세에 서울대 법대에 입학하고 47세에 사법시험을 합격한 '늦깎이' 변호사다. 학번으로는 내 대학 1년 후배이기도 해서 20여 년 전부터 알고 지냈는데, 탄핵심판 도중 강일원 재판관에 대한 기피신청을 하기도 했다.

탄핵심판에는 직접 관여하지 않았지만 유영하 변호사는 서울북부지검 검사 출신으로 국가인권위원회 상임위원을 역임했다. 당시 특검에 대한 대응을 총괄하고 있었고, 탄핵심판에서는 정호성 전 청와대 비서관에 대한 증인 신문에 참여하여 큰 도움을 주었다.

이시윤 전 헌법재판관도 대리인단에 정식 합류하지는 않았지만 대통령을 위해 전문가 의견서를 제출했다.

마지막으로 최재경 전 청와대 민정수석비서관은 대검 중앙수사부장과 인천지검 검사장을 역임했고 현대자동차 비자금 사건 등 굵직굵직한 사건을 맡아 온 특별수사통으로, 검찰 내부에서 신망이 매우 두터웠다. 대심판정에 모습을 드러내지는 않았지만 탄핵심판을 뒤에서 총괄하면서 대리인단 구성부터 청와대와의 의사 연락, 주요 서면 작성에 대한 지원까지 전방위로 활약했다. 공식 회의에 참여했을 뿐만 아니라 매일같이 이중환 변호사와 만나 현안에 대해 논의했다.

대리인단 구성을 어느 정도 마친 시점부터 좌장인 이중환 변호사의 사무실에서 일주일에 한두 번씩 만나 전략에 대해 논의하고 업무를 배분했다. 내가 대리인단에서 막내인 데다 이중환 변호사와 같은 사무실로 옮겨와 있었기 때문에 자연스럽게 간사 역할을 맡았다. 서면의 취합, 제출이나 헌법재판소, 검찰과의 실무적인 의사 교환, 대리인들 사이의 제반 정보 공유 등도 내 역할이었다.

대리인 수가 늘어남에 따라 의견 조율도 쉽지만은 않았다. 원활한 탄핵심판 절차 진행을 위해 2017년 1월 9일 이중환, 전병관 변호사를 대표대리인으로 지정해 줄 것을 신청했고, 헌법재판관 출신인 이동흡 변호사 합류 이후인 2017년 2월 13일 이 변호사 역시 대표대리인으로 추가 지정해 줄 것을 신청하였다. 헌법재판소도 대리인 수가 늘어나면서 의사소통에 혼선을 빚을 것을 우려하던 터라 대표대리인 추가 지정 신청을 두말없이 받아들였다.

대리인들의 개성이 강해서 여러 가지 어려움이 있었다. 대리인들이 헌법재판소 재판정에서 법적으로만 다툴 것인지, 태극기집회에 참석하는 등 다른 방식의 활동도 병행할 것인지 의견이 일치하지 않았고, 헌법재판관들의 부당한 조치들에 대한 항의의 수위는 어느 정도로 할 것인지, 어떤 쟁점들을 강조할 것인지, 언론 대응은 어떤 식으로 할지 등에 대하여도 의견 대립이 있었다. 하지만 힘든 상황 속에서도 다들 서로를 배려하려고 노력했다. 중요한 현안은 항상 회의를 통해 결정했고, 결정된 내용에 대해서는 불만이 있더라도 따랐다. 공식적인 회의가 아니더라도 헌법재판소에 마련된 대기실 등 어디서나 항상 서로 의견을 나누고, 대리인 간에 개별적으로도 자주 연락을 했다. 그런 노력들이 있었기에 여러 가지 의견 대립에도 불구하고 대리인단이 그럭저럭 유지될 수 있었다. 대리인들 모두 힘든 상황 속에서 최선을 다했다.

좌장인 이중환 변호사는 최후변론을 마친 뒤 기자들에게 "벼룩 열 마리 몰고 부산 가는 것만큼 힘들다"는 소회를 토로하기도 했다. 나는 옆에서 계속 봐 왔기 때문에 이중환 변호사의 심정을 백 퍼센트 이해할 수 있었다.

대리인단은 청와대에서 대통령을 공식적으로 두 번, 2016년 12월 29일과 2017년 1월 24일에 만났다. 두 번 모두 오전 10시부터 회의를 시작했다. 그 자리에서 대리인들이 대통령께 자유롭게 의견을 개진하기도 하고 대통령이 법리적으로나 전략적으로 궁금한 사항에 대해 질문을 하는 등 자유로운 대화가 이루어졌다. 그 과정에서 나는 대통령이 비법조인임에도 심판 과정에 대해 상당히 자세히 알고 있다는 점과, 본인의 견해를 상당히 논리적으로 피력하는 점에 조금 놀라면서 안심했던 기억이 있다. 다른 한편으로는 대리인 한 명 한 명과 인사를 나누며 각기 다른 인사말을 건네며 안부를 묻는 걸 보고 참 섬세하고 준비성이 철저한 분이라는 인상을 받기도 했다. 당시 나와 인사를 나눌 때에는 "로펌도 그만두고 법제이사도 내려놓으셨다는데 어떡해요"라며 안타까워 해 주어 묘한 감동을 받은 기억이 있다.

03

시작부터 증거 채택 놓고 공방

언론 기사 짜깁기한 소추 사유

대리인단 "미확인 기사들, 전부 부동의"

재판관 "기사 난 건 사실 아니냐"

함량 미달 증거 놓고 번번이 대립

헌법재판소 재판관은 9명으로 구성된다. 재판관 중 3명은 국회에서 선출하고, 나머지 6명은 대법원장과 대통령이 각각 3명씩 지명한다. 이들이 국회 인사청문 절차를 통과하면 최종적으로 대통령이 헌법재판관으로 임명하게 된다. 헌법재판소장은 재판관 중에서 대통령이 국회의 동의를 받아 임명한다. 탄핵심판 초기 헌법재판소장이던 박한철 재판관이 2017년 1월 31일 퇴임하면서, 임명 일자가 가장 이른 이정미 재판관이 임시로 헌법재판소장의 권한을 대행했다. 이정미 재판관은 탄핵심판 결정 직후인 2017년

3월 13일 퇴임했다.

정치적 성격을 띤 재판이다 보니 헌법재판관들의 성향도 초미의 관심사였고, 언론마다 분석은 제각각이었다. 지명권자로 보면 퇴임한 박한철 소장과 서기석, 조용호 재판관은 박근혜 대통령이 지명했다. 대법원장 몫 3명 중 이정미 재판관은 노무현 정부 시절 이용훈 대법원장이, 이진성·김창종 재판관은 양승태 대법원장이 각각 지명했다. 국회 선출 3명 중 안창호 재판관은 새누리당 지명, 김이수 재판관은 민주통합당이 지명했고, 강일원 재판관은 여·야 합의로 지명된 케이스였다.

탄핵심판사건의 주심(主審)재판관으로는 헌법재판소의 '전자배당' 방식에 따라 강일원 재판관이 지정되었다. 헌법재판소법상 심판정의 질서와 변론의 지휘, 재판관들의 내부 회의인 '평의(評議)'의 정리는 재판장(헌법재판소장 또는 권한대행)의 역할이지만, 주심 재판관도 효과적인 재판 절차 진행을 위해 변론을 진행하고 평의를 주도하는 등의 역할을 수행한다. 실제 이번 탄핵심판 과정에서도 박한철, 이정미 재판장과 함께 강일원 주심재판관이 주도적인 역할을 했다.

대통령 대리인단은 2016년 12월 16일 헌법재판소에 제출한 답변서를 통해, 국회의 탄핵소추는 아무런 객관적인 증거 없이 이루어져 부적법하므로 청구를 기각해 달라고 요청했다. 답변서는 국회의 소추 사유를 하나하나 들어 가며 다음과 같이 반박했다.

- 최서원 등의 국가 정책 및 인사 개입은 사실이 아니다.
- 대통령이 국정 수행 과정에서 일부 지인의 의견을 들었다고 하더라도, 이는 사회 통념상 허용되는 일이다.
- 미르재단과 케이스포츠재단에 출연한 기업 관계자들은 모두 "재단 설립 취지에 공감해 돈을 냈다"고 국회 청문회나 검찰 조사에서 진술하였다.
- 국정의 최고책임자인 대통령이 시야가 제한되어 있는 직업공무원에 한정하지 않고 여러 경로를 통해 국민과 기업들의 애로사항을 청취하고 해결하는 것은 동서고금을 막론하고 널리 인정되어 왔다.
- 다만, 이 과정에서 최고권력자의 친인척이나 지인들이 최고권력자의 권위를 이용하여 개인적 이익을 취해 온 사례는 무수히 많으며, 우리나라 전직 대통령들 역시 예외가 아니다.

아울러, 최서원 등이 서울중앙지방법원에 기소되어 형사재판이 진행 중이고 그 재판에 대통령이 '공범'으로 적시(摘示)되었으므로 사실상 동일한 재판이 법원과 헌법재판소에서 동시에 진행되고 있는데, 만약 헌재의 심판과 형사재판의 결론이 다르게 나온다면 여러 가지 문제가 발생할 수 있다는 점도 지적했다.

이 마지막 지적과 관련, 결과론이지만 헌법재판소도 최종 결정문에서 대통령의 '형사법 위반' 부분에 대해서는 따로 판단을 하지 않게 되는데, 그 과정은 본문에서 상세히 소개할 것이다.

대통령 대리인단이 반박 답변서를 헌법재판소에 제출함으로써 본격적인 법리 다툼이 시작되었다.

청구인인 국회에서는 권성동 법제사법위원장을 비롯한 여·야 의원 9인으로 '소추위원단'을 구성하고, 소추위원의 대리인으로 황정근 변호사 등을 선임했다. 피청구인인 박근혜 대통령은 대리인으로 이중환, 손범규, 채명성 변호사 등을 일차 선임했다.

이후 절차는 먼저 '변론준비기일'을 통해 쟁점과 구체적인 주장, 입증 방식 등에 대한 서로의 입장을 교환하고 향후 계획을 조율한다. 어느 정도 재판 계획이 수립되면 '변론기일'을 통해 증인신문, 증거 조사 등의 방식으로 구체적인 주장, 입증을 하게 된다. 박 대통령 탄핵심판의 경우 2016년 12월에 3차례의 변론준비기일이 열렸고, 2017년 1월부터 2월 말까지 총 17차례의 변론기일이 열렸다.

변론기일에서의 증인 신문은 일방 또는 쌍방이 신청한 증인을 헌법재판소가 채택한 경우에 한하여 이루어지며, 증인이 출석하면 먼저 증인을 신청한 측이 주(主)신문을 하고 상대방은 반대신문을 하는 방식으로 이어진다.

탄핵소추의결서의 '소추 사유' 중에는 기재의 취지 자체가 불분명하거나, 기재된 내용만으로는 탄핵 사유가 된다고 보기 어려운 내용들이 다수 포함되어 있었다. 너무 급하게 작성된 탓이었다. 게다가 사실관계도 불분명한 경우가 많았다. 탄핵소추의결서를 처음 읽으며, '소추 사유도 불분명하고 중언부언하는 내용이 많아 참 읽기 어렵다'고 생각했다.

　본래 탄핵소추 사유는 그 자체로 명확해야 한다. 탄핵심판 절차에 준용되는 형사소송법에는 공소사실의 기재가 특정되지 않을 경우, 즉 무슨 잘못을 저질렀는지 명확하게 드러내지 않을 경우 '공소 기각' 판결을 하도록 명시하고 있다. 탄핵심판에 준용하면, 탄핵 사유가 명확하지 않으면 탄핵소추를 기각해야 한다. 이 점과 관련, 후에 헌법재판소도 탄핵심판 결정문에서 "이 사건 소추의결서의 헌법 위배 행위 부분은 사실관계를 중심으로 기재되어 있지 않아 소추 사유가 분명하게 유형별로 구분되지 않은 측면이 없지 않지만"이라고 전제하여 이러한 점을 일부 인정하면서도, 다른 부분과 함께 보면 구체성이 인정된다고 두루뭉수리하게 판단하고 넘어갔다.

　국회의 탄핵소추의결서에는 21개의 참고자료가 첨부되었다. 언론 기사가 15개, 검찰 공소장이 2개였고, 나머지는 과거 대법원 판결문이나 대통령 대국민담화문(제2차, 2016. 11. 4) 등이었다. 탄핵소추의 근거는 사실상 언론 기사와 검찰의 공소장이 전부였던 것이다. 언론 기사는 최서원의 김종덕, 김상률 인사 개입 관련 기사, 유진룡 전 문화체육관광부(문체부) 장관의 승마협회 조사 관련 인터뷰 기사, 차은택의 늘품체조 예산 지원 관련 기사 등이었고, 검찰 공소장은 하나는 최순실·안종범·정호성에 대한 것, 다른 하나는 차은택 등에 대한 것이었다.

실제 헌법재판소의 탄핵심판 과정에서, 언론 기사를 증거로 채택할 것인지가 쟁점이 되었다. 증거라고 내놓은 기사들은 여러 사안들에 대하여 의혹을 제기하는 수준에 불과하여, 탄핵 기각 또는 인용(認容)의 판단 근거로서 함량 미달이었다. 대통령 대리인단 변호사들은 황당해 했다.

헌법재판소가 국회 소추위원단 대리인이 제출한 언론 기사를 증거로 채택하려는 움직임을 보이자, 2017년 1월 5일 변론기일에서 대통령 대리인단의 이중환 변호사는 "언론 기사는 전부 부동의(不同意)합니다"라는 입장을 명확히 밝혔다. 그러나 강일원 주심재판관은 "언론 기사의 내용 자체를 부정하더라도, 그런 언론 기사가 존재했다는 사실 자체는 인정하는 것 아닌가요"라고 되물었다.

당시 상황에서 언론 기사 대부분이 대통령에게 불리했고 오보도 상당수 존재했기 때문에, 언론 기사는 국회 소추위원 측에 일방적으로 유리한 자료들이었다. 강일원 재판관의 말은 언론 기사를 증거로 채택하더라도 기사의 '내용'이 아니라 그러한 기사가 '있었다는 사실'을 증거로 채택하겠다는 것인데, 헌법재판관들의 판단의 기초가 될 '심증(心證)' 형성에 기사가 영향을 미칠 것은 불을 보듯 뻔했다. 어차피 심증은 그 전부터 형성되어 있었을지도 모른다. 결국 언론 기사는 증거로 채택되었다.

이후에도 증거로서 함량 미달인 것들을 두고 재판관들과 대통령 대리인 간에 이런 실랑이가 여러 번 있었다.

수사 기록 증거 채택은 위법

법규 의식해 기록 송부 꺼리던 검찰·특검
헌재 거듭 재촉에 3만여 쪽 보내와
최종 결정문엔 '근거 증거' 명시 없어

언론 기사와 함께 증거로 제출된 검찰 공소장도 별반 나을 바 없었다. 예를 들어 최서원의 공소장에는 최서원의 행위를 적시하는 가운데 간간이 "대통령과 공모하여"라는 문구가 들어가 있을 뿐, 막상 대통령이 구체적으로 어떤 위법행위를 했다는 것인지 불분명했다.

증거 조사의 경우, 검찰 수사 기록 중 각종 조서에 대하여는 부동의할 경우 본래 조사를 받은 당사자를 불러 확인하는 방식으로 이루어지며, 녹음 파일 조사는 심판정에서 파일을 재생하는 방식으로 이루어진다. 그리고 제3의 기관에 사실 조회를 하거나 '문서송부촉탁' 신청 등을 하기 위해서는 헌법재판소의 승인이 필요하다.

헌법재판소법 제32조 단서는 "재판, 소추 또는 범죄 수사가 진행 중인 사건의 기록에 대하여는 송부를 요구할 수 없다"고 명시하고 있다. 따라서 헌법재판소가 최서원사건 등에 대한 검찰 등의 수사 기록 제출을 요구하는 것은 명백한 위법이다. 하지만 헌법재판소는 2016년 12월 15일 특검과 검찰에 최서원사건 등에 대한 수사 기록 제출을 요구했다. 헌법재판소는 공보관을 통해 "최서원사건 등 검찰 수사는 종결되었고, 특검 수사는 아직 개시되지 않았다"는 이유로 관련법에 저촉되지 않는다는 입장을 밝혔다.

공보관의 발표는 사실과 다르다. 최서원 등에 대하여는 이미 검찰의 기소가 이루어져 2016년 12월 19일 서울중앙지방법원에서 첫 기일이 열리는 등 1심 재판이 진행 중이었고, 특검도 검찰로부터 수사 기록을 넘겨받아 수사를 진행하고 있었다. 당시 언론 보도로도 특검이 김기춘, 우병우 등에 대해 출국 금지를 하는 등 수사가 한창 진행 중인 것은 누구나 알고 있었다. 그럼에도 헌법재판소는 특검 수사가 개시되지 않았다며 기록 송부가 적법하다고 한 것이다.

헌법재판소는 "법원은 직권 또는 검사, 피고인이나 변호인의 신청에 의하여 공무소 또는 공·사 단체에 조회하여 필요한 사항의 보고 또는 그 보관 서류의 송부를 요구할 수 있다"고 규정한 형사소송법 제272조도 근거로 들었으나, 헌법재판소법 제40조는 "헌법재판소법에 특별한 규정이 있는 경우를 제외"하고 형사소송법을 준용하도록 명시하고 있으니 이 경우는 헌법재판소법 제32조에 따라야 한다.

헌재가 특검과 검찰에 수사 기록 제출을 요구한 이튿날인 12월 16일 대통령 대리인단은 검찰과 특검의 기록 송부가 헌법재판소법 제32조 단서에 위배된다는 취지의 이의신청서를 제출했으나, 이 이의신청은 12월 22일 기각되었다. 하지만 오히려 검찰과 특검 쪽에서 법 위반 소지가 있다고 판단했는지, 유보적 태도를 보이며 이때까지 수사 기록을 제출하지 않고 있었다. 그러자 헌법재판소는 12월 23일 국회 소추위원단의 요청에 따라 수사 기록을 송부해 달라며 재차 검찰과 특검에 공문을 보냈다. 이에 검찰 특별수사본부는 12월 26일 3만 2천 페이지에 달하는 방대한 분량의 수사 기록을 헌법재판소에 제출했다. 수사 기록은 탄핵심판 종결 무렵에는 5만 페이지까지로 늘어난다.

헌법재판소에 검찰 수사 기록이 도착한 것은 크리스마스 이튿날인 2016년 12월 26일이었다. 이날 대통령 대리인단 측도 등사 신청을 하고 직접 기록을 가지러 갔다. 당시 사무실에 남자 직원이 없었기 때문에 정장현 변호사와 내가 가서 수사 기록들을 직접 차에 실어 날랐다. A4 박스 수십 개 분량이었다. 그리고 그 기록들을 업체에 맡겨 PDF 파일로 변환해서 각 대리인들에게 전달했다. 대리인단 체제가 아직 정비되지 않아, 재판 준비를 하던 와중에 그런 일까지 일일이 직접 해야 했다.

기록을 나르면서 이런저런 걱정이 앞섰다. 대통령 대리인단은 검찰과 특검의 기록 송부에 대해 이의신청서를 제출했으나 기각된 상태였다. 재판이 편파적으로 흐르지 않을까 하는 막연한 불안감을 느꼈다. 3만 페이지 넘는 기록을 언제 다 보고 어떻게 논박할지에 대한 걱정도 있었다.

시간이 지나며 걱정은 현실이 되었다. 대리인들은 주말도 없이 밤낮으로 기록을 검토했지만 정해진 재판 일정을 소화하기 어려웠다. 헌법재판소는 수사 기록이 있었기 때문에 시한을 정해 놓고 재판을 진행할 수 있었다. 헌법재판소로서는 검찰 수사 기록에 따라 사실 인정을 하고 재판하면 그뿐이었다. 수사 기록에 대한 반박은 대리인들의 몫이었으나, 제대로 반박할 수 있는 시간이 주어지지 않았다.

헌법재판소는 검찰로부터 수사 기록을 제출받은 즉시 검토에 착수했다. 어쩌면 여기서부터 결론이 정해졌을지도 모른다. 검찰이 수개월간 작성한 수사 기록을 검토하는 순간 대통령은 유죄라는 강력한 예단이 형성되었을 것이기 때문이다.

이러한 예단 형성을 방지하기 위해 형사재판에서는 '공소장일본(一本)주의'를 적용한다. 검사가 공소를 제기할 때 공소장만 제출할 뿐 그 외의 증거들은 일체 제출하지 못하게 하는 것이다. 재판이 진행되면 증거 조사를 거쳐 적법성이 인정된 증거만 법원이 보게 된다. 위법한 증거에 의해 선입견이 생기는 것을 방지하는 장치다. 헌법재판소법 제40조는 다른 심판 절차와 달리 탄핵심판에는 형사소송 법령을 준용하도록 규정하고 있다. 탄핵소추의결서 상 탄핵 사유에도 헌법 위반과 함께 형사법 위반이 포함되어 있었다. 따라서 탄핵심판은 형사재판과 같이 엄격하게 진행되었어야 한다.

헌법재판소 산하 헌법재판연구원이 2015년에 발간한 『주석 헌법재판소법』에도 이렇게 기술돼 있다.

"(탄핵심판은) 1차적으로 형사소송에 관한 법리를 적용하는 것이 원칙이라 할 것이다. 특히 증거 조사 절차와 증거법칙은 특별한 사정이 없는 한 형사소송에 관한 법령을 적용함이 옳을 것이다"(688쪽).

하지만 헌법재판소는 심판 절차가 본격적으로 시작되기 전부터 검찰이 제출한 수사 기록을 모두 열람했다. 예단이 형성됐음에 틀림없다. 심판 절차 진행 과정에서 형식적으로 대통령 대리인단이 부동의한 증거 중 일부나 위법성이 인정되는 증거가 배제되기는 했지만, 헌법재판관들이 이미 그러한 증거들도 모두 열람한 상태였기 때문에 증거 조사 절차 자체가 사실상 무의미했다. 그렇게 증거들을 사전에 모두 열람할 거라면 헌법재판소가 증거 조사는 왜 했는지 의문이다.

그런데 헌법재판소는 최종 결정문에서, 대통령 파면 결정에 이르는 판단의 근거가 된 증거가 무엇인지도 별도로 적시하지 않았다. 어떤 사실을, 어떤 증거에 기초해서 인정했는지 확인할 방법이 없는 것이다. 헌법재판소에서 진행된 증거 조사 절차 자체가 구색 맞추기에 지나지 않았다는 생각을 지우기 어렵다.

묻혀 버린 태블릿PC의 진실

태블릿 증거 신청 기각

'최순실 농단' 발단 된 태블릿PC
실소유자 누군지도 불분명
헌재는 "쟁점 아니다" 무시

탄핵사태의 중요한 발단 하나가, 애매하게 최서원의 것처럼 포장
된 태블릿PC였다. 대통령 대리인단은 문제의 태블릿PC가 증거
로서 유효한가, 즉 '증거능력'에 대해 의구심을 가지고 있었고, 탄
핵심판 초기부터 이를 적극적으로 밝히고자 했다. 대리인단은 변
론준비기일 단계부터 태블릿PC에 대한 의혹이 해소될 필요가 있
다는 점을 명확히 했다.

　태블릿PC는 국회의 탄핵소추의결서 중 '국민주권주의, 법치주
의 위배' 등의 쟁점과 관련이 있었고 탄핵소추의결서에 첨부된

공소장의 핵심 단서임에도 불구하고, 태블릿PC의 진위나 입수 경위, 제3자에 의한 오염 여부에 대해 논란이 이어지고 있는 상황이었다. 언론 보도에 따르면 검찰은 최서원에 대한 조사 과정에서 '포렌식 검사 중'이라는 이유로 최서원에게 태블릿PC를 한 번도 제시한 적이 없다. 태블릿PC 요금을 김한수 전 청와대 행정관이 납부한 것으로 알려지면서, 태블릿PC의 주인이 누구인지에 대한 논란도 일고 있었다. 대통령 대리인단은 이러한 내용이 기재된 언론 기사를 헌법재판소에 제출했다.

하지만 당시 국회 소추위원단 측은 태블릿PC에 대해 거론하기를 꺼렸다. 탄핵심판 과정에서 태블릿PC에 대한 공방이 이루어지고 만약 최서원이 태블릿PC의 실소유자가 아니거나 언론 보도 과정에서 파일이 조작되었다는 점이 발견된다면 여론이 급반전될 수도 있는 상황이었다.

대통령 대리인단은 2016년 12월 27일 추가 입증 계획에 대한 서면을 헌법재판소에 제출하면서, 태블릿PC에 대한 조사가 필요하다는 점을 명확히 했다. 내부적으로 이 부분을 꼭 짚고 넘어가자는 데 의견이 일치하고 있었다. 그리고 12월 30일 추가 서면을 통해 태블릿PC의 진위, 입수 경위 및 제3자에 의한 오염 여부에 대해 논란이 이어지고 있는 점, 검찰이 소유주로 지목되는 최서원에게조차 당시까지 태블릿PC를 제시한 적이 없는 점, 김한수 전 행정관이 2014년 3월경까지 요금을 지불한 것으로 알려진 점(당시까지 그렇게 잘못 알려짐)을 지적했다.

김한수 전 행정관은 2012년 새누리당 대선후보 경선 때 박근혜 후보 경선캠프에서 SNS팀장으로 근무했고, 2013년 2월부터 청와대 홍보수석실 산하 뉴미디어정책비서관실에서 행정관으로 근무했다. 그는 2012년 6월경 고 이춘상 보좌관의 요청에 따라 본인이 이사로 재직했던 '마레이컴퍼니' 명의로 태블릿PC를 개통하여 박 후보 경선캠프 사무실에서 이춘상 보좌관에게 전달했다. 이 보좌관은 박 후보의 최측근 수행비서였으나 대통령선거를 10여 일 앞두고 교통사고로 사망했다. 태블릿PC 요금은 2013년 1월경까지는 마레이컴퍼니에서 납부했고, 이후 김 행정관이 마레이컴퍼니를 퇴사하면서 이때부터 2014년 3월경이 아니라 2016년 12월까지 근 4년간 김 행정관 명의의 신용카드로 지급했다.

　하지만 헌법재판소는 태블릿PC는 탄핵심판의 주요 쟁점이 아니고 분석보고서가 있는지도 확실치 않다며 대리인단의 요청을 받아들이지 않았다. 강일원 주심재판관은 2017년 1월 10일 '태블릿PC 분석보고서'에 대한 문서송부촉탁 신청을 기각하며 다음과 같이 말했다.

　"태블릿PC 감정결과서(분석보고서)가 존재하는지 여부를 우리가 알지 못합니다. 청구인 측 증거자료에 태블릿PC 자료가 일부 들어 있는 건 맞지만, 아직 증거 조사가 안 되어 현재로서는 쟁점이 아닙니다."

　포렌식 검사 중인 태블릿PC의 분석보고서가 존재하는지 알지 못하고, 현재로서는 쟁점이 아니라니, 참으로 이해하기 힘든 논리였다.

대리인단은 이미 '포렌식 검사 중'이라는 이유로 검찰이 최서원에게 태블릿PC를 제시하지 않았다는 언론 기사까지 헌법재판소에 제출한 상태였다. 검찰은 태블릿PC와 같은 디지털 자료는 통상 '포렌식' 작업을 거친다. 포렌식이란 PC나 노트북 같은 디지털 기기에 남아 있는 각종 데이터, 이메일 접속 기록 등 정보를 수집, 분석하고 범죄 단서를 찾는 수사 기법이다. 대검찰청은 2008년도부터 별도의 '국가디지털포렌식센터'를 설치하여 운영 중이다. 대통령과 관련된 중요한 사건에서 검찰이 초미의 관심사가 된 태블릿PC에 대해 포렌식 작업을 하지 않는다는 것은 상상하기 어렵다. 당연히 분석보고서가 존재한다.

강일원 재판관은 분석보고서가 "존재하는지를 알지 못한다"고 했으나, 그것은 헌법재판소가 얼마든지 직접 확인할 수 있었다. 비공식적으로 확인해 보기를 원치 않았다면 검찰에 일단 문서송부촉탁 신청을 하면 된다. 보고서가 존재하면 검찰이 보내줄 것이고, 그렇지 않으면 문서가 존재하지 않는 것이다. 그렇게 설명하면 되는 사안이었다.

강일원 재판관은 또 태블릿PC가 "현재로서는 쟁점이 아니다"라고 했으나, 탄핵심판의 발단이 JTBC의 태블릿PC 보도였다. 태블릿PC에 대하여 이미 수많은 의혹들이 제기된 상태였기 때문에 진실 확인이 반드시 필요했다. 강 재판관조차도 국회 소추위원단이 제출한 증거자료에 태블릿PC에 대한 자료가 일부 있다는 점을 인정했다. 당연히 태블릿PC는 탄핵심판의 핵심 쟁점이었다. 탄핵소추의결서에 '최서원에게 누설된 문서'라고 기재된 47건의 문건 중 3건이 태블릿PC에서 나왔다고 국회 소추위원단도 주장하고 있었던 상황이므로, 태블릿PC 실물의 확인은 필수적이었다. 더욱이 최서원은 태블릿PC가 본인 소유가 아니며 조작할 줄도 모른다고 주장하고 있던 터였다.

결국 헌법재판소는 태블릿PC 자체는 물론 분석보고서조차도 증거로 채택하지 않았다. 태블릿PC가 쟁점화될 가능성을 원천적으로 차단한 것이다.

탄핵심판에 준용되는 형사소송법에서는 '전문(傳聞)법칙'이라 하여, 사실을 직접 경험한 사람의 구두 진술을 제외하고 서면이나 타인의 진술 등 간접 형식으로 제출된 '전문 증거'는 엄격한 요건 하에서만 증거로 인정하는 원칙이 있다. 헌법재판소는 어떤 사안에서는 탄핵심판이 형사재판과 다르다며 전문법칙 같은 형사법 규정이 백 퍼센트 적용되는 것은 아니라고 주장하고, 또 다른 사안에서는 증거 조사를 거론하며 엄격한 형사법 규정을 적용해야 하다는 태도를 취했다. 지나치게 자의적이라는 느낌을 지우기 어려웠다.

헌법재판소의 기각 결정으로 태블릿PC 분석보고서는 끝내 탄핵심판에 제출되지 못했다. 박 대통령 파면 후 반 년이 지나 2017년 9월 11일 대통령 형사재판에서 비로소 법원에 제출된 분석보고서는, 국회의 탄핵소추 전인 2016년 10월 25일 작성된 것으로 되어 있었다. 탄핵사태의 결정적 계기 중 하나였던 태블릿 PC가 정작 탄핵심판에서는 증거로 채택되지 않고, 나중에 형사 재판에만 이용된 것이다.

만약 탄핵심판 과정에서 '태블릿PC 분석보고서'가 본격적으로 논의되었다면 진실 발견이 보다 용이했을 것이다. 사태가 다른 국면으로 전개되었을 수도 있다. 헌법재판소가 이런 점을 의식해 의도적으로 차단한 것인지는 알 수 없지만, 헌법재판소의 소극적인 태도로 인해 대통령 대리인단이 태블릿PC 분석보고서를 볼 기회도 사라지고 말았다.

최순실은 태블릿 조작법도 몰라

나중 형사재판에서 비로소 등장
최순실 아닌 제3자가 사용한 정황
처음부터 따졌다면 사태 달라졌을 것

최서원은 2017년 1월 16일 헌법재판소에 증인으로 출석해 이렇게 주장했다.

"전 태블릿PC를 근본적으로 누르는 거 외에는 그걸 찍어 가지고 운용하거나 이런 거를 잘 못한다. 근데 자꾸 태블릿PC가 뭐 한두 개 계속 나왔다 그러는데 지난번 검찰에서 아무리 보여 달래도 보여 주지도 않고, 저는 그게 어떻게 된 건지도 모르겠다."

또한, 최서원은 정호성 전 청와대 비서관이 자기에게 보낸 문건들을 자기가 일일이 다 열어 보지 않는 사이에 고영태 등 주변 인물들이 열어 보고 자료를 이용했을 가능성이 있냐는 대통령 대리인 손범규 변호사의 질문에 대해 "(그럴 가능성이) 있다고 보여집니다"라고 증언했다.

반면, 태블릿PC의 개통자인 김한수 전 행정관은 대통령 파면 결정 후인 2017년 9월 29일 대통령 형사사건에 증인으로 출석해 "2012년 가을 최서원이 태블릿PC를 가방에 넣는 모습을 목격했다"고 진술했다. 이러한 진술은 대통령 형사사건에서 유력한 증언으로 사용됐다. 이날 대통령 변호인인 도태우 변호사는 김 전 행정관에게 이런 질문을 던졌다.

"태블릿PC 분석보고서에 따르면 (2012년) 11월에야 한컴뷰어가 깔렸기 때문에 그 전에는 (이 태블릿PC에서) 아래아한글문서 일체를 (열 수도 없고) 볼 수도 없는 상황이었다. 또한 (이 태블릿PC는) 통화조차 되지 않는 기종이었다. 태블릿PC에 저장된 사진 수백 장 중에 최서원 개인과 관련된 사진은 두 장 정도밖에 없고 유아 관련 사이트를 다닌 듯한 웹서핑 흔적도 50컷 이상 보인다. 최서원이 이 태블릿PC를 어떤 용도로 사용했다고 생각하는가?"

김 전 행정관은 제대로 답변을 하지 못했다.

태블릿PC가 최서원 소유가 아닐 수 있다는 또 다른 정황증거도 있다. 박근혜 후보 대선캠프에서 일했던 신혜원 씨는 태블릿PC 분석보고서가 형사재판에 제출된 후인 2017년 10월 8일 기자회견을 열고, 이 태블릿PC를 본인이 사용했다고 증언했다. 그는 태블릿PC 분석보고서에 수록된 사진 속 젊은 여성이 자신과 함께 일했던 캠프 여직원이라는 주장도 했다.

2017년 10월 11일자 〈일요신문〉 인터넷판 기사는 더욱 구체적인 정황증거를 드러내고 있다. 〈일요신문〉이 태블릿PC 분석보고서를 입수한 뒤 작성한 이 기사의 주요 내용은 다음과 같다.

- 태블릿PC에서 총 1,876장의 사진이 발견되었는데 메이플스토리 게임 화면, 연예인, 웹툰, 젊은 여성이 입을 만한 옷과 액세서리 캡처 사진이 대부분이다.
- 태블릿PC에 저장된 연락처 15개는 대부분 중복이거나 이메일 주소 등이었고 의미 있는 연락처는 4개에 불과했는데 김한수 행정관, 이춘상 보좌관, 김 행정관의 친구이자 최서원의 조카인 인물, 정체를 알 수 없는 1인의 연락처로 추정된다.
- 복구된 카카오톡 메시지 상 "하이"라는 단어가 발신됐고, "잘 도착했어. 다음 주 초에 이 팀하고 빨리 해서 시작해. 내가 얘기한 주요한 사항 정리해서 빨리 해", "입장표 좀 메일로 보내라구 김 팀에게 얘기해 줘", "인터넷이 잘 안 돼. 거기서 어떻게 해 봐", "서둘러서 월, 화에 해라"(띄어쓰기 및 맞춤법 손봄) 등의 메시지가 발신되었다.
- 그러나 최서원은 자신은 카카오톡 앱을 사용한 적이 없으며 카카오톡 대화 내용이 전부 복구된다면 진실을 알 수 있을 것이라

고 주장하고 있다.

태블릿PC가 최서원의 소유가 아니라면, 대통령 탄핵사태 자체가 누군가에 의해 '기획'된 것일 수 있음을 의미한다. 태블릿PC가 최서원 소유라고 가정하더라도, 소유자 최서원의 의사에 반하여 태블릿PC가 수사기관에 제출되고 최서원의 입회 없이 태블릿PC로부터 문서 파일이 출력된 이상, 이러한 자료들은 위법하다. 위법한 자료를 활용하여 취득한 진술조서 등도 2차적 증거로서 위법하므로 그 증거능력에 대한 판단이 필요한 것은 두말 할 것도 없다. 하지만 헌법재판소는 이에 대하여 판단하려 하지 않았던 것이다.

나중에 대통령 형사사건 1심은 태블릿PC와 그 저장 자료의 증거능력을 인정했다. 1심의 논리는 태블릿PC에 포함된 '중국 특사단 추천 의원' 문건, '제34회 국무회의 말씀자료' 문건, '한반도 통일을 위한 구상(드레스덴 연설문)' 문건 등 3개의 문건이 최종적으로 수정, 저장된 시점이 2014년 3월경이므로 사후적 수정은 없었고, JTBC 기자의 태블릿PC 취득이 당시 해당 사무실 임직원의 승낙 없이 이루어진 사실은 인정되나 공익을 고려하면 위법 수집 증거는 아니라는 것이었다. 그리고 1심은 태블릿PC가 최서원이 아닌 김한수 행정관, 이춘상 보좌관을 포함한 최소 2인 이상을 거쳐간 사실을 인정하면서도, 일부 진술에 기초하여 정호성 비서관이 최서원에게 문건을 전달한 기간에는 최서원이 태블릿PC를 사용한 것으로 인정했다.

하지만 나는 결코 인정할 수 없다. 이유는 많다. 우선 최서원 자신이 태블릿PC를 조작할 줄도 모른다고 일관되게 주장하고 있다. 설령 최서원이 태블릿PC를 사용했다고 가정하더라도, 문제가 된 총 47개의 문건 중 태블릿PC에 저장된 문건은 3개에 불과하다. 이것은 이 문건들이 제3자를 통해 태블릿PC에 저장됐을 가능성이 높다는 것을 의미한다. 태블릿PC를 조작할 줄 모른다는 최서원의 주장에 더 무게가 실리는 것이다.

변호인단 총사퇴 후인 2017년 11월 8일 대통령 형사사건 1심 재판부는 최서원 측의 요구를 받아들여 국립과학수사연구원(국과수)에 태블릿PC를 감정 의뢰했고, 그 결과가 11월 27일 재판부에 도착했다. 국과수 역시 태블릿PC의 소유자(실사용자)를 특정하지 못했다. 태블릿PC에는 최서원이 아닌 제3자에 의해 생성된 것으로 추정되는 사진 파일 등이 다수 포함되어 있다. 최서원 이전에 김한수 행정관과 이춘상 보좌관, 최소 2인 이상을 거친 태블릿PC가 최서원이 아닌 의심스런 경로를 통해 언론사와 수사기관에 넘어갔는데, 이 과정에 고영태 등이 개입했을 가능성을 배제하기 어렵다. 따라서 헌재와 법원은 이 문제에 대해 보다 신중하게 접근했어야 한다.

05

사실상 증거 돼 버린 '안종범 수첩'

안종범 속이고 부하직원에게 압수
단어 나열한 수준, 安도 기억 희미
수첩엔 安 사익 관련 내용도

태블릿PC가 핵심적인 증거인데도 부당하게 증거로 채택되지 않았다면, 탄핵심판 및 검찰과 특검 수사 과정 내내 전가의 보도처럼 활용된 소위 '안종범 수첩'은 거꾸로 증거능력에 의심이 있는 증거가 부당하게 증거로 채택된 경우다.

안종범 전 청와대 경제수석비서관의 수첩은 수사의 단초이면서, 주요 증인들로부터 자백을 받아 내는 유용한 수단이었다. 검찰은 안종범 수첩을 활용하여 안종범을 비롯한 주요 증인들을 신문하였고, 그렇게 작성된 수사 기록이 헌법재판소로 제출되었다. 헌법재판소에서도 안종범 수첩을 제시하며 안종범에 대한 증인

신문을 진행했다. 특검의 수사 과정이나 형사재판 과정에서도 마찬가지였다. 나중에 형사재판에서 대통령에 대한 뇌물죄를 인정할 때에도 안종범 수첩은 결정적인 역할을 한다.

안종범 수첩을 검찰이 최초로 입수하게 된 경위를 알고 나면 누구라도 기가 막힐 것이다. 결론부터 말해 안종범 수첩은 위법하게 수집된 증거이며, 그런 이유에서 증거가 아니라고 단언할 수 있다.

안종범 전 수석은 2016년 11월 5일 영장실질심사를 받고 구속되었다. 영장실질심사에서 그는 자신이 작성한 업무수첩을 판사에게 제출했다. 본인에게 유리하게 작용할 것이라고 판단했던 모양이다.

구속 이틀 후 안 전 수석은 검찰로부터 피의자 신문을 받았다. 수첩에 담긴 내용이 궁금했던 검사는 안 수석에게 "수첩을 확인만 하고 돌려줄 테니 좀 보여 달라"고 했다. 안 수석은 고민했지만 검사는 "본인에게 유리한 내용을 확인하기 위해 필요하다"며 설득했다. 결국 안 수석은 확인만 하고 돌려주겠다는 말을 믿고 수첩을 보여 주기로 했다. 당시 수첩은 청와대 정책조정수석실 김건훈 행정관이 보관하고 있었다. 안 수석은 김 행정관에게 연락하여 수석실에 보관 중이던 수첩을 가져오게 했다. 김 행정관은 이날(11월 7일) 오후 4시경 검사에게 수첩 11권을 제출했다. 검사는 수첩을 열람한 후, 김 행정관의 반환 요청에도 불구하고 수첩을 돌려주지 않은 채 오후 6시경 저녁식사를 위해 신문을 중지

하고, 급하게 압수수색영장을 청구했다. 검사는 오후 7시 20분경 검사실에 있던 김 행정관에게 영장을 제시하며 이 수첩 11권을 압수했다. 피의자를 기망(欺罔)하여 수첩을 제출하게 하고 이를 압수한 것이다.

검찰의 기망에 의한 안종범 수첩 확보 경위는 탄핵심판과 대통령 및 안 수석의 형사재판 과정에서 쟁점이 되었다. 아울러, 당시 김건훈 행정관에 대해 압수수색영장을 제시했으나 영장에 기재된 범죄사실이 안종범 수첩과는 무관한 내용이어서, 이러한 압수수색영장으로 수첩을 압수할 수 있는 것인지 여부도 논란이 되었다. 검찰의 안종범 수첩 압수가 위법할 경우, 이를 제시하며 받은 조서들도 위법한 것은 아닌지도 쟁점이었다.

안종범 수첩은 위 11권에다 같은 달 추가 압수된 업무수첩 6권, 2017년 1월경 압수된 39권, 같은 해 5월경 압수된 7권까지 총 63권이나 된다. 안종범 수첩은 여러 증거들 중 하나로 검찰 수사 기록에 편철되어 있다. 탄핵심판 과정에서는 당시까지 압수된 17권이 제출되었고, 이후 형사재판에서는 63권 모두 증거로 제출되었다.

헌법재판소는 제출된 안종범 수첩은 따로 증거로 채택하지 않고, 안 수석의 증언과 검찰 조서들만 증거로 채택했다. 안 수석이 증언할 때 수첩의 주요한 내용이 제시되었고 증인 신문 조서에도 이미 포함된 상태였으므로, 수첩을 구태여 증거로 채택할 필요는 없었을 것이다. 헌법재판소로서는 안종범 수첩의 위법성 여부에 대한 논란에 휘말리지 않으면서 필요한 증거는 모두 채택할 수 있는 묘수를 둔 것이다. 헌법재판소는 이런 식으로, 첨예한 상황에 직면할 때마다 논란을 회피하고 정해진 일정을 유지할 수 있는 방안을 찾아갔다. 반면 대통령 형사사건 1심 재판부는 안종범 수첩의 증거능력을 인정했다.

안종범 수석은 2017년 1월 16일 헌법재판소에 증인으로 출석했다. 그는 주요 증인이었기 때문에 청구인과 피청구인 측 모두 증인으로 신청했다. 당시 안 수석은 검찰과 특검으로부터 강도 높은 조사를 받고 있어서인지 많이 지쳐 보였고, 질문을 받는 세부적인 사항에 대해 제대로 기억을 하지 못하는 경우가 많았다. 그는 "수첩에 적힌 것이 모두 대통령의 말은 아니지 않으냐"는 정장현 변호사의 질문에 대해 이렇게 답했다.

"(수첩 가운데) 대통령께서 말씀하신 부분은 대부분이 직접 말씀하신 거를, 불러 주는 거를 적은 거는 맞다. 그런데 다 지시사항이 아니라 단순히 알고 있으라고 한 거를 적은 것도 있긴 있다. 그런데 기본적으로 앞 부분은 제가 그냥 메모한 것도 있고 한데 제가 원본을 보면 첨삭한 게 있는지 확인할 수 있다. 사후적으로 뭔가 정리하는 과정에 가끔 있다. 그거는 구체적으로 봐야 한다."

또 안 수석은 "수첩에 적어 놓은 것이 대통령께서 말씀하시는 내용이 어디서 들어서 말씀하시는 건지, 직접 대통령의 생각을 말씀하시는 건지는 따로 말씀하시기 전에는 알 수 없다", "제 소관 사항이 아닌 경우는 대통령께서 일단 불러 주시되, 지시는 안

하고 단순히 불러 주신다. 그 경우에는 제 소관 사항이 아니기 때문에 적어만 놓고 그다음에는 안 챙긴다. 그런 것들도 많이 있다", "검찰 조사 과정에서도 굉장히 기억을 되살리려 했지만 기본적으로 대통령께서 대화 내용을 말씀해 주신 거기 때문에 그게 대통령이 말씀하신 건지, 기업 회장이 말씀하신 건지는 확인이 안 된다"고 증언했다.

안 수석의 증언 요지는, 그가 대통령이 불러 주는 말을 수첩에 받아 적긴 했지만 그중에는 단순한 지시사항과 참고사항이 섞여 있고, 본인이 메모하거나 첨삭한 내용, 사후적으로 정리한 내용도 포함되어 있다는 것이었다. 더구나 그는 대통령이 불러 주는 말 역시 어디서 들은 말인지, 아니면 대통령의 생각인지도 구분할 수 없다고 했다. 따라서 수첩에 기재되어 있다고 하여 해당 사실이 있었다거나 대통령이 해당 지시를 내렸다고 단정할 수 없는 것이다.

안종범 수첩에는 '문장'이 아닌 '단어'들이 나열되어 있었다. 따라서 그 단어들이 어떤 의미였는지는 안 수석의 진술에 의존할 수밖에 없었다. 하지만 안 수석은 그 단어가 본인이 정리한 내용인지, 대통령이 불러 준 내용인지, 대통령이 불러 줬다면 어떤 의도에서 불러 줬는지 등등에 대해 상당부분 제대로 기억하지 못했다. 그 단어가 구체적으로 어떤 의미인지는 더더욱 기억해 내기 어려웠을 것이다.

안 수석은 2018년 1월 30일 대통령 형사재판에 증인으로 출석한 자리에서도 이를 뒷받침하는 진술을 한 적이 있다. 대통령 변호인단이 총사퇴한 이후 법원에 의해 지정된 국선변호인인 남현우 변호사와 안 수석 사이에 이런 취지의 문답이 오고갔다.

— 검찰이나 특검으로부터 조사받으면서 여러 자료들을 많이 보고 기억을 되살리는 과정에서 제시된 자료들의 영향 없이 기억나는 대로 진술한 것인가.

"영향이 없다고 할 수는 없다. 내가 작성한 뒤로 전혀 보지 않았던 내 수첩이 다시 나와 제시되고 그랬을 때 수첩에 기재된 내용이 어떻게 된 것인지에 대한 질문을 받았기 때문에 내가 기억을 되살리고 하는 과정들은 꽤 있었다."

수사기관에서 수첩을 제시하며 특정한 '방향성'을 가진 질문을 했을 때, 기억이 부정확한 상태에서 의식적이건 무의식적이건 수사기관의 의도에 맞는 답변을 하였을 가능성이 많다는 점을 안 수석 스스로도 인정하고 있는 것이다. 결국 검찰은 수첩에 기재된 '단어'들을 자신들이 원하는 '문장'으로 가공하여 안종범, 최서원, 정호성 등 주요 증인들의 신문에 활용했고, 법원은 수첩의 기재 내용과 진술에 기초하여 유죄의 주요한 근거로 삼았다.

안종범 수첩에는 대통령의 발언과 전혀 무관한 내용도 포함되어 있었던 것으로 보인다. 언론 보도에 따르면 안 수석이 2015년 7월경 김정태 하나은행 회장에게 "엘시티 사업 프로젝트 파이낸

싱에 참여해 달라"고 요구했는데, 수첩에는 "'해운대 LCT 펀드 POSCO", "중국 ×, 하나은행 김정태"라고 적혀 있다고 한다. 안 수석은 사적 이익을 위해 권한을 남용하고 그러한 내용도 평소 수첩에 적어 두었던 것이다. 안종범 수첩의 메모를 박 대통령의 유죄 근거로 삼을 수 없는 여러 정황 중 하나이다.

06

브레이크 없는 특검

매일 생중계된 특검 브리핑
대변인 패션까지 언론 관심 대상
국민들은 브리핑 사실로 믿어
최순실에 "삼족 멸한다" 강압 수사도

어느 순간부터 국민 여론은 박 대통령을 탄핵해야 한다는 쪽으로 크게 기울고 있었다. 그 여론을 부추긴 것은 특검과 언론이다. 헌법재판소도 헌법재판소지만, 특검과 언론의 행태는 반드시 짚고 넘어가야 한다.

특검의 공식 명칭은 '박근혜 정부의 최순실 등 민간인에 의한 국정농단 의혹사건 규명을 위한 특별검사'이지만 흔히 '최순실 특검'이라 부른다. 특검 수사는 무리하게 진행되었다. 2016년 11월 30일 박근혜 대통령이 야당이 추천한 박영수, 조승식 두 명의 후보 가운데 박영수 변호사를 특별검사로 임명했을 때부터 이 것은 어느 정도 예상된 결과였다.

박영수 변호사는 대검 중앙수사부장 시절 현대자동차 비자금 수사를 맡는 등 재벌 수사로 이름을 알렸다. 또 다른 후보였던 조 승식 변호사는 영화 〈범죄와의 전쟁〉(2012)에 등장하는 검사의 실 제 모델로 알려진 '강력통' 검사 출신이다. 박 변호사는 퇴임 후에 도 대한변협 회장 선거에 출마하는 등 적극적인 활동을 하고 있 었다. 반면, 검사 출신 변호사들을 통해 들어 보면 조 변호사는 검 사 퇴임 후 이름이나 자리에 크게 연연하지 않는 스타일이었다고 한다. 그래서 대리인들 간에는 사적으로 박 변호사가 아니라 조 변호사가 특별검사로 임명되었으면 훨씬 공정한 수사가 되지 않 았을까 하는 이야기를 자주 했다. 청와대 보고 라인에 문제가 있 어 박 변호사로 결정됐다는 소문도 있지만, 나는 운명의 장난 같 다는 생각이 든다. 어차피 되돌릴 수는 없는 일이다.

헌재의 탄핵심판과 거의 동시에 시작된 박영수 특검의 수사는 이후 탄핵심판의 길목마다 직·간접적인, 그리고 결정적인 영향을 미쳤다. 특검은 수사가 진행되는 동안 거의 매일 정례 브리핑을 열어 수사 상황을 설명했다. 특검의 브리핑은 여과 없이 언론에 보도되었고, 대통령에 대한 부정적 여론 형성에 결정적인 영향을 미쳤다. 대통령에 대한 부정적 수사 내용이 매일 언론에 보도되 면서 여론은 계속 악화되었다.

특검의 일방적인 수사 브리핑을 국민들은 사실로 받아들였다.

심지어 특검 대변인의 옷차림 하나하나까지 다 관심의 대상이 될 정도였다. 대부분의 언론이 '박근혜 죽이기'에 여념 없는 상황에서 대통령 측의 반론 기회는 사실상 차단되어 있었다. 당시 언론의 행태는 여기서 굳이 다시 거론할 필요가 없을 것이다.

특검은 긴급체포와 구속영장 청구를 남발했다. 압수수색영장은 더 심했다. 당시는 '적폐 청산'이라고만 하면 어떤 식의 수사라도 허용이 되는 분위기였다. 일례로 특검은 '비선 진료' 의혹을 방조하고 차명 휴대전화를 개통했다는 혐의로 이영선 당시 청와대 행정관을 긴급체포하고 구속영장을 청구한 일이 있다. 쉽게 말해 '기(氣)치료 아줌마'의 청와대 출입을 묵인하고, 다른 사람 이름으로 개통된 휴대전화를 대통령께 전달한 혐의로 영장을 청구한 것이다. 과도한 처사였다. 물론 법원은 영장을 기각했지만, 이런 식으로 특검의 발표가 한 번 있을 때마다 차곡차곡 쌓아진 '거짓'과 '부정적 여론'의 벽돌들은 다시 치워지지 않았다.

피의자나 참고인들에 대한 조사 역시 무리하게 진행됐다. 밤샘 수사는 일상이었고, 폭언이나 강압적인 조사가 이루어졌다는 증언도 다수 나왔다. 일례로 안종범 경제수석은 헌법재판소에 증인으로 출석해 자신이 확인하고 서명, 날인한 특검 진술조서에 대해 이렇게 말했다.

"제가 기억하기로는 몇 번 정도 계속된 조사로 심신이 굉장히 힘든 시점에 제가 메모해서 정확한 진술이 아닐 수도 있다고 쓴 적도 있었다. 당시에 제가 매일, 밤샘 조사도 매일 받고, 20일 동안 하루도 안 빼고 받았기 때문에 한두 번 정도는 제가 진술한 내용 중에 제가 정신이 온전한 상태가 아니었다고 메모로 쓴 것도 있다."

최서원도 2017년 1월 16일 헌법재판소에서 비슷한 취지의 발언을 했다. 맞춤법에 맞게 수정하고, 필요한 내용을 괄호 속에 추가해 가며 발췌 인용해 본다.

검찰이 조카(장시호)하고 지금 이모(최서원 본인) 사이에도 이런 강압적인 수사를 하는 것은 정말 (심하다). 너무 강압적인 수사를 해서 제가 특검에 정말 가면 정말 자살할 것 같아 갈 수가 없다. 너무 폭행적이고 언어적으로 저거해서. (…)

수사가 자기가 원하는 방향대로 안 돌아가면 계속 그 협박과 그 저거를 하고, 계속 자료를 들이밀면서 소리를 지르고, 강압 수사를 하고, 여러 명이 갑자기 들어와 가지고 막 그 강압적으로 공포 분위기를 조성하고, 이제 바른 대로 (말하라), 이걸 보고선 진술을 해라, 그러는 건데, 저는 아니니까 아니라고 하는데, 그 분위기를 이길 수가 없었다.

그리고 지금 특검 조사도 똑같다. 특검 조사는 상상할 수도 없는 강압 수사와 폭언이 있었다. 거기서 정말 자살을 해 버리려고 그랬는데, 옆에서 그 자살을 할 수 있는 분위기도 아니고, 제가 살고 싶어서 사는 게 아닐 정도로 정말 괴로웠다.

(특검이) 변호사는 끝에 와서 조사에 참여하라고 그런 적이 많았고,

(특검이) 처음에는 질의 식으로, 막 이런 식으로(강압적으로) 물어본다. 그래서 (특검이 변호사) 참여를 허락 안 한 적이 많다. (특히 조사) 처음 부분에.

최서원은 자신의 소유라고 일방적으로 발표된 태블릿PC에 대해서도 "검찰에 아무리 보여 달래도 보여 주지 않았다"고 증언했다. 최서원의 변호인 이경재 변호사는 2017년 1월 26일 기자회견을 열고 이렇게 주장했다.

"2016년 12월 24일 CCTV가 없는 방에서 특별검사팀 소속 부장검사가 최서원에게 '삼족을 멸하고 모든 가족을 파멸로 만들어 버릴 것', '딸 유라는 물론이고 손자까지 감옥에 가게 될 것이며 대대손손 이 땅에서 얼굴을 못 들게 하고 죄를 묻고, 죄인으로 살게 할 것', '특검에 들어온 이상 협조하는 게 좋을 것'이라고 폭언을 연발하는 등 강압 수사를 했다."

물론 특검은 그러한 사실이 없다며 모두 부인했다.

박채윤 와이제이콥스메디칼 대표는 2017년 2월 4일 특검 사무실에서 조사를 앞두고 변호사를 기다리던 중 호흡 곤란 증세를 호소하여 응급실로 이송됐다. 당시 언론 보도에 따르면 박 대표는 "특검이 (세월호사고 무렵) 박 대통령 시술을 자백하라고 했다. 아니면 (남편인) 김 원장과 저희 식구들을 구속한다고 했다"고 폭로했다. 이 기사 내용이 사실이라면 특검은 변호인이 도착하기 전 자백을 강요해 변호인의 조력을 받을 권리를 침해하고 강압 수사를 한 것으로 볼 수 있다.

대통령 조사 무산은 특검 책임

특검, 대통령 반대에도 녹음·녹화 고집
대통령 직무정지중… 압수수색과 무관
수사 결과 발표, 탄핵 선고일에 맞춘 인상

특검의 무리한 수사는 2017년 2월 3일 청와대 압수수색을 시도함으로써 절정으로 치달았다.

청와대 압수수색영장에는 대통령이 뇌물죄의 '피의자'로 적시되어 있었다. 당시 청와대는 압수수색을 거부했는데, 이는 대통령의 의지와 무관한 일이었다. 당시 대통령은 이미 직무집행이 정지된 상태였기 때문이다.

특검은 이후 박근혜 대통령에 대해 '참고인' 자격으로 대면 조사를 시도했으나, 구체적 절차를 놓고 대통령 측과 이견을 좁히지 못했다.

형사소송법상 녹음·녹화는 '당사자의 동의가 있는 경우에 한해' 가능하다. 대통령은 조사에는 성실히 응하되 녹음·녹화는 받아들일 수 없다는 입장을 밝혔다. 녹음·녹화된 내용이 언론 등에 의해 유출되어 정치적으로 악용될 것을 우려했을 것이다. 이미 너무나 많은 자료들이 언론에 무분별하게 유출된 상황이었다.

그러나 특검은 대통령 조사 시 녹음·녹화를 강행하고자 했다. 결국 이견을 좁히지 못하고 참고인 조사가 결렬되었다. 특검은 2월 27일 박 대통령 대면 조사 무산을 발표하고 이튿날인 2월 28일 공식 수사를 종료하면서, "박 대통령이 최서원과 공모하여 삼성으로부터 430억 원대 뇌물을 받았다"는 혐의로 대통령을 '피의자'로 입건했다.

그런데 특검의 수사 결과 발표가 수사 종료일로부터 6일이나 지난 3월 6일에야 이루어졌다는 점이 의미심장하다. 결과적으로 헌재의 탄핵심판 선고가 그 나흘 뒤인 3월 10일에 이루어졌기 때문이다. 탄핵심판 결과에 영향을 미치고자 하는 의도가 있었을 것으로 충분히 짐작할 수 있는 대목이다.

특검의 수사 결과 발표 중에는 이재용 삼성그룹 부회장이 대통령과 최서원에게 뇌물을 공여했다는 내용, 미르재단과 케이스포츠재단이 대통령과 최서원의 이익을 위해 설립되었다는 내용 등 핵심적인 탄핵소추 사유를 뒷받침하는 부분이 대거 포함되어 있었다. 특검 공소장과 수사 결과 자료는 헌법재판소에 참고자료로 제출되었다.

특검의 수사 결과 발표는 나흘 뒤에 이루어진 박근혜 대통령의 파면 결정에 결정적 영향을 미쳤다. 헌법재판소는 결정문에서 대통령이 검찰이나 특별검사의 조사에 응하지 않았고 청와대의 압수수색도 거부하였으므로 "헌법 수호 의지가 드러나지 않는다"고 적시했다. 하지만 이는 사실과 달랐다.

위에 밝혔듯 청와대 압수수색 거부는 대통령 의지 밖 문제였고, 특검 조사 무산은 대통령 측의 반대에도 불구하고 특검이 녹음·녹화를 강행하려 했기 때문이었다. 특검에 대한 대응을 총괄했던 유영하 변호사는 특검의 수사 결과 발표 다음 날 특검의 수사 결과를 반박하는 입장문을 냈고, 탄핵심판 대통령 대리인단도 헌법재판소에 별도 서면을 통해 특검의 수사 결과 발표는 공식 문서가 아니며 적법하게 채택된 증거가 아니므로 사실 인정 자료로 사용해서는 안 된다는 취지의 서면을 제출했다.

하지만 탄핵심판의 향방과 대세는 이미 넘어가 있었다.

07

"3월 13일까지 선고되어야"

헌재 "7인 재판관이면 결론 왜곡 우려"
야 "후임 재판관 지명해도 인준 안 한다"
법사위장은 "3월 9일 결론"… 물밑 교감했나
정치권 압박에 헌재가 졸속 강행군

2017년 1월 25일 제9차 변론기일에서 박한철 헌법재판소장은 재판이 시작되자마자 폭탄 발언을 했다. 그의 임기가 일주일도 남지 않은 상황이라 어느 시점에서 어떤 내용으로든 입장 표명이 있을 것이라고는 예상했지만, 내용이 예상보다 충격적이었다.

"제 임기가 1월 31일 만료되고 다른 한 분의 재판관 역시 3월 13일 임기 만료를 목전에 두고 있다. 그럼에도 후임자 임명 절차가 전혀 이루어지지 않고 있다. 심판 절차가 지연되는 경우 심판 정족수(재판관 6명 이상)를 가까스로 충족하는 7명의 재판관만으로 재판을 할 수도 있는데 이는 심판 결과를 왜곡시킬 수도 있다. 따라서 늦어도 3월 13일까지는 이 사건의 최종 결정이 선고되어야 할 것이다.”

대리인단은 기가 막혔다. 탄핵심판은 180일 내에 결정을 내리게 되어 있으므로, 이번 사건 시한은 6월 초까지다. 겨우 3개월 남짓 지나는 시점을 선고기일로 미리 정하고 이에 맞춰 가며 진행하는 재판이 어디 있단 말인가. 이중환 변호사가 3월 13일까지 선고하겠다는 취지인지를 다시 한 번 묻자 박 소장이 못 박듯 말했다.

“그렇다. 3월 13일 이전에 선고되어야 한다. 절차의 공정성을 위해 피청구인의 무리한 증인 신청도 받아 주고 있는 것 아니냐.”

팽팽한 긴장감이 감돌았다. 청구인 측과 피청구인 측 사이에 있어야 할 긴장감이 엉뚱한 곳에서 피어오르고 있었다. 이중환 변호사가 재차 포문을 열었다.

“어제(1월 24일) 권성동 법사위원장이 한 TV 프로그램에 출연해서 ‘2월 7일 이후에는 2~3명 증인 신문 후 심리가 종결될 것이고 3월 9일 이전에 선고가 예상된다’고 했다.”

그러자 박한철 소장은 출석해 있던 권 위원장에게 “무슨 취지냐? 추측성 발언 아니냐?”고 물었고, 권 위원장은 “법정 외에서 주장하는 것을 법정으로 끌어들이는 것은 적절치 않다. 저의 희망사항과 추측에 불과하다고 했다”며 발뺌하려 했다. 다시 이중환 변호사가 말했다.

“저희로서는 헌법재판소와 소추위원 간에 의사 연락이 전혀 없었다고 생각한다. 하지만 법사위원장이라는 자리가 헌법재판관을 접촉하는 자리이다. 만에 하나 피청구인이 신청한 증인을 대부분을 불채택하여 피청구인의 방어권 행사에 지장을 초래하면 심판 절차의 공정성을 의심할 수밖에 없다. 중대한 결심을 할 수밖에 없다."

박한철 소장은 "그런 말은 정말 타당하지 않다. 무례하다"며 발끈했다. 이어 언성을 높이며 "재판 절차의 공정성을 무시하는 듯한 발언은 심각하게 유감스럽다. 그런 이야기는 이 자리에서 용납할 수 없다. 재판부에 대한 모독이다. 심히 유감"이라고 했다.

그렇게 그날 재판은 마무리됐고, 대리인단은 당일 긴급하게 회의를 가졌다. 재판을 계속 진행해야 하는지에 대해 갑론을박이 있었다. 일부 대리인은 재판을 거부해야 한다고 주장하기도 했지만, 결국 더 큰 혼란을 막아야 한다고 생각하고 절차에 다시 참여하기로 했다.

하지만 부당한 건 사실이었다. 한창 탄핵심판 절차가 진행 중인 상황이었다. 소환해야 할 증인도 많았고 반박해야 할 기록도 쌓여 있었다. 국회 소추위원단의 경우, 검찰이 수개월간 수사한 기록이 제출된 이상 입증 부담이 크지 않았다. 반면 대통령 대리인 측으로서는 검찰 수사 기록에 대해 제대로 반박해 볼 시간도 갖지 못한 채 결론을 맞이하게 될 수도 있는 상황이었다. 너무 불공평했지만 대리인단으로서는 할 수 있는 일이 많지 않았다.

권성동 법사위원장이 언론에서 3월 운운한 다음 날 헌법재판소장이 3월 13일까지 결론을 내야 한다고 명시적으로 선언했으니, 헌법재판소와 소추위원단의 물밑 교감을 의심하지 않을 수 없었다. 예고한 그대로 헌법재판소는 그날 이후 상당수의 증인 채택을 취소하고 속전속결로 절차를 강행했다. 결과적으로도 권 위원장이 언론에 흘린 3월 9일과 딱 하루 차이 나는 3월 10일에 대통령 파면 결정이 내려졌다.

"이정미 재판관 퇴임 이후 7인의 재판관에 의해 심판이 이루어질 경우 결론이 왜곡될 수 있다"고 한 박한철 헌재소장의 언급은 "헌법재판관이 7인이 되면 그중 2인만 반대해도 탄핵은 부결된다. 따라서 7인이 재판하면 안 된다"는 말이나 마찬가지다. 후임 재판관이 임명되지 못한 것이 대통령 책임도 아니었다. 우상호 당시 더불어민주당 원내대표는 탄핵심판 초기인 2016년 12월 20일 CBS 라디오 '김현정의 뉴스쇼'에서 "황교안 권한대행이 후임 헌법재판소장을 임명해도 우리가 국회에서 인준을 안 하게 될 것"이라는 입장을 밝혔다. 2017년 1월 31일 국회에서 열린 원내대책회의에서도 "후임 임명은 조속한 마무리를 바라는 국민의 민심과는 거리가 있다. 후임자를 임명하더라도 국회 인준을 받지 못할 것이다. 황교안 권한대행이 현명하게 판단하기를 기대한다. 쓸데없는 갈등을 만들지 않기를 충고한다"는 입장을 재차 피력했다. 정치권에서는 법에서 명시한 후임 헌법재판소장의 임명도 반대하면서 추가 공석이 발생하기 전에 결론을 내려야 한다며 신속한 결론을 압박했고, 헌법재판소가 여기에 동조한 것이다.

과거엔 "9인 아니면 안 된다"던 재판관들

"재판관 결원 땐 국민 권리 침해"
반대의견에 명시했던 이정미 등 4인
이번 '8인 재판'엔 침묵으로 동조

헌법재판관들의 논리는 전체적으로 궁색했고, 일부 재판관은 과거에 스스로 천명했던 의견들과 모순되는 의견을 내기 일쑤였다.

박한철 헌법재판소장의 '3월 13일' 발언은 요컨대 "헌법재판관이 7명이면 안 되지만 8명이면 괜찮다"는 취지로 해석된다. 그러나 박 소장을 포함, 이번 탄핵심판에 참여한 재판관들 중 4명은 과거에 "헌법재판관 정원 9명을 채우지 못하면 국민의 공정한 재판을 받을 권리를 침해하는 것"이라는 의견을 천명한 바 있다.

2011년 당시 공석이 된 헌법재판관 후임자를 국회가 선출하지 않는다며 한 변호사가 제기한 '퇴임 재판관 후임자 선출 부작위 위헌확인소송'에 대한 헌법재판소의 2014년 4월 24일 결정문 중 '반대의견'을 보자.

> 피청구인(국회)이 정당한 사유 없이 상당한 기간 내에 공석인 재판관의 후임자를 선출하지 아니한 경우, 전원재판부의 심리 및 결정을 중단할 수도 없는 노릇이어서 재판관이 공석인 상태에서 헌법재판이 이루어질 수밖에 없게 된다. 이러한 상태에서는 심리 및 결정에 재판관 정원인 9인 전원의 견해가 빠짐없이 반영되는 것이 아

니게 되므로 헌법재판 청구인들의 공정한 재판을 받을 권리를 침해한다 할 것이다. 따라서 (상당기간 공석이 된 재판관 후임자를 선출하지 아니한) 이 사건 부작위는 청구인의 공정한 재판을 받을 권리를 침해한다. (사건번호 2012헌마2)

위헌확인소송 자체는 그사이(2012년) 후임 재판관이 선출되었으므로 '각하 5, 위헌 4'로 각하되었다. 그럼에도 반대의견은 "9인으로 구성되지 아니한 헌법재판소 재판부 구성은 공정한 재판을 받을 권리를 침해하는 것이며, 뒤늦게 재판관이 선출되었다 해도 일단 침해된 기본권이 저절로 회복되는 것은 아니다"라는 견해를 굳이 명시적으로 남기고자 했다. 이 반대의견을 낸 헌재 재판관은 박한철, 이정미, 김이수, 이진성 재판관이었다. 박 대통령 탄핵심판에서 대통령 파면 결정을 내린 재판관 8명 중 3명이 포함돼 있다(박한철 재판관은 헌재 소장을 지내고 파면 결정 전에 퇴임).

그러나 이들은 박 대통령 탄핵심판에서는 별다른 설명 없이 기존 견해를 변경했다. 박한철 소장 퇴임으로 8인만 남은 재판부 구성이 이번에는 문제없다고 한 것이다. 오히려 결정문에 "재판관 결원 상태가 피청구인에게 유리하게 작용할 것이라는 점에서, 공정한 재판을 받을 권리가 침해된다고 보기 어렵다"는 이유도 부기했다. 똑같은 재판관이 과거와 180도 반대되는 의견을 내놓은 것이다. 더구나, 청구인이든 피청구인이든 '어느 한 당사자에게 유리하게 작용하므로' 권리 침해가 아니라는 주장은 우리 헌법의 가치를 떨어뜨리는 일이다. 헌법재판소는 2014년 결정에서 "헌법재판은 국가의 최상위 규범인 헌법에 기한 재판으로서 획일적인 판단 기준을 상정하기 어려우므로, 공정한 헌법재판이 이루어지기 위하여서는 재판관들이 토론 및 합의 과정에서 견해를 제시하고 각자의 견해의 타당성을 충분히 검증할 수 있어야 한다. 헌법 제111조 제2항이 직접 재판관의 정수를 9인으로 명시하고, 같은 조 제3항이 재판관 중 3인은 피청구인(국회)이 선출하는 자를 임명하도록 규정하고 있는 것은 헌법재판소가 국민의 다양한 가치관과 시각을 대표할 수 있는 재판관들로 구성되도록 함으로써 공정한 재판을 받을 권리를 보장하기 위한 것으로 볼 수 있다"고 선언했다. 따라서 재판관 결원이 생기면 기각 확률이 높아져 피청구인이 유리해진다는 이유로 공정한 재판을 받을 권리 침해가 아니라는 판시는 국민의 다양한 가치관과 시각을 반영하기 위해 9인 재판관 구성을 명시한 우리 헌법을 무시한 해석이다. 그럼에도 불구하고 헌법재판소는 이런 위헌성을 억지로 무시했다. 특히 후임 재판관이 임명되지 못한 이유가 당시 야당의 정략적 반대 때문이었다는 점을 고려하면 헌법재판소의 결정은 분명히 문제가 있다.

08

고영태 등 증인 채택 무산

탄핵사태는 '고영태 게이트'

최순실 이용해 스포츠사업 이권 모의
여의치 않자 녹음 내밀며 "터뜨린다"
헌재, 2천 개 녹음파일 검증신청 기각

2017년 1월 25일 박한철 헌법재판소장의 '폭탄 발언' 이후 침체된 대리인단의 분위기가 잠깐 다시 활기를 띤 적이 있다.

1월 말, 정장현 변호사가 내 방으로 들어와 흥분하며 말했다.

"어, 채변, 이것 좀 봐! 녹음 파일이 2천 개가 넘어. 대박이야. 이거 확보해서 보면 새로운 사실들 많이 알 수 있겠다."

정 변호사는 검찰의 수사보고서와 피의자 신문 조서를 보여 주었다. 수사보고서에는 김수현으로부터 압수한 PC에서 다수의 녹음 파일이 나왔다는 사실이 기재되어 있었고, 피의자 신문 조서에는 검사가 그 파일을 들려주며 신문을 한 내용이 기재되어 있었다. 4만 페이지나 되는 기록 속에서 사건의 실마리를 풀 단서를 발견하는 순간이었다. 이른바 고영태 기획 녹음 파일(일명 김수현 파일)이다.

궁금했다. 검찰은 녹음 파일을 압수해서 신문에 활용하기까지 했는데 헌법재판소에는 따로 제출하지 않았다. 우리도 하마터면 그냥 지나칠 뻔했다. 분명 우리에게 유리한 증거일 거라는 확신이 들었다. 내부회의를 거쳐 2017년 1월 31일 헌법재판소에 문서 송부촉탁 신청을 했다.

그런데 확인 결과 검찰에서 작성한 녹취록은 29개에 불과했다. 검찰은 자기네한테 유리한 일부 녹음 파일만 녹취록으로 만들고 나머지 파일들은 따로 녹취록으로 만들지 않았다. 그래서 우리는 다시 2월 8일 녹음 파일에 대한 송부촉탁 신청을 했다. 이를 헌법재판소가 채택하여 정장현 변호사와 내가 직접 서울중앙지검에 가서 녹음 파일을 복사해 왔다.

녹음 파일을 확보하고 나서도 첩첩산중이었다. 다른 할 일이 많았기 때문에 2천 개가 넘는 녹음 파일을 일일이 분석할 시간적 여유가 없었다. 인력도 충분치 않았다. 하는 수 없이 대리인단 전원에게 녹음 파일을 전달한 뒤 재량껏 분석해 오도록 했다. 분석이 되는 대로 증거로 계속 제출할 수밖에 없었다. 최후변론을 하는 당일에도 녹취서를 증거로 제출했다. 그 과정에서 황성욱 변호사가 사무실 직원들까지 동원하여 파일을 분석하고 녹취서까지 일일이 만드느라 고생을 많이 했다.

녹음 파일의 내용은 충격적이었다. 고영태 등이 최서원과의 관계를 이용해 문체부 사업 등에서 이권을 챙기려고 사전에 모의한 내용, 케이스포츠재단 사무총장을 내쫓고 재단을 장악하기로 모의한 내용, 케이스포츠재단의 자금을 빼돌리기 위해 주식회사 예상이라는 별도 법인을 설립한 내용, 고영태가 최서원을 이용해 재단 등을 이용한 사업계획을 관철하여 하였으나 번번이 최서원에 의해 거절당한 내용, 현직 검사를 매수해 방패막이로 삼으려 한 내용, 대통령을 통해서는 받을 수 있는 게 없으니 죽이고 다른 쪽하고 이야기하자는 내용, 컴퓨터 한 방이면 터뜨릴 수 있다며 국정농단 '게이트'를 기획한 내용 등이었다.

검찰은 이미 2016년 11월경 이런 내용을 파악하고 있었다. 하지만 이 부분에 대해 수사를 진행하지 않았다. 녹음 파일도 헌법재판소에 제출하지 않아 진실은 영원히 묻힐 뻔했다. 녹음 파일을 하나하나 확인하면서 검찰이 편파적이라는 생각을 지울 수 없었다.

최서원도 녹음 파일이 수면 위로 떠오르기 전인 2017년 1월 16일 헌법재판소에 증인으로 출석해 이렇게 증언했다.

"고영태 등이 2014년도부터 의상실 CCTV를 찍을 때부터 작당해서 게이트를 만들겠다고 협박을 했다. 걔네들이 나중에 전부 저에게 다 뒤집어씌웠다. 이게 너무 과장되고 부풀려져 있어서 완전히 제가 괴물이 되고, 어디서부터 어디까지가 진실인지 모르고 제가 재산이 몇 조가 있는 등 이야기가 있다."

최서원의 일방적인 주장이 아니었다. '고영태 녹음 파일'과 앞뒤가 완전히 들어맞는다. 이것만 보더라도 대통령 탄핵사태의 본질은 달라져야 했다. 탄핵사태의 발단은 최서원에 의한 '국정 농단'이 아니라 고영태 등에 의해 기획된 '게이트'였던 것이다. 이것이 박 대통령 탄핵사태의 본질이었다.

녹음 파일 내용에 따르면, 고영태 등은 최서원을 이용하여 '한탕'을 칠 계획이었으나, 최서원이 생각보다 힘도 없고 자신들보다 차은택 감독이나 김종 전 문체부 차관 등을 더 챙겨 주고 있다고 판단한다. 그들은 케이스포츠재단을 장악하고 별도 법인을 통해 재단 용역을 수주하여 이익을 취하고자 하였으나 실제 별다른 이득을 얻지 못하게 된다. 그러자 박근혜 대통령과 최서원의 관계를 이용해 이익을 취하기로 방향을 튼다. '한 방'을 터뜨릴 수 있는 컴퓨터와 CCTV 영상을 협박용으로 준비하고 소위 '최순실 게이트'를 기획한다.

이런 내용은 당시 언론에 보도되며 큰 반향을 일으켰다. 하지만 특검은 고영태 녹음 파일을 수사 대상에서 제외시키고 고영태 등을 최종 기소자 명단에 포함시키지도 않았다.

대통령 대리인단은 2017년 2월 16일 고영태 녹음 파일에 대한 검증을 신청했으나, 헌법재판소는 2월 20일 이를 기각했다. 형사소송법상 녹음 파일에 대한 증거 조사는 재생하는 방법으로 검증하게 되어 있다. 하지만 헌법재판소는 녹음 파일을 증거로 채택하지 않기로 했으므로 검증이 필요치 않다고 판단했다.

누가 보더라도 부당했다. 고영태 녹음 파일은 사태의 진실을 알릴 수 있는 중요한 증거였다. 헌법재판소는 녹음 파일이 탄핵사건의 핵심이 아니라고 판단했지만, 고영태 녹음 파일은 미르재단과 케이스포츠재단이 어떤 식으로 운영되었는지, 대통령과 최서원의 관계가 어떠하였는지 등 탄핵사건의 핵심에 대한 중요한 내용을 담고 있었다.

헌법재판소는 이런 점을 묵살했다. 검증으로 인해 정해진 일정이 지연되는 것을 막고 싶었던 것으로 보인다. 실체적 진실 발견보다는 정해진 일정을 지키키에 급급했던 것이다.

무더기로 취소된 증인들

고영태 등, 형사에만 가고 헌재는 회피
'3월 13일까지만 버텨라' 힌트 준 셈
부동의한 조서도 신문 없이 증거 채택

'고영태 녹음 파일'의 핵심 인물 고영태는 대통령 탄핵사태를 불러 온 여러 의혹의 진실을 밝히기 위해 꼭 필요한 증인이었다.

당시 고영태는 형사재판에만 출석하면서 헌법재판소 증인 출석은 피하고 있었다. 그가 특검팀과 긴밀히 접촉하며 전화 또는 외부 만남을 통해 수사에 협조해 온 사실도 언론을 통해 드러난 상황이어서, 그의 증언 없이 탄핵심판 절차를 종결짓는다는 것은 상상도 할 수 없는 일이었다. 때문에 대통령 대리인단은 헌법재판소 탄핵심판 준비기일부터 고영태를 증인으로 신청했다. 하지만 고영태는 수차례 신문기일에 출석하지 않았다. 증인소환장이 '주소불명'으로 송달되지 않아 구인장 발부도 여의치 않았다.

대통령 대리인단은 2017년 2월 3일 헌법재판소에 고영태에 대한 '조우(遭遇)송달' 신청을 했다. 조우송달은 증인을 직접 만나 증인 소환장을 전달하는 방법이다. 고영태는 2월 6일 서울중앙지방법원에서 열리는 최서원, 안종범의 형사재판에 증인으로 출석할 예정이었으므로 그곳에서 증인소환장을 그에게 전달해 달라는 취지였다. 조우송달은 실무에서 사용되는 예가 거의 없다. 그만큼 대리인단은 고영태를 신문하기를 원했다.

사실 대통령 대리인단 입장에서 보면 고영태는 대통령 측에 우호적인 증인은 아니었지만, 진실을 밝히는 데 꼭 필요한 증인이었다. 성격이 아주 치밀한 편은 아니어서, 신문 과정에서 여러 가지 중요한 사실들을 많이 밝혀낼 수 있으리라 내심 기대도 했다. 여기저기 관여한 부분이 많아서 물어보고 확인할 내용도 가장 많은 증인 중 한 명이기도 했다.

헌법재판소는 서울중앙지법에 담당 직원을 보내 고영태에게 출석요구서 전달을 시도했다. 하지만 고영태는 수령을 거부했다. 별도로 연락하겠다고만 하고 이후 연락이 없었다. 헌법재판소는 제9차 변론기일인 2월 9일 고영태에 대한 증인 채택을 직권으로 취소했다. 동시에 고영태의 검찰 조서를 증거로 채택하지 않았다. 하지만 그날 이정미 재판장은 증인으로 출석한 노승일에게 고영태의 소재에 대해 물었고, 노승일은 "고영태의 소재를 알고 있다. 고영태와 계속 연락한다. 어제는 저녁도 같이 먹었다"고 답변하기도 했다.

대통령 대리인단은 2017년 2월 18일 고영태를 증인으로 재신청했지만 이정미 재판장은 2월 20일 다음과 같은 이유로 이를 최종적으로 기각했다.

"고영태 증인은 저희가 이미 3회나 증인신문기일을 지정해서 송달을 여러 차례 시도했고 소재 탐지 촉탁도 했지만 소재 파악이 불가능하다고 했고 송달도 되지 않았습니다. 이미 증거 채택 결정을 한 번 취소한 적도 있습니다. 고영태 씨 수사기관 진술조서는 증거로 채택하지 않는다고 지난번 말씀드렸습니다. 그래서 굳이 반대신문권 보장은 필요가 없다고 판단됩니다. 피청구인(대통령) 측에서 고영태를 통해 입증하고자 하는 부분은, 김수현(고영태) 녹취록을 다 봤는데 그 부분이 이 사건의 핵심과 관련이 있다고 보기 어려워 보입니다. 입증하고자 하시는 부분은 녹취록이나 녹취 파일을 들어 봤는데 그걸로 충분히 입증이 가능하고 피청구인이 말씀하시고자 하는 부분도 다 파악이 되는 것 같습니다. 따라서 고영태 증인 신청은 채택하지 않기로 결정하였습니다."

이정미 재판장은 이미 한 차례 증거 채택 결정을 취소한 바 있기 때문이라고 했으나, 이는 증인 재신청 기각의 타당한 이유가 될 수 없었다.

고영태가 출석을 거부한 데는 헌법재판소의 태도에도 책임이 있다. 퇴임하는 박한철 헌법재판소장이 "늦어도 3월 13일까지 탄핵심판의 결론을 내려야 한다"고 한 말을 뒤집어 생각하면, "증인으로 나오기 싫은 사람은 이때까지만 버티면 된다"는 말이나 다를 게 없다. 고영태뿐만 아니라 상당수의 주요 증인들이 형사재판에는 출석하였음에도 헌법재판소에는 출석하지 않은 것은 이 때문이다. 증언을 고의로 회피한 것이다. 헌법재판소가 탄핵사건 심리를 2월 말에 종료시키기로 하였기 때문에, 한두 차례만 소환에 불응하고 버티면 헌법재판소에 나와 증언하는 것을 피할 수있었다.

이정미 재판장은 고영태의 검찰 조서를 증거로 채택하는 것도불허하였으니 반대신문권 보장에도 지장이 없다고 주장했으나, 이 역시 부당했다. 이미 헌법재판관들이 해당 조서를 읽고 심증을 형성한 상태였기 때문이다. 이정미 재판장은 "피청구인 측이입증하고자 하는 부분은 김수현(고영태) 녹취록이나 녹음 파일을다 들어 봤고 그것으로 입증이 가능하다"고 설명했는데, 불과 몇분 뒤에 강일원 주심재판관은 2천여 개의 고영태(김수현) 녹음 파일 전부에 대한 검증 신청을 기각했다. 녹음 파일 내용을 다 들어놓고서 막상 파일 자체는 증거로 채택하지 않은 것이다. 누가 보더라도 부당하고 앞뒤가 맞지 않는 주장들이었다.

증인 신청 기각 결정이 내려진 것은 고영태만이 아니었다. 헌법재판소는 불출석을 이유로 2월 14일 김홍탁 플레이그라운드 대표와 김형수 전 미르재단 이사장의 증인 채택을 직권취소하고, 이진동 TV조선 부장과 최철 전 문체부 정책보좌관의 증인 신청을 기각했다. 또한 2월 16일에는 김영수 전 포레카 대표, 이성한 전 미르재단 사무총장, 김수현 전 고원기획 대표에 대한 증인 채택을, 2월 20일에는 최상목 기획재정부 1차관, 김기춘 전 비서실장에 대한 증인 채택을 취소했다. 이런 상황 속에서 대통령 대리인단은 고영태만이라도 재차 증인으로 채택해 줄 것을 요청하는 증인신청서를 절박한 심정으로 헌법재판소에 제출했으나 이마저 기각된 것이다.

결국 우려했던 대로 절차가 진행되었다. 검찰 수사 기록이 모두 헌법재판소로 넘어왔으나 증인을 통해 이를 제대로 반박할 수 있는 기회는 보장되지 않았다.

헌법재판소는 한 술 더 떠, 진술 과정을 영상녹화한 조서나, 진술 과정에 변호인이 입회하여 조사 과정에 아무런 문제가 없다고 확인한 조서는 대통령 대리인단이 부동의하더라도 증거로 채택하겠다고 선언했다. 조사 과정이 적법했다는 이유만으로는 반대신문권을 배제할 수 없음에도, 헌법재판소는 대리인단이 반박할 기회를 전혀 주지 않은 채 이러한 조서들을 채택했다.

앞서 2004년 노무현 대통령 탄핵사건의 경우, 소추 사유가 간단하고 사실 인정 여부에 다툼이 없었다. 반면 이번 사안은 소추 사유 전반의 사실들에 대해 다툼이 있는 상황이어서 신중한 심리가 필요했다. 하지만 헌법재판소가 절차의 공정성보다 신속성을 강조하면서 국회 소추위원단에 일방적으로 유리한 상황이 전개되었다.

헌법재판소는 결정문을 통해 "헌법이 탄핵소추 사유를 '헌법이나 법률을 위배한 경우'라고 명시하고 헌법재판소가 탄핵심판을 관장하게 함으로써 탄핵 절차를 정치적 심판 절차가 아닌 규범적 심판 절차로 규정하고 있다"고 천명했다. 하지만 이번 탄핵심판 절차를 돌이켜보면 국회는 제대로 된 '사실' 조사 없이 언론 보도에 기초하여 탄핵소추안을 의결했고, 헌법재판소도 '사실' 확인보다는 정치적 일정에 맞춰 절차를 급하게 진행했다. 헌법재판소는 '형사법 위배 부분'에 대한 판단을 스스로 회피했고, '헌법 수호 의지'라는 추상적인 개념에 기대어 대통령을 파면했다. 결국 결정문 내용과 달리 이번 탄핵심판 절차가 정치적 심판 절차처럼 운용된 사실을 부인하기 어려울 것이다.

09

기울어진 심판정

노골적으로 국회 편든 주심재판관

불필요한 질문이라며 신문 제한 예사

절차진행·증거신청 등 걸핏하면 기각

급기야 재판관 기피신청 소동

헌법재판소 재판관들이 대통령 대리인단의 증인 신청과 증거 채택을 기각한 것은 납득하기 어려운 처사였지만, 이것은 그래도 재판관의 판단과 재량이라고 볼 수 있었다. 하지만 재판 진행에서마저 편파적인 모습을 보이는 것은 참기 힘들었다.

탄핵심판 절차가 한창 막바지로 치닫던 2017년 2월 22일, 대리인단의 김평우 변호사는 변론 과정에서 강일원 주심재판관의 편파적인 재판 진행에 이의를 제기했다.

"제가 굉장히 이상한 점을 발견했습니다. 강일원 재판관이 증인

신문에 굉장히 관여를 하십니다. 그런데 피청구인 측 증인에 대해서만 주로 묻습니다. 청구인 측 증인에 대해서는 별로 질문을 안 해요. 그리고 일단은 시작이 비난입니다. 앞뒤 말이 맞지 않아요. 이게 시작입니다. 이건 당사자주의에 맞지 않습니다. 그렇게 하면 청구인의 수석대리인이 되는 겁니다. 법관이 아닙니다.”

이정미 재판장이 “말씀이 조금 지나치신 것 같습니다. 언행을 조심해 주시기 바랍니다. 수석대변인이라는 말씀은 이 자리에서 하실 말씀이 아닙니다”라고 제지했다. 김평우 변호사는 일단 그 부분은 사과했다.

김평우 변호사의 진술은 사전에 대리인단 내부에서 합의된 것은 아니었지만, 충분히 공감할 수 있는 이야기였다. 사실 대통령 대리인들은 모두 강일원 주심재판관의 진행에 대해 불만이 많았다. 혹여 재판 결과에 영향을 줄까 우려해서 항의하지 못했던 것뿐이다.

강일원 재판관은 대통령 대리인들의 증인 신문에 관여하며 불필요한 질문이라는 등의 이유로 신문 자체를 제한하는 경우가 잦았고, 재판 초기부터 본인도 3만~4만 페이지나 되는 검찰 수사 기록을 다 봤는데 대리인들은 아직 기록을 다 검토하지 못했냐며 절차 진행을 재촉하기도 했다. 그 밖에 ‘태블릿PC 분석보고서’와 같은 증거의 송부촉탁 신청이나 대통령 대리인 측의 절차에 대한 의견도 기각하기 일쑤였다.

강일원 재판관은 김평우 변호사의 발언에 대해 많이 화가 난 것 같았다. 휴정 뒤 변론이 재개되자 본인의 입장을 장시간에 걸쳐 설명하고서, "김평우 변호사님은 헌법재판을 많이 안 해 봐서 착오가 있었던 것 같습니다"라며 살짝 비꼬는 투로 유감을 표시했다.

이어 이정미 재판장과 대통령 대리인 간에 소추 요건에 대한 공방이 이어지던 중, 대리인단 조원룡 변호사가 갑자기 강일원 재판관에 대한 '기피(忌避)'를 신청했다. 기피란 재판관이나 법관의 공정성이 의심될 때 당사자가 그 재판관(법관)을 절차에서 배제해 줄 것을 요구하는 것을 말한다. 이 기피 신청의 경우 강 재판관의 참여변론권 제한 및 편파적 재판 진행 등이 이유였다. 사실 이 부분도 대리인 간에 합의된 것은 아니었다.

심판정이 술렁거렸다. 국회 소추위원단 황정근 변호사는 "재판 지연을 목적으로 한 기피 신청이니 바로 각하해 달라"고 했다. 기피 신청으로 인해 기일이 공전되는 것을 우려했던 것이다. 이정미 재판장은 일단 휴정을 선언하고, 잠시 뒤 변론이 재개되자 기피 신청을 바로 기각했다.

재판관이 '소추 사유' 다시 불러 줘

엉성한 소추 사유는 기각이 마땅
2차례 재정리로 '형사법 위반' 빠져
추가된 사유가 파면 사유로… 명백한 오류

재판 진행 과정에서의 불공정성도 문제지만, 청구인과 피청구인

간의 법리 싸움이어야 할 재판이 엉뚱하게 대통령 대리인들과 재판관들 간의 대립으로 치닫는 것은 문제였다. 그럴 조짐은 처음부터 보였고, 대립은 갈수록 심화되었다. 가끔은 재판관들이 상대방 대리인처럼 느껴지기까지 했다. 재판관들이 중립적인 재판 진행에 실패한 것은 분명한 것 같다.

그날 김평우 변호사는, 당초 소추의결서에 '헌법 위반 5개, 법률 위반 8개'로 되어 있던 탄핵소추 사유를 강일원 재판관이 '4가지 헌법 위반 사유'로 정리하라고 코치한 점을 지적했다. "청구인 측 주장이 불분명하면 청구를 각하하거나 기각할 일이지, 재판관이 한쪽 편을 들어 사유를 재정리해 주는 것은 부당하다"는 요지였다.

사실 탄핵소추의결서에는 소추 사유가 명확하지 않거나 기재된 내용만으로는 탄핵 사유가 된다고 보기 어려운 내용들이 다수 포함되어 있었다. 대통령 대리인단은 탄핵심판 과정에서 이 점을 수 차례 지적했다.

이와 관련, 강일원 재판관이 소추 사유 수정을 두 번째로 요구한 2017년 1월 25일이 특히 의심스럽다. 박한철 소장이 기일을 3월 13일 이전으로 못 박은 그날이기도 하다. 하필이면 권성동 법사위원장이 탄핵심판 일정에 대해 언론에 언급한 다음 날, 헌법재판소가 어찌 보면 탄핵심판 과정에서 가장 결정적인 두 사안, '3월 13일 이전'과 '소추 사유 수정'을 언급했다. 재판관이 탄핵소추 사유 수정을 요구하고, 심판 기한까지 공표한 것이다.

이날을 기점으로 헌법재판소는 '3월 13일'에 맞춰 속도전을 펼치기 시작하는 한편, 기각 가능성이 높은 '형사법 위반' 부분을 제외하고 소추 사유를 최종적으로 4개로 재정리하여, 추상적인 '헌법 수호 의지 결여'라는 사유만으로도 대통령에 대한 파면 결정을 내릴 수 있는 조건을 갖추게 된다. 탄핵심판은 이런 위법의 구조물 위에 세워진 불법 건축물이라고 감히 말할 수 있다는 게 나의 생각이다.

탄핵심판의 주심을 맡은 강일원 재판관은 일차로 2016년 12월 22일 제1차 준비기일에서, 원래 9개로 되어 있던 탄핵소추 사유를 위처럼 5가지로 다시 정리해 줄 것을 요청하며, 5개 유형을 구체적으로 불러 주기까지 했다. 강 재판관의 발언을 보자.

> 우리 재판부에서 보기로는 지금 여러 가지 탄핵소추 사유를 한 다섯 가지 종류로 유형화할 수 있지 않은가 해서, 제가 제안을 드릴 텐데, 이 부분에 대해서 한번 검토를 해 주셨으면 좋겠습니다.
> 첫 번째로 할 수 있는 게, 사용한 용어를 그대로 사용하면 '비선 조직에 따른 인치(人治)주의로 국민주권주의와 법치국가 원칙 등을 위배했다'는 부분, 이게 아마 첫 번째 유형이 될 것 같습니다. 두 번째 유형으로 볼 수 있는 것이 '대통령으로서의 권한 남용'에 관한 부분이고, 세 번째로 유형화할 수 있는 부분이 '언론의 자유 침해'가 될 것 같습니다. 네 번째로 정리할 수 있는 것이 '생명권 보호 의무 위

반', 다섯 번째 유형으로 할 수 있는 부분이 '뇌물 수수 등 각종 형사법 위반'으로 볼 수 있습니다.

우리 재판부에서는 현재 이렇게 한 다섯 가지 유형 정도로 구분할 수 있지 않을까 생각하는데요, 아홉 가지 사유를 개별적으로 판단하는 것은 이미 선례에서 밝힌 것처럼 적절하지 않기 때문에, 이런 유형별로 정리를 해 주셨으면 합니다.

이에 국회 소추위원단은 2017년 12월 27일자 준비서면을 통해 기존 소추 사유를 강일원 재판관이 불러 준 그대로 5개 항목으로 재정리했다. 있을 수 없는 일이었다. 소추 사유가 부적절하면 청구를 기각해야 한다.

강일원 재판관은 2017년 1월 25일, 국회 소추위원단에 다시 한 번 소추 사유를 정리해 달라고 요청했다. 당초 본인이 불러 준 5가지 중 다섯 번째 '뇌물 수수 등 각종 형사법 위반' 부분이 빠지기를 원했던 것이다. 아마 이 시점에 이미, 기각될 것이 확실한 형사법 위반 부분을 판단 대상에서 제외시키기로 마음을 먹었던 것으로 보인다.

국회 소추위원단은 또다시 강 재판관이 '코치'해 준 대로 2월 1일 '소추 사유의 유형별 구체화'라는 서면을 제출하여, '뇌물 수수 등 형사법 위반 부분'을 제외하고 소추 사유를 4개 항목으로 재정리했다. 당연히 대통령 대리인단이 이의를 제기했지만 받아들여지지 않았다. 강 재판관의 이런 불공정한 진행이 급기야 재판관 기피 소동까지 부른 것이다.

결국 헌법재판소는 당초 국회의 소추 사유에 포함되었던 '뇌물 수수 등 각종 형사법 위반' 부분에 대해 판단하지 않아도 되었다. 국회의 탄핵소추의결서는 탄핵소추 사유를 '헌법 위배 행위'와 '법률 위배 행위'로 구분하였고, 법률 위배 행위의 경우 각각의 행위가 뇌물죄, 직권남용 및 권리행사방해죄, 강요죄 등 어떠한 범죄에 해당되는지 특정되어 있었다. 그중 법률 위배 행위 부분은 분량으로만 따지더라도 탄핵소추의결서 본문 44페이지 중 28페이지에 이르는 가장 중요한 부분이었다. 하지만 헌법재판소는 이 부분에 대해 따로 판단하지 않은 것이다.

헌법재판소는 결정문에서 그 이유를 "변론 절차에서 각종 형사법 위반 유형은 제외하기로 합의되었기 때문"이라고 적시했다. 국회 소추위원단이 2017년 2월 1일 제10차 변론기일에서 사실관계가 중복되는 각종 형사법 위반 유형을 제외하고 4가지 유형으로 정리하였는데, 대통령 대리인단은 이에 대하여 이의를 제기하지 않다가 2월 22일 제16차 변론기일에 이르러서야 소추 사유에 대하여 문제를 제기했는데 이는 받아들일 수 없다고 판단했다. 이것은 사실과 다르다. 대통령 대리인단은 준비서면을 통해, 그리고 법정에서 여러 차례 이의 제기를 한 사실이 있다. 무엇보다, 소추 사유는 국회의 의결을 거친 사안이므로 대리인들이 임의로 합의를 한다고 해서 바꿀 수 있는 문제가 아니다.

국회 소추위원단의 2월 1일자 '소추 사유의 유형별 구체화'라는 서면에는 심지어 최서원 측근의 비리, 최서원의 국정 개입 혐의, 삼성의 승마 지원 혐의 등 새로운 사실까지 추가되었다. 국회 국정조사특위나 최순실 특검의 수사 결과에 기초하여 내용을 사후에 추가한 것이다.

국회가 의결한 탄핵소추의결서의 내용을 국회의 동의 없이 소추위원단이 임의로 바꾸는 것은 부적법하다. 헌법재판소는 노무현 전 대통령에 대한 탄핵사건에서 "헌법재판소는 사법기관으로서 원칙적으로 탄핵소추기관인 국회의 탄핵소추의결서에 기재된 소추 사유에 의하여 구속을 받는다. 따라서 헌법재판소는 탄핵소추의결서에 기재되지 아니한 소추 사유를 판단의 대상으로 삼을 수 없다"고 명시적으로 선언한 사실도 있다. 이번 탄핵사건 결정문에서도 "청구인이 2017년 2월 1일 제출한 준비서면 등에서 주장한 소추 사유 중 소추의결서에 기재되지 아니한 소추 사유를 추가하거나 변경한 것으로 볼 여지가 있는 부분은 이 사건 판단 범위에서 제외한다"고 판단하여, 국회 소추위원단의 소추 사유 추가가 위법하다는 점을 인정했다.

하지만 추가된 소추 사유를 전부 제외하지는 않았다. 헌법재판소는 추가된 사유들 중 '케이스포츠클럽 관련 이권 개입' 등 일부 사실을 인정하여 파면 사유로 삼았다. 헌법재판소는 "케이스포츠(재단)가 광역 거점 케이스포츠클럽의 운영 주체로 지정되고 더블루케이가 케이스포츠(재단)에 대한 경영 자문을 하게 될 경우, 케이스포츠(재단)와 더블루케이를 실질적으로 장악한 최서원은 광역

거점 케이스포츠클럽에 배정된 국가 예산 집행 과정에서 상당한 이득을 취할 수 있었을 것이다"라는 '추정'에 기초하여 추가된 사유를 파면 사유의 하나로 삼은 것이다. 심각한 오류다.

실수든 의도한 것이든, 박근혜 대통령 탄핵심판 과정은 명백하고도 중대한 절차상의 위법과 오류들로 점철되어 있다. 장차 헌법학과 형사소송법 교과서들이 이 부분을 어떻게 평가할지 궁금하다.

10

대통령은 왜 출석할 수 없었나

대통령, '신문 없이 최후진술' 타진
헌재 "법대로 신문받아야" 고수
결국 출석 대신 '대통령 의견서'로

탄핵심판 선고 기한이 3월 13일로 사실상 정해진 가운데, 결론도 어느 정도 내정돼 있었던 것으로 추정되지만 당시 대리인단이 할 수 있는 일은 별로 없었다. 피청구인인 대통령이 할 수 있는 일도 최후진술이라고 할 수 있는 '대통령 의견서'로 항변하는 것뿐이었다.

　나는 2017년 2월 27일 낮 12시 23분경 대통령 의견서를 최재경 전 민정수석으로부터 메일로 전달받았다. 최종본이었다. 고심한 흔적이 묻어 있었다. 대통령의 스타일 상 마지막까지 문구 하나하나 반복해서 검토했을 것으로 추측한다.

나는 대통령 의견서를 헌법재판소에 인터넷으로 접수하고 바로 헌법재판소로 향했다. 오후 2시부터 탄핵심판 최종변론기일이 진행될 예정이었다. 사무실에 있던 이중환, 위재민, 정장현 변호사와 함께 차에 올랐다. 탄핵심판이 진행되는 동안 항상 같이 이동했었다.

이날은 여느 날과 다른 특별한 긴장감이 감돌았다. 대통령의 '최후진술'이 발표될 날이기도 했고, 대리인으로서 대심판정에서 변론하는 마지막 날이기도 했기 때문이다.

그 전날 마지막으로 대리인단 회의를 하면서, 최후변론은 원하는 변호사 모두 자유롭게 진행하기로 했다. 따로 순서도 정하지 않았다. 각자 생각하는 바를 모두 쏟아내기로 했다.

오후 2시. 마지막 재판이 시작되었다. 이날은 소추위원들도, 대리인들도 빠짐없이 출석했다. 이정미 헌재소장권한대행과 강일원 주심재판관은 필요한 사항만 정리한 뒤 신속히 소추위원단의 최후변론부터 진행했다. 지난 기일에 대리인단과 약간 다툼이 있었고 강일원 재판관은 기피 신청까지 당했던 터라, 별다른 다툼 없이 재판을 마무리하기 위해 신경을 쓰는 것으로 보였다.

국회 소추위원단의 최후변론이 약 75분간 진행되고, 대통령 대리인단의 최후변론이 이어졌다.

이날 대통령이 출석하여 최후변론을 하는 방안도 유력하게 검토되었다. 하지만 최후변론일 전날, 출석하지 않는 것으로 최종적으로 결정되었다. 대통령의 최종 결정이었다. 그 대신, 대통령이 작성한 의견서를 재판정에서 이동흡 변호사가 대독했다. 개인적으로는 아쉬운 마음이 컸다. 의견서에는 박 대통령의 입장과 심경이 잘 드러나 있는데, 전문(全文)을 책의 '부록 1'로 붙여 두고 여기서는 그 일부를 소개한다.

> (…) 국가와 국민을 위한 일이라는 신념을 가지고 펼쳐 왔던 많은 정책들이 저나 특정인의 사익을 위한 것이었다는 수많은 오해와 의혹에 휩싸여 모두 부정한 것처럼 인식되는 지금의 현실이 너무나 참담하고 안타깝기만 합니다. 저는, 정치인의 여정에서, 단 한 번도 부정과 부패에 연루된 적이 없었고, 주변의 비리에도 엄정했습니다. 최순실을 비롯한 주변 사람들의 잘못된 일 역시, 제가 사전에 조금이라도 알았더라면, 누구보다 앞장서서 엄하게 단죄를 하였을 것입니다. (…)
>
> 저는 정치인으로서 지켜야 할 가치 중 가장 중요한 것은 '국민과 한 약속을 지키는 것'이라고 믿고 살아왔습니다. 대통령으로 취임한 그날부터 국민과의 약속을 실천하기 위해 저의 모든 시간과 노력을 쏟아 일해 왔습니다. 저는 이 땅의 모든 우리 아이들이 자신의 꿈을 펼쳐 나갈 수 있고, 모든 젊은이들이 학교를 졸업하고 자신들이 원하는 직장을 가질 수 있는 길을 열어 주어, 우리 후손들이 자신의 꿈을 펼칠 수 있는 풍요로운 나라를 만드는 것이, 이 나라의 정치인으로서 그리고 대통령으로서 책임지고 해야 할 사명으로 생각하였고, 이를 이룰 수 있다는 확신과 믿음을 가지고 혼신의 노력

을 다해 왔습니다. 땀 흘린 만큼 보상받고, 노력한 만큼 성공하는 나라, 법과 원칙을 지키는 사람들이 성공하는 상식이 통하는 그런 나라를 만드는 것이 저의 소명이라고 생각을 했습니다.

돌아보면, 대한민국의 대통령으로서 제게 주어진 소명을 수행하기 위해 보낸 지난 시간들은 국민과의 약속을 실천하는 시간들이었습니다. 이번 사건을 겪으면서 주변을 제대로 살피고 관리하지 못한 저의 불찰로 인해 국민들의 마음을 상하게 해 드린 점에 대하여는 다시 한 번 송구스럽다는 말씀을 드립니다. 하지만, 지금껏 제가 해 온 수많은 일들 가운데 저의 사익을 위한 것은 단 하나도 없었으며, 저 개인이나 측근을 위해 대통령으로서의 권한을 행사하거나 남용한 사실은 결코 없었습니다. (…)

헌법재판소 심판규칙 제63조 2항은 "재판장은 피청구인에게 최종의견을 진술할 기회를 주어야 한다"고 명시하고 있다. 대통령 대리인단은 대통령이 출석하되, 신문 없이 최후진술을 하겠다는 입장을 밝혀 왔다. 그러나 헌법재판소는 대통령이 출석하면 재판관들과 국회 소추위원단의 신문을 받아야 한다는 결정을 내렸다. 헌법재판소법 제49조는 소추위원이 피청구인을 신문할 수 있도록 규정하고 있어 헌법재판소의 결정에 법리적으로는 문제가 없다. 하지만 그동안 절차 진행의 불공정성으로 피해를 입은 대통령 대리인의 입장에서는 악의적 질문에 의한 '공개적 망신 주기'를 우려하지 않을 수 없었다. 역사적인 대통령 탄핵심판의 최종

변론기일에 대통령이 출석하지 않은 데는 이런 속사정이 있었다.

사실은 헌법재판소도 내심 대통령의 출석을 바라지 않았던 것 같다. 대통령이 출석할 경우 절차가 지연될 수 있고 경호 문제 등 신경 써야 될 일이 많았다. 그리고 재판 막판에 어떤 돌발변수가 생길지 알 수 없으므로 대통령의 출석이 탐탁지 않았을 것이다.

헌법재판소가 좀 더 열린 자세로, 별도의 신문 없이 대통령이 최후진술을 하도록 운용의 묘를 발휘했으면 어땠을까 하는 아쉬움이 있다. 이런 역사적 사건에서 대통령이 본인의 소회를 직접 밝히고, 국민들도 대통령의 육성을 직접 듣고 판단할 수 있는 기회를 갖도록 하는 것은 큰 의미가 있었을 것이다.

이처럼 심판 절차 막판까지 헌법재판소와 대통령 대리인단 간 대립 구도가 지속된 데에 대하여는 뒷맛이 개운치 않다.

양측 대리인들의 장시간에 걸친 대리인들의 최후변론이 끝나고, 이정미 재판장이 헌법재판소를 대표해서 약 2분간 짧게 소회를 피력하고 재판을 마무리했다. 대통령 탄핵심판의 남은 절차는 이제 헌법재판소의 선고뿐이었다. 이날 선고기일은 따로 지정되지 않았다.

11

파면 전야

전원 일치 아니면 분열·혼란 우려?
엄정한 법리 대신 정치적 타협 택했나
헌재·대법관은 종신제 어떨까

헌법재판소가 최종변론기일을 마무리하며 선고기일을 따로 지정하지는 않았지만, 3월 13일 이전일 것만은 분명했다. 운명의 날은 하루하루 다가오고 있었다.

3월 1일 서울 광화문광장에서 삼일절 태극기집회가 열렸다. 오전부터 많은 인원이 몰려들었고 오후 2시 이후에는 발 디딜 틈 없이 많은 사람이 모여 남대문까지 인파가 이어졌다. 내 주변 변호사들도 이날 태극기집회에 많이 참석했다. 나는 직접 가지는 못했지만 인터넷에 올라온 사진과 기사 들을 통해 얼마나 많은 인파가 모였는지 확인했다. 대리인들끼리 태극기집회 이야기를 하며 서로 힘을 얻었다.

탄핵심판 기간 내내 태극기집회는 큰 힘이 되었다. 언론에서는 태극기집회를 폄하하기도 했지만, 나는 태극기집회에 참여하는 국민들이야말로 깨어 있는 시민이라고 생각한다. 언론의 편향된 보도에도 불구하고 진실을 깨닫고 목소리를 내는 분들로 인해 대한민국의 자유민주주의가 지켜진다고 생각한다.

탄핵심판 선고일이 다가오면서 갖가지 소문들이 무성하게 나돌았다. 전원일치 파면 결정이 정해졌다는 소문에서부터, 6 대 2로 파면 결정이 정해졌다는 소문, 5 대 3이나 4 대 4로 기각 결론이 났다는 소문들도 나돌았다. 선고일 전날 재판관들의 평의 도중 고성이 났다는 소문까지 있었다. 재판 당시 태도나 출신 지역, 선임권자 등에 기초해서 재판관들을 분류하고 어떤 의견일지를 분석한 갖가지 소문이나 설도 무성했다. 특정 세력이 어떤 재판관을 매수했다거나 차기 헌법재판소장으로 누가 내락되었다는 등의 악의적인 소문도 나돌았다. 그 어느 것도 진위를 파악할 수 없었기 때문에 마지막까지 서면 준비를 하면서 기다리는 수밖에 없었다.

한편으로는 우리나라가 헌법재판관 종신제를 채택했더라면 좋았을걸 하는 생각도 들었다. 그랬다면 재판관들이 특정 정치세력이나 여론으로부터 훨씬 더 자유로울 수 있었을 것이다. 대통령 탄핵과 같은 국가 중대사의 경우에는 더더욱 그럴 필요가 있다. 언젠가 헌법 개정이 논의될 때 대법관이나 헌법재판관의 종신제도 검토해 보았으면 하는 바람이다.

3월 8일, 헌법재판소 배보윤 공보관은 이틀 뒤인 3월 10일 오전 11시에 박근혜 대통령 탄핵심판 선고를 진행한다고 발표했다. 변론기일은 진작에 마무리되었지만 대통령 대리인단은 이날까지도 참고서면을 준비하고 제출하느라 바빴다. 검찰 수사 기록은 방대했으나 시간은 부족했고, 증인 채택이 이루어지지 않거나 출석하지 않아 제대로 반박하지 못한 내용들도 많았다. 최후변론 이후에도 사무실에서 계속 참고서면을 만들어 제출했다. 국회 소추위원단도 참고서면을 계속 제출하는 상황이었기 때문에 이에 대하여도 하나하나 반박할 필요가 있었다.

선고 일정을 발표한 배보윤 공보관은 탄핵 선고 후 헌법재판소에서 퇴임했다. 이후 대통령 형사사건 변호인단에 합류하고자 했으나 사정상 성사되지 못했다. 그는 탄핵심판 후 이번 탄핵 결정이 잘못된 것이라는 입장을 밝히기도 했는데, 헌재 공보관으로서 탄핵심판 전 과정을 지켜보면서 많이 괴로웠을 것으로 짐작한다.

탄핵심판 선고일이 지정되면서 모든 시선이 헌법재판소에 모아졌다. 의견이 어느 쪽으로 모아질지 예측하기 어려웠지만, 인용이든 기각이든 전원일치 결정이 내려질 가능성이 높다는 점은 대통령 대리인단도 어느 정도 예측하고 있었다. 인용, 즉 대통령 파면이라도 전원일치 아닌 6 대 2나 7 대 1로 결정이 내려질 경우 소수의견으로 인해 분열과 혼란이 생길 우려가 있다. 거꾸로, 5 대 3이나 4 대 4로 기각 결정이 나올 상황이라면 당초 인용 쪽에 섰던 재판관들이 기각 쪽으로 의견을 바꿀 가능성도 있다. 어느 쪽이든 전원일치 결정이 아니고서는 혼란이 불가피하다고 헌재는 생각했을 것이다. 막판까지 재판관들 간에도 설득과 회유를 할 수밖에 없는 상황이었을 것이다.

하지만 그동안 소수의 목소리를 중시했던 헌법재판소가 이번과 같은 역사적 사건에서 만에 하나 '국론 분열의 우려'만으로 반대 목소리를 의도적으로 자제시켰다면 이는 비판받아 마땅하다. 특히, 이를 위해 소추 사유 중 핵심적인 부분이면서 가장 취약한 '형사법 위반' 부분을 자의적으로 배제시킨 것이라면 이는 특히 비판받아 마땅하다.

선고 직후 한 언론의 보도에 따르면, 뇌물죄를 인정할 수 있을 것인지를 놓고 헌법재판관들 간에 의견이 팽팽하게 맞섰고, 논의를 거듭한 끝에 '뇌물죄 등 형사법 위반' 부분을 제외시키기로 합의하면서 돌파구를 찾았다고 한다. 때문에 재판관들은 결정문 작성을 돕는 헌재 연구관들에게 "형사적 표현은 최대한 자제하고 헌법 위반 부분을 중점적으로 다루라"는 지시를 했다고 한다. 이렇게 '뇌물죄 등 형사법 위반' 부분을 제외시키고도 박 대통령의 헌법 위반 사실이 파면을 해야 할 정도로 중대한 것인지에 대해 의견이 일치되지 않아 평의를 거듭하고, 막판까지 파면에 반대한 일부 재판관들을 설득했다고 한다. 결국 8인 재판부는 3월 10일 오전, 선고를 1시간가량 앞두고 마지막 8번째 평의를 열고 결정문에 전원일치 의견으로 최종 서명을 했다는 것이다. 사실이라면 이러한 과정이 얼마나 위헌적인지는 더 말할 필요도 없을 것이다.

민주주의는 소수에 대한 존중을 기초로 한다. 소수의 의견을 무시한 다수결은 '다수의 횡포'에 불과하다. 모두가 합의한 절차는 그래서 더 중요하고, 합의와 설득의 과정을 거쳤기 때문에 소수는 불만족스럽더라도 다수결을 인정하게 된다. 그런 점에서 반대의견도 가감 없이 적시하고 서로가 반대의견에 대해 고민해 보는 기회를 가질 수 있도록 했어야 했다.

제2장

실체 없는 파면 사유

허상으로 얼룩진 탄핵심판 결정문

'헌법 수호 의지' 판단의 허구성

'헌법 수호'는 다루지도 않았다
조기 자진사퇴까지 제안한 대통령
수사 협조 안 해서 '호헌 의지' 없다?
불소추특권 대통령 수사가 위헌

2016년 12월 9일 국회 본회의를 통과한 '대통령(박근혜) 탄핵소추
의결서'에는 '탄핵소추의 사유'가 명시돼 있다. 국회는 박 대통령
을 탄핵소추하는 이유를 장황하게 나열했지만, 이는 모두 실체
없는 허상에 불과했다.

　그런데 그 허상마저도 국회가 혼자 지어 낸 것이 아니라 헌재가
함께 모의해 꾸며 갔다면?

　국회의 탄핵소추의결서는 박근혜 대통령이 직무 집행에 있어서
헌법과 법률을 광범위하게, 그리고 중대하게 위배했다고 주장했

다. 헌법과 법률을 지키지 않는 대통령은 탄핵을 당해 마땅하다.

그런데, 박근혜 대통령은 정말로 헌법과 법률을 위반했을까?

우선 '헌법 수호 의지'에 대한 부분부터 따져 보자.

헌법재판소는 박근혜 대통령이 "헌법 수호 의지가 없다"고 판단했다. 그런데 이것은 너무나 궁색하다. 심판 과정에서 대통령의 '헌법 위반' 혐의는 제대로 다루지도 못하고 결정문에서 느닷없이 '헌법 수호 의지'를 지적했기 때문이다. 의지가 있다, 없다를 규정하는 데는 자의적인 판단이 개입할 여지가 너무나 크다.

이 점을 접어 둔다고 하더라도 헌재의 논리는 부실하기 짝이 없다.

헌법재판소는 박 대통령이 2016년 10월 25일 제1차 대국민 담화를 발표하면서 국민에게 사과하였으나 진정성이 부족했고, 같은 해 11월 4일 제2차 대국민 담화에서 진상 규명에 최대한 협조하겠다고 하였으나 검찰이나 특별검사의 조사에 응하지 않았고 청와대의 압수수색도 거부하였으므로 헌법 수호 의지가 드러나지 않는다고 판단했다.

하지만 헌법재판소는 대통령의 헌법 수호 '의지'를 확인하기 위한 노력을 전혀 하지 않았다. 헌법재판소는 결정문에 헌법 수호 의지와 관련하여 적시한 내용을 심판 과정에서는 언급조차 하지 않았고, 이 점과 관련해 대통령 대리인단에 석명(釋明)을 요구한 사실도 없다. '헌법 수호 의지'는 탄핵심판 기간 내내 전혀 쟁점이 아니었던 것이다.

제1장에서 지적했듯 특검의 대통령 대면 조사가 무산된 것은 녹음·녹화에 대한 이견 때문이었다. 특별검사는 현직 대통령에 대한 형사소추 권한 자체가 없었지만, 대통령은 참고인 조사 방식으로 조사를 받는 데 동의했다. 구체적인 조사 절차를 놓고도 특검과 성실히 협의했다. 대통령은 조사에 응하고자 했던 것이다.

그런데 특검은 조사 시 녹음·녹화를 강하게 주장했다. 형사소송법상 녹음·녹화는 '당사자의 동의가 있는 경우'에 한해 가능함에도, 당사자인 대통령의 의사에 반해 특검이 무리하게 녹음·녹화를 강행하고자 한 바람에 이견을 좁히지 못하고 참고인 조사가 무산되었다. 따라서 조사 불발의 책임은 특검에 있고, 이 점을 이유로 대통령에게 헌법 수호 의지가 없다고 할 수는 없는 것이다.

헌법재판소는 청와대가 압수수색을 거부하였으므로 헌법 수호 의지가 없다고 판단하였으나, 압수수색 거부는 당시 대통령의 권한 밖의 일이었다. 대통령은 직무권한이 정지되어 있어 압수수색 거부에 전혀 관여할 수 없었다. 설령 압수수색을 대통령이 거부했다고 가정하더라도, 적법한 절차에 따른 거부가 '헌법 수호 의지가 없다'는 판단의 근거가 될 수 있을지 의문이다.

대통령은 당시 세 차례에 걸쳐 국민들에게 사과하고 정치적 해결책을 마련하기 위해 국회에 '책임총리' 추천권까지 이양했다. 또 자신의 임기를 단축하고 자진 사퇴하는 안까지 제안하였는데, 헌법 수호 의지가 없었다고 볼 수 있을지 의문이다.

사실 이 문제는 근본적으로, 대통령제를 채택하고 있는 우리 헌법 하에서 현직 대통령에 대한 수사가 가능할 것인지의 문제로 귀결된다. 우리 헌법 제84조는 "대통령은 내란 또는 외환의 죄를 범한 경우를 제외하고는 재직 중 형사상의 소추를 받지 아니한다"고 명시하여 '불소추 특권'을 규정하고 있고, 제65조 4항은 "탄핵 결정은 공직으로부터 파면함에 그친다. 그러나, 이에 의하여 민사상이나 형사상의 책임이 면제되지는 아니한다"고 규정하고 있다. 이를 종합하여 보면 우리 헌법은 대통령이 내란 또는 외환의 죄를 범한 경우에는 재직 중에도 즉시 형사소추를 하지만, 그 외의 범죄를 범한 경우에는 불소추 특권에 기초하여 임기 내에는 안정적으로 국정을 수행할 수 있도록 하고 임기가 끝난 후에 법적 책임을 추궁하고, 다만 비위의 정도가 심한 경우에는 탄핵 제도를 활용하여 지위를 박탈한 후 책임을 묻기로 '헌법적 결단'을 했다는 점을 알 수 있다. 따라서 대통령의 위헌, 위법 행위가 발생하면 국회가 조사를 거쳐 탄핵소추를 하고, 헌법재판소가 심리를 거쳐 파면 결정을 하며, 파면 이후에 검찰의 조사에 따라 형사 절차가 진행된다.

미국은 대통령 선거 시 부통령도 러닝메이트로 함께 출마해 국민의 선택을 받으므로 부통령도 민주적 정당성이 인정되어 대통령 탄핵 시 부통령이 남은 임기를 채우게 되지만, 우리의 경우 대통령이 탄핵되면 새로이 대통령을 선출하고 행정부를 구성하게 되므로 혼란 상황이 불가피하다. 이러한 사태를 가급적 방지하고

자 안정적인 국정 운영을 가능케 하기 위해 헌법은 대통령의 탄핵소추 요건을 여타 공직자에 비해 강화해 둠과 동시에 불소추 특권을 규정하고 있는 것이다.

다만, 우리 헌법은 대통령에 대한 불소추 특권을 규정하면서도 소추의 전제가 되는 '수사'에 대하여는 아무런 규정을 두고 있지 않아, 형사소추의 전제인 수사도 당연히 불가능한 것인지, 수사는 하되 소추만 못 하는 것인지 해석에 다툼이 있다. 그러나 불소추 특권을 규정하면서 탄핵 제도를 함께 둔 헌법의 취지에 비추어, 현직 대통령에 대하여는 수사도 불가능하다고 보는 것이 더 설득력 있다.

2004년 노무현 대통령에 대한 국회의 탄핵소추의결서에는 당시 검찰이 노무현 전 대통령과 측근들의 공범 관계를 인지하고 확인했음을 공개적으로 밝히면서도 대통령의 불소추 특권, 직무 수행의 계속성, 헌법정신 등에 비추어 그 내용을 공개하는 것은 적절치 않다고 판단하여 현직 대통령에 대한 직접 수사와 기소를 유보했다는 뜻이 적시되어 있다. 김현웅 법무부장관도 2016년 10월 27일 국회 법제사법위원회에 출석해 "현직 대통령은 불소추 특권에 따라 수사할 수 없다는 견해가 다수설"이라고 답변한 바 있다.

그런 측면에서 박 대통령 탄핵심판과 함께 진행된 검찰과 특검의 수사 중 대통령과 관련된 부분은 명백히 위헌이었다.

검찰 특별수사본부는 국회의 탄핵소추 의결이 있기 전에, 헌법상 불소추 특권이 있는 현직 대통령을 '피의자'로 입건했다고 공언하면서 수차례에 걸쳐 소환을 요구하였고, 청와대에 대한 압수수색을 시도하였으며, 최서원·안종범의 공소장에 대통령과 '공모'했다는 내용을 명시하여 현직 대통령을 사실상 기소했다. 노무현 전 대통령의 경우와 극명히 대비되는 장면이다. 특별검사역시 국회의 탄핵소추 의결 후 아직 탄핵심판이 진행 중인 가운데 대통령을 뇌물죄의 '피의자'로 입건하고 청와대에 대한 압수수색을 시도하였으며 대통령에 대한 참고인 조사를 추진했다.

결국 검찰의 위헌적 수사와 대통령이 최서원·안종범과 공모했다고 적시된 공소장에 의해 국회의 탄핵소추안이 의결되었고, 검찰과 특별검사의 수사 결과에 기초하여 헌법재판소의 파면 결정이 이루어진 것이다.

이처럼 검찰과 특검의 수사 및 기소가 위헌적임에도 헌법재판소가 이러한 점은 무시한 채 "대통령이 검찰과 특별검사의 수사에 협조하지 않았으니 헌법 수호 의지가 없다"고 판단한 부분은 법리적으로 비판받아 마땅하다. 대통령은 탄핵심판 절차에 성실히 임했다. 비록 직접 출석하지는 않았지만 대리인들을 통해 본인의 의견을 전달했고 직접 작성한 의견서도 제출했다. 탄핵소추 직전 야당이 추천한 특별검사를 손수 임명하고 조사에 대한 협의도 진행했다.

언론 자유… 가해자인가 피해자인가

소추 사유 "세계일보에 사장 해임 압력"
세계일보는 즉각 "외압 없었다" 해명
대통령이야말로 악의적 보도의 피해자

언론의 자유는 우리 헌법 제21조가 명문으로 보장하고 있는 기본권이다. 국회는 박 대통령이 언론의 자유를 침해했다며 이를 탄핵소추 사유에 포함시켰다. 구체적으로 국회는 "〈세계일보〉가 2014년 11월경 '정윤회 문건'을 보도하자 청와대 고위 관계자가 세계일보 총재에게 사장의 해임을 요구하여 세계일보 사장이 2014년 2월경 물러나고 이후 〈세계일보〉가 추가 보도를 자제하게 되었다"는 점을 이유로 들었다.

하지만 헌법재판소는 대통령이 '정윤회 문건' 보도에 대해 비판적 입장을 표명하였더라도 그러한 입장 표명만으로는 〈세계일보〉의 언론의 자유를 침해했다고 보기 어렵고, 세계일보 사장의 해임에 대통령이 관여했다고 인정하기에는 증거가 부족하다고 판단하고 소추 사유를 기각했다. 국회의 탄핵소추가 모래 위에 쌓아 올린 누각임을 보여 주는 단적인 사례다.

〈세계일보〉도 탄핵소추안이 국회 본회의에 상정된 2016년 12월 8일 '탄핵소추안 및 국정조사 쟁점에 대한 세계일보 입장'이라는 제목의 사고(社告)를 통해 이렇게 밝혔다.

(…) 문건 보도와 관련해 청와대 고위 관계자가 통일교 총재에게 전화하여 조한규 사장 해임을 요구했다는 탄핵소추안 내용은 사실과 다름을 분명히 한다. 청와대 측이 세계일보와 통일그룹 재단 측에 유·무형의 압박을 가한 것은 사실이나 공식적으로 조 사장 해임을 요구한 사실이 없다. 조 사장 해임 건은 문건 보도 시점인 11월 28일 이전에 재단 차원에서 실시한 세계일보 감사와 밀접한 관련이 있으며, 오히려 문건 보도로 인해 조 사장 거취 논의가 미뤄질 수밖에 없었다. 이후 세계일보 이사회 의결 등 적법한 절차에 따라 조 사장 해임이 결정됐다. 따라서 최근 조 전 사장이 청와대 요구로 자신이 해임됐으며 이를 계기로 본지가 추후 보도를 자제했다는 것은 개인의 일방적 주장일 뿐이다. 재단과 세계일보 관계자들의 명예, 신뢰를 추락시킨 조 전 사장의 언행에 대해서는 관련 법적 조치를 진행 중이다.

다른 이유로 세계일보 내부에서 사장의 거취가 이미 논의되고 있던 상황에서 '정윤회 문건' 보도가 있었다는 요지다. 때문에 대통령 대리인단은, 문건 입수는 보도 시점으로부터 약 6개월 전이었는데 사장의 거취가 논의되던 시점에 보도가 이루어졌고, 이로 인해 거취 논의가 미뤄졌다는 점에서, 세계일보 사장이 '정윤회 문건'을 보도하기로 한 이유와 보도 시점 선정에 오히려 의혹이 있다는 점을 지적하기도 했다.

〈세계일보〉는 입장문에서 이어 "탄핵소추안에 〈세계일보〉의 문건 보도 관련 박근혜 정부의 언론 탄압 사례가 적시된 것은 그 피해 당사자로서 충분히 납득할 수 있다. 그러나 개인 또는 정치인들이 최근의 최순실 등 국정 농단과 탄핵 정국에 편승해 의혹을 부풀리거나 정략적으로 이용하는 일이 없어야 함을 경고하고, 탄핵안 내용 중 오류가 있음을 지적하는 바이다"라고 밝혔다. 세계일보는 이후 국회 청문회에서 세계일보 간부들이 최서원 사람이라는 취지의 주장을 한 정치인을 상대로 명예훼손을 이유로 손해배상 청구소송을 제기하기도 했다.

다만, 언론 보도에 따르면 이후 조한규 전 사장이 세계일보를 상대로 제기한 손해배상 청구소송에서, 1심인 서울중앙지법은 "세계일보 사장이 청와대의 유·무형의 압력으로 부당 해임됐다"는 취지의 판단을 했다(2018년 5월). 법원이 구체적으로 어떤 근거로 해임이 부당하다고 판단했는지, 그 근거가 타당한지는 별도로 살펴볼 필요가 있다.

사실 박 대통령은 언론 자유의 침해자이기는커녕 오히려 피해자이다. 국회의 탄핵 추진을 전후해 대통령을 향해 쏟아진 무수한 악의적이고 무책임한 보도들, 그것을 탄핵소추의 주된 이유로 삼은 국회, 그 소추의결서를 토대로 대통령을 파면한 헌법재판소. 과연 누가 언론 자유의 피해자이고 누가 가해자인가?

야당의 혁명 선동이 헌법질서에 위배

"탄핵 기각되면 혁명밖에 없다"
"헌재도 탄핵해야" 협박한 야당
反헌법 넘어 내란 선동 가까워

헌법 수호 의지가 없었던 것은 오히려 당시 야당 지도자들이었다. 그들은 이렇게 말했다.

"탄핵이 기각되면 혁명밖에 없다."

"국민에 반하는 탄핵 기각 결론을 따라야 한다는 것은 모순이다. 헌재도 탄핵해야 한다. 탄핵이 기각될 경우 다시 퇴진운동을 펼치겠다."

아슬아슬한 발언이다. 우리 형법은 "헌법 또는 법률에 정한 절차에 의하지 아니하고 헌법 또는 법률의 기능을 소멸시키는 것"과 "헌법에 의하여 설치된 국가기관을 강압에 의하여 전복 또는 그 권능 행사를 불가능하게 하는 것"을 '국헌(國憲)을 문란할 목적'으로 정의하고(형법 제91조 1, 2호), 이를 목적으로 폭동하거나 예비·음모·선전·선동하는 것을 처벌할 것을 규정하고 있다. 탄핵심판 당시 야당 지도자들의 '혁명' 운운은 헌법 수호 의지가 없는 것은 물론 형법상 내란의 죄에 저촉될 여지마저 있는, 자유민주국가의 정당 지도자들이 입에 담아서는 안 되는 발언이었다.

02

'세월호 무관'에 굳이 '보충의견'

헌재 "세월호는 탄핵 사유 아니다"

대통령 정상 집무… 보고·뉴스가 혼선
그럼에도 재판관들 "행적 다 밝혀라"
결정문 "생명권 침해 아니다" 종지부

대한민국 헌법은 생명권에 대한 명문의 규정을 두고 있지는 않지만 "국가는 개인이 가지는 불가침의 기본적 인권을 확인하고 이를 보장할 의무를 진다"고 선언하고 있다(제10조). 국가가 국민의 '불가침의 기본적 인권'인 생명과 신체를 보호할 의무는 여기서 도출된다. 대통령은 행정부의 수반으로서 국민의 생명과 신체를 보호할 수 있도록 직무를 수행해야 한다.

국회는 세월호 침몰사고가 발생한 2014년 4월 16일, 오전 8시 52분 소방본부에 최초 사고가 접수된 시점부터 당일 오전 10시

31분 세월호가 침몰하기까지 약 1시간 반 동안 대통령이 어디에도 보이지 않았고, 이후 중앙재난안전대책본부 방문까지의 소위 '세월호 7시간'에 대해 언론과 국민이 진실 규명을 요구했으나 비협조와 은폐로 일관했다는 점을 소추 사유로 삼았다. 하지만 헌법재판소는 "국민의 생명이 위협받는 재난 상황이 발생했다고 하더라도 대통령이 직접 구조 활동에 참여해야 하는 등 구체적이고 특정한 행위 의무까지 바로 발생한다고 보기는 어렵다. 대통령의 조치에 미흡하고 부적절한 면이 있다고 하더라도 곧바로 생명권 보호 의무를 위반했다고 보기는 어렵다"고 판단하고 소추 사유를 기각했다.

헌법재판소의 탄핵심판 절차 초기인 2016년 12월 22일 이진성 재판관이, 세월호 참사 당일 대통령의 행적을 구체적으로 시각별로 밝혀 달라고 요청한 일이 있다. 이후 대통령 대리인단이 세월호 당시 행적에 대해 상세히 서면을 통해 밝혔음에도 불구하고, 대통령의 당일 '보고·지시 외의' 행적을 밝혀 달라고 재차 요구했다. 사실상 분 단위로 무엇을 했는지 밝히라는 뜻이었다.

대통령 대리인단은 모두 헌법재판소의 무리한 요청에 대해 기막혀 했다. 나도 그 말을 듣고 화가 많이 났다. 헌법재판소의 요구 자체가 대통령이 여성으로서 당일 비정상적인 행위를 했을 것이라는 성차별적 편견에 기초한 것이었다.

대통령 대리인단이 소명한 내용에 따라 상황을 구성해 보자. 대통령은 세월호 침몰 당일 10시경 국가안보실로부터 세월호 상황 및 조치 현황에 대한 서면 보고를 받았고, 보고서를 검토한 직후 인 10시 15분경 국가안보실장에게 전화하여 보다 구체적인 상황을 파악하고 "단 한 명의 인명 피해도 발생하지 않도록 구조에 만전을 기할 것, 여객선 등을 철저히 확인하여 누락 인원이 없도록 할 것"을 지시했다. 7분 뒤인 10시 22분경 국가안보실장에게 다시 전화하여 "샅샅이 뒤져서 철저히 구조하라"고 당부했다. 이어 10시 30분경 대통령은 현장의 최종 책임자인 해양경찰청장에게 전화해서 "특공대를 투입해서라도 인원 구조에 최선을 다할 것"을 지시했는데, 그 시점에 세월호는 완전 전복되었으나, 청와대로 들어오는 보고와 언론 보도는 아직까지 '전원 구조' 또는 '구조 순조' 일색이었다.

대통령으로서는 최초 보고를 받은 오전 10시경 보고서를 검토하고 세월호가 완전 전복되기까지 30분 동안 국가안보실장과 해경청장에게 전화하여 구조를 독려하였기 때문에 생명권을 침해했다거나 직무를 소홀히 했다고 볼 수 없다.

그 이후에도 대통령은 본연의 직무에 충실했다. 오전 11시 무렵부터 전원 구조라는 언론의 오보가 계속 나오고 있었고 청와대 국가안보실과 사회안전비서관실의 구조자 숫자도 시시각각 변하던 혼란스러운 상황에서, 대통령은 계속 올라오는 보고서를 검토하고 국가안보실장과 통화하여 대책에 대해 논의했다. 직접적인 구조 작업은 일선의 해경들이 수행하고 있었던 터라, 대통령으로서 할 수 있는 일은 지속적으로 상황을 파악하고 최선을 다해 구조에 임해 줄 것을 당부하는 것밖에 없었다. 과거 위도 서해훼리호 전복사고(1993), 삼풍백화점 붕괴사고(1995), 대구지하철 화재참사(2003) 등의 경우에도 해당 해양경찰청이나 재난본부, 소방본부가 현장을 지휘했지 대통령이 구조 활동에 대한 구체적인 지시를 하지 않았음을 상기해 볼 필요가 있다.

정호성 전 청와대 비서관은 2017년 1월 19일 헌법재판소에 증인으로 출석해 이렇게 진술했다.

"저는 안(봉근) 비서관한테 대통령께서 안보실장과 통화하시고 그다음에 해경총장과 통화해서 지시하셨다고 들었다. 그다음에 점심을 먹으면서 TV에 전원 구조 보도가 나온 걸 보고 '다행이다. 우리 정부 들어서 행정안전부도 안행부로 바꾸고 해서 이런 사고를 제때 처리할 수 있었다'는 등의 대화를 나누고 좀 홀가분한 기분에 식사를 한 기억이 있다."

실제 오후 1시 13분에도 190명이 추가 구조되어 총 370명이 구조되었고 사망자는 2명이라는 내용이 보고되었다. 그러던 중 오후 2시 50분경에야 대통령은 국가안보실장으로부터 190명 추가 구조는 사실이 아니고 인명 피해가 심각할 수 있다는 사실을 보고받았고, 오후 2시 57분경 재차 유선 보고를 받던 중 구조 인원 혼선에 대해 질책하고 정확한 통계와 구조 상황을 재확인할 것을 지시했다.

그 직후인 오후 3시경 중앙재난안전대책본부(중대본) 방문을 결정했다. 오후 4시 30분경 경호실이 대통령 방문 준비가 완료되었다는 보고를 하였고, 오후 5시 15분경 중대본에 도착했다. 그곳에서 대통령은 "단 한 명의 생존 가능성도 포기하지 말고 동원 가능한 모든 인력과 장비를 동원해서 수색과 구조에 최선을 다하라. 피해 가족들에게 도움이 될 조치는 적극 협조하고 사고 현장의 가족들이 불편을 겪지 않도록 살펴 달라"고 지시하는 등 사고 수습과 구조에 관련된 기관들이 최선을 다해 줄 것을 독려했다.

세월호 침몰사고와 관련하여 수많은 의혹들이 제기되었으나, 모두 사실이 아닌 것으로 밝혀졌다. 사고 초기 대통령이 정상적으로 보고를 받을 수 없는 상태였다는 루머가 있었으나 당시 대통령은 관저 집무실에서 정상적으로 보고를 받았다. 소위 '세월호 7시간' 동안 수면 주사를 맞거나 미용시술, 굿을 했다는 등 온갖 루머들이 있었으나 역시 모두 사실이 아니었다. 당시 대통령은 정상적으로 직무를 수행했다.

안타까운 희생자들이 발생한 데 대해 생존자와 유족들의 아픔을 달래고 재발 방지를 위해 노력하기보다, 세월호 침몰사고의 참혹한 결과만을 부각시켜 모든 것을 대통령의 책임으로 돌리고 국정 수행에 발목을 잡는 등, 가슴 아픈 사고를 정치적으로 악용하는 지극히 잘못된 일들이 지금까지 이어져 왔다.

국회 소추위원단은 '세월호 7시간'에 대해 "언론과 국민이 진실 규명을 요구했으나 비협조와 은폐로 일관했다"고 주장했으나, 대통령은 기자회견과 국회의 국정조사 등을 통해 여러 차례 '세월호

7시간'의 행적에 대해 밝혀 왔고, '세월호 특별법'까지 제정해 사실 조사를 마쳤다. 그럼에도 사안의 진실보다는 일부 정치세력이 가세한 유언비어만이 회자되고 언론들에 의해 확대재생산되어 온 것이 사실이다. 사실은 왜곡되었고 국민적 갈등은 깊어졌다.

현 정권 사건·사고도 대통령 책임인가
국가 책임과 대통령 책임은 별개
文 집권 후 대형사고 오히려 빈발
보충의견 두 재판관, 헌재 소장 지명

헌재의 탄핵심판 과정에서 이진성 재판관은 세월호 쟁점에 대해 특히 관심이 많았다. 김규현 청와대 국가안보실 차장이 증인으로 출석했을 당시에도 상당히 길게 질문을 이어 갔었다. 당시 나는 이 재판관이 답을 정해 놓고 재판하는 듯이 보여 못마땅했던 기억이 있다.

김규현 차장은 2017년 2월 1일 헌법재판소에 출석하여 다음과 같이 증언했다.

"2001년 미국 9·11사태, 2005년 런던 지하철 버스 테러사태, 2015년 파리 테러사태. 그 모든 상황들이 현장 중심으로 이루어진다. (…) 어느 경우에도 국가기관이 잘못했지만 대통령 책임이라고 하는 경우는 들어 본 적이 없다. 모든 선진국가들은 대형 재난·사고는 현장과 시스템을 통해 이루어지지 (국가)원수가 잘못했으니 책임지라는 말은 들어 본 적 없다. 그런 논리를 확장하면 모든 사고 책임은 대통령에게 있다는 주장도 가능하다."

후에 이진성, 김이수 두 재판관은 탄핵심판 결정문에 세월호 쟁점과 관련, "파면 사유가 된다고 보기 어렵다 할지라도 대통령의 당시 대처에 상당한 문제가 있었다"는 취지의 '보충의견'을 남겼다. 공교롭게도 문재인 대통령 취임 후 김이수 재판관을 헌법재판소장 후보자로 지명했고, 그가 낙마하자 이진성 재판관이 헌법재판소장이 되었다.

2017년 12월 초순 인천 영흥도에서 낚싯배 침몰로 13명의 사망자와 2명의 실종자가 발생하자, 취임 초년의 문재인 대통령은 국가위기관리센터를 찾아, "이유 여하를 막론하고 국가의 책임"이라는 점을 강조했다. 그러나 이후로도 제천 스포츠센터 화재(2017. 12), 일산 저유소 폭발과 열수관 파열(2018), 급기야 영흥도사고의 판박이인 2019년 1월의 통영 낚싯배 전복사고까지, 국민의 생명과 안전을 위협하는 사고들은 끊이지 않고 있다.

김규현 국가안보실 차장의 증언처럼, 국가기관의 잘못이 일부 개재된 사고라고 하여 이를 그대로 대통령 책임이라고 해서는 안 된다. 문재인 대통령 취임 이후에 발생한 일련의 사고들이 대통령 책임이 아니듯이, 세월호 침몰사고도 박근혜 대통령 책임이 아니다. 훨씬 전 서해훼리호, 삼풍백화점, 대구지하철 사고 등도 마찬가지다.

03

자기 사람 심지 않은 대통령

문체부 인사는 정유라와 무관

문화융성 일환으로 체육개혁 지시
직무감찰 보고받고 문책성 해임·전보
헌재도 "인사권 남용 아니다"

국회는 최서원의 딸 정유라가 한국마사회컵 승마대회에서 우승하지 못하자 청와대의 지시로 문화체육관광부가 승마협회를 조사·감사하였고, 그 결과가 흡족하지 않자 대통령이 문화체육관광부 고위 공직자들을 자의적으로 해임시키거나 전보시켰다는 점을 '직업공무원제의 본질적 내용을 침해하고 대통령의 공무원 임면권을 남용'한 것으로 보아 소추 사유로 삼았다. 그러나 헌법재판소는 문책성 인사가 최서원의 사익 추구에 방해가 되기 때문이라고 보기 부족하고 달리 이를 인정할 증거가 없어 소추 사유를 받아들일 수 없다고 판단했다.

정유라에 대한 각종 의혹은 입시 문제에 민감한 우리 국민들의 분노를 샀다. 하지만 의혹 중 상당수는 사실이 아니다. 일례로 JTBC는 2017년 1월 5일 '정유라, 이대 교수 7명 만나 학점 코치까지 받았다'라는 제목으로 "교육부 특별감사 자료에 따르면 이화여대 학과장이 시간강사를 통해 최순실 모녀에게 학점 코치까지 한 것으로 드러났다"고 보도했다. 하지만 사실이 아닌 것으로 드러났다. JTBC는 1년 10개월 뒤인 2018년 11월 19일 정정보도를 했다.

많은 국민들은 대통령이 정유라를 위해 승마협회에 대한 감사를 지시하고, 정유라가 승마대회에서 우승하지 못했는데도 이를 바로잡지 못하자 문체부 공무원들을 '참 나쁜 사람'이라며 문책했다고 알고 있다. 이 역시 사실이 아니다.

문체부 고위 공직자들에 대한 인사 조치는 최서원이나 정유라와는 관계가 없었다. 승마대회가 있었던 시기는 2013년 4월경이었고 문체부의 승마협회 조사는 같은 해 7월경이었다. 그리고 문체부장관에 대한 인사가 있었던 시기는 이듬해 7월경으로 상당한 시차가 있었다.

그사이인 2013년 5월경 태권도 선수의 아버지가 편파 판정에 항의하여 자살하는 사건이 있었다. 이를 계기로 대통령의 '체육계 비리 근절' 지시가 있었으나 이에 대한 이행이 제대로 이루어지지 않았고, 직무 감찰 결과 공무원의 품위에 문제가 있어 대통령이 인사권자로서 문체부 고위 공무원들에 대하여 정당한 인사권을 행사한 사건에 불과하다.

언론에는 정유라가 승마대회에서 우승하지 못하자 문체부 공무원들이 승마협회를 조사한 것으로 보도되었으나 이 역시 사실과 다르다. 승마협회에 대한 조사는 태권도 선수의 아버지가 자살하는 사태가 사회적으로 큰 파장을 일으키자 다음 달인 2013년 6월 국무회의에서 대통령이 체육계 비리 근절 지시를 내리고, 그 이후인 7월경에 이루어진 일이다. 전반적인 체육계 비리 조사 과정에서 승마협회에 대한 조사가 벌어진 것이지, 정유라와 관련이 있다고 보기 어렵다. 특히, 당시 문체부 담당 국장에게 승마협회 조사를 요청한 모철민 교육문화수석비서관조차도 정유라 관련 내용은 전혀 모르고 있었고 문체부에 승마대회에 대한 이야기를 하지도 않았다고 증언했다.

당시 모철민 수석에게 승마협회 조사를 요청한 사람은 정호성 비서관인데, 이유는 이렇게 설명했다.

"최서원이 '박원오라는 사람이 승마협회를 잘 아니 문제점에 대해 들어 보면 좋겠다'며 연락처를 줬다. 그래서 그 연락처를 모철민 교문수석에게 전달하며 이야기를 들어 보면 좋겠다고 했다. 당시 대통령을 언급한 적도 없고, 사후에 대통령께 보고한 사실도 없다." (2018. 1. 16, 대통령 형사사건 증언)

청와대의 승마협회 조사는 대통령이 체육계 비리 근절 지시를 했다는 사실을 알게 된 최서원이 정호성 비서관에게 부탁하여 이루어지기는 했지만 대통령은 이러한 사실을 알지 못했다. 그리고 조사 담당자들 역시 승마협회의 문제점에 대해 파악하고자 했을 뿐 조사가 최서원이나 정유라와 관련이 있다고는 전혀 생각지 않았던 것이다. 언론에는 마치 정유라가 승마대회에서 우승하지 못하였는데도 문체부 공무원들이 이를 바로잡지 못하자 대통령이 '참 나쁜 사람'이라 부르고 문책성 인사를 한 것처럼 보도하고 있으나 이 역시 사실이 아니다.

대통령이 문체부 공무원들을 '참 나쁜 사람'이라고 언급한 시점은 2013년 8월경, 유진룡 문체부장관으로부터 체육 개혁의 구체적 실행 방안을 보고받는 자리에서였다. 당시 대통령은 장관으로부터 대면 보고를 받는 자리에서 해당 문체부 공무원들이 체육 개혁에 대한 의지가 부족하다고 하면서 "나쁜 사람이라고 하더라"고 언급하고 인사 조치를 지시했다.

당시 문체부장관과 함께 배석했던 모철민 교문수석은 2017년 2월 1일 헌법재판소에서 당시 대통령이 "나쁜 사람이라고 하더라면서 체육 개혁 의지가 부족하다는 말씀을 덧붙였다. 승마협회에 대한 이야기는 없었다"고 증언했다. 그리고 모 수석이 대통령 대면 보고 후 민정수석으로부터 해당 공무원들의 직무 감찰 결과에 대한 전화를 받았다고 증언했는데, 이런 점에 비추어 '나쁜 사람'이라는 말은 대통령이 직무 감찰 결과를 보고받고 사용한 것으로 판단된다. 모 수석 역시 동일한 취지로 증언한 바 있다. 정호성 비서관의 진술도 비슷하다.

"대통령께서 체육계 비리 척결이 제대로 진척이 안 되냐 이런 확인이 있으셨다. 진척이 안 되는 이유를 확인해 보라고 하셔서 조응천 공직기강비서관에게 지시했고, 며칠 뒤 2페이지짜리 보고서가 올라왔다. 결론은 문체부 공무원 교체가 필요하단 것이었던 걸로 기억한다. 나중에 대통령께서 '참 나쁜 사람'이라고 했다는 언론 보도를 접하고, 그때 공직기강비서관이 올린 보고서를 보고 좀 세게 말씀하셨네, 그 정도 느꼈다." (2017. 1. 19, 헌법재판소 증언)

조응천 공직기강비서관이 올린 보고서에 대한 정호성 비서관의 좀더 구체적인 증언도 있다.

"두 장짜리 보고서 내용은 기억나지 않고, 결론 부분이 강해서, 보통 그런 식으로 올라오지 않는다. 보통 일반적으로 이 사람은 뭐가 문제고 뭐가 문제라는 정도로 올라오는데 '교체하심이 타당함', 딱 이렇게 결론을 내서 올라와서 '와, 되게 세다!'고 그런 기억이 났고, 대통령께 올려 드렸고, 이틀 뒤에 유진룡 장관 면담하셨다." (2018. 1. 16, 대통령 형사사건 증언)

이런 점들을 고려하면 대통령의 인사 조치는 공직기강비서관실에서 올라온 보고서의 내용에 기초한 것으로 보는 것이 합리적이다.

헌법재판소도 "최서원의 사익 추구를 위해 문체부 고위 공무원들에 대한 인사 조치를 했다"는 소추 사유에 대해서는 기각 결정을 내렸고, 1급 공무원들의 사직서를 받은 부분에 대해서도 마찬가지로 기각했다.

"반대하는 사람들 안고 가 달라"
캠프 출신보다 전문가 선호
오히려 최측근이 썩어 있었다
'문고리 3인방', 뒤늦은 회한

박 대통령은 자기 사람을 키우지 않았다. 내가 탄핵심판과 형사재판 과정을 통해 대통령 주변 여러 인사들에 대한 증인 신문을 진행하면서 알게 된 점은, 그들은 대통령과 깊은 인연은 없었다는 것이다. 대통령과 과거 한두 차례의 만남이 있었을 뿐이었고 그들이 선거를 도운 것도 아니었음에도 대통령이 눈여겨보았다가 발탁한 경우도 많았다. 청와대로 불러들인 인사들도 대부분 정치적 동지가 아니라 전문가들이었다. 대통령은 법률가, 교수, 관료 출신 전문가들을 통해 새로운 대한민국을 만들려 했다.

앞의 유진룡 전 문체부장관도 그런 경우였다. 그의 말이다.

"2013년 2월 11일 당시 박근혜 대통령당선자가 전화를 해서 장관직을 제안했다. '선거 과정에서 문화예술계를 비롯한 젊은 사람들이 본인(박근혜)을 거의 지지하지 않은 것으로 알고 있는데 그 사람들을 안고 가는 게 본인의 역할이라고 생각한다'고 했다. '많은 사람들에게 물어보니 당신이 가장 적임자라고 그러더라'고 하며, '그 자리를 맡아서 반대하는 사람들을 안고 가는 역할을 해 달라'고 했다." (2017. 1. 25 헌법재판소 증언)

탄핵심판 과정을 돌이켜 보면, 오히려 박근혜 대통령을 지근(至

近)거리에서 모시는 사람들의 탄핵의 빌미를 제공하고, 위기에 몰린 대통령을 적극적으로 돕고 나서지 않은 것은 참 아이러니하다. 특히 이른바 '문고리 3인방'으로 알려진 정호성, 안봉근, 이재만 전 비서관들에 대한 실망감은 대통령을 힘들게 했을 것으로 추측한다.

정호성 전 비서관의 경우 2016년 10월 말경 9대의 휴대전화를 자택에서 압수당했다. 그 휴대전화 속에는 대통령과 최서원의 음성이 담긴 녹음 파일도 다수 포함되어 있었다. 이런 내용들을 언론을 통해 접하면서, 개인적으로 정호성에 대해 의심을 많이 했다. 휴대전화 9대를 자택에 보관하다가 압수당했다는 것이 상식적으로 이해되지 않았다. 하지만 이후 헌법재판소에서 정호성의 진심 어린 증언을 들으며 오해가 많이 풀리기는 했다.

이재만, 안봉근 전 비서관은 헌법재판소 증언을 고의로 회피했다. 이재만 비서관의 경우 수소문 끝에 연락이 닿아 2016년 12월 말경 손범규, 서상건 변호사가 경기도 모처에서 만났는데, 협조할 생각이 없는 듯했다고 한다. 이후 두 사람이 대구 근처에 숨어지낸다는 풍문을 듣기도 했다. 정호성 비서관이 구속된 상태여서 두 사람의 두려움이 컸을 것이다. 하지만 대통령을 바로 옆에서 보좌했던 사람으로서 보고 들은 진실에 대해 제대로 증언했어야 한다.

그러나 이재만 비서관은 대통령이 파면된 뒤인 2018년 1월 25일 구속피의자 신분으로 대통령 형사사건에 증인으로 출석해서 흐느끼며 다음과 같이 말했다.

"대통령님께서 저희에게 그런 말씀을 하셨습니다. '우리가 지금 고생하더라도 정말 최선을 다해서 열심히 하지 않으면 나중에 얼마나 후회하겠느냐.' 그러시면서 정말 열심히 정책도 만들고 국가의 미래를 위해 열심히 하셨던 것으로 저는 그렇게 기억하고 있습니다."

깊은 회한이 묻어 나는 듯했다.

안봉근 비서관 역시 그 사흘 전인 1월 22일 대통령 형사사건에 구속피의자 신분으로 출석하여 담담하게 증언했다.

하지만 대통령은 재판 거부를 선언하고 더 이상 재판에 나오지 않고 있었기 때문에 그 자리에 없었다.

04

최순실 '농단'은 없었다

차은택 등 인사 과정은 적법

'후보 pool은 넓게, 검증은 철저'

헌재의 위헌 판단은 무리

현 정권 '캠코더 인사'가 더 문제

국회는 대통령이 "최서원 등이 추천하거나 그들을 비호하는 사람을 임명하여 헌법상 직업공무원제의 본질적 내용을 침해하고 대통령의 공무원 임면권을 남용했다"고 주장하며 이를 탄핵소추 사유에 포함시켰다.

　헌법재판소는 대통령이 최서원의 추천에 따라 김종덕을 문체부 장관에, 김종을 문체부 제2차관에, 차은택을 문화융성위원회 위원에 각각 임명하였고, 이들이 최서원의 이권 추구를 도왔으므로 헌법에 위반된다고 판단했다.

하지만 대통령은 여러 경로를 통해 위 인사들을 추천받고 인사 검증과 국회 청문회 등을 거쳐 임명하였을 뿐이다. 김종덕 장관은 홍익대 영상대학원장 출신으로 한국데이터방송협회장, 한국디자인학회장을 역임한 인물이다. 김종 차관은 스포츠경영학 박사 출신으로 한양대 예술체육대학장과 한국체육학회 부회장을 역임한 전문가다. 차은택은 1천 편이 넘는 광고와 200편이 넘는 뮤직비디오를 제작하고 1999년 영상음반대상을 수상한 이후 6~7년간 뮤직비디오 감독상을 10여 차례 수상하고 올해의 광고감독상, 한국광고대상을 수상하는 등 능력을 인정받은 인물이다. 모두 그 능력을 인정받고 인사 검증을 거쳐 임명되었던 것이다.

차은택은 2017년 9월 28일 대통령 형사사건에 증인으로 출석하여, "최서원에게 문체부장관 후보자로 두 사람을 추천했으나 검증 결과 부적절한 것 같다고 하여 김종덕 당시 홍익대 영상대학원장을 다른 인물들과 함께 추천하였으며, 당시 김종덕 후보자 외에 여러 인사들이 문체부장관 후보자로 경쟁하고 있었다"는 취지로 증언했다. 김종덕 장관은 2017년 2월 7일 헌법재판소에서, 차은택이 자신을 추천한 사실을 나중에 알게 되었고, 최서원은 본인을 추천한 사실이 전혀 없다고 했다. 차은택은 김상률 당시 숙명여대 영문과 교수를 청와대 교육문화수석으로 추천하기도 했는데, 그 당시 김상률 교수 외에도 많은 인물을 추천했고 최종적으로 3명이 최종 후보였다고 알고 있다고 증언했다. 한편 김종 전 차관은 2017년 1월 23일 헌법재판소에서, 최서원이 아니라 본인의 다른 지인이 본인을 추천한 것으로 알고 있었다고 증언했다.

이런 점을 보면 최서원은 본인이 문화예술계에 문외한이었기 때문에 차은택을 통해 다수의 후보자를 추천받았고, 이를 대통령에게 단순 전달한 것으로 보인다. 최서원이 추천한 후보자는 다른 경로로 추천된 여러 후보자들과 함께 정상적인 검증 절차와 인사청문회 등을 거쳐 최종 1인씩이 임명된 것이다. 설령 최서원이 일부 인사를 대통령에게 추천했더라도 그 자체로 죄가 된다고 볼 수는 없다. 이는 최서원에 대한 부정적인 국민감정을 기화로 '최서원에게 놀아난 대통령'이라는 프레임을 만들어 씌우는 것에 불과하다.

대통령은 최서원을 위해 최서원이 추천한 인사들을 임명한 사실도 없고, 임명해 줄 테니 최서원을 도우라고 이들 인사에게 요구한 적도 없다. 다만, 최서원이 몰래 대통령을 팔아 이들을 움직이고 이권을 챙기려고 한 정황은 여러 군데서 엿보인다.

정호성 전 비서관은 박 대통령과 최서원의 교류에 대해 이렇게 말한다.

"일반적으로 최서원 씨가 신문이나 인터넷을 보다가 대통령 비판하는 기사나 이런 것들이 뜨면 전화해서 '이거 이렇다는데 이렇게 해야 되는 거 아니냐'고 의견을 제시하는 경우도 있다. 그럴 경우에 타당하다고 생각되면 대통령께 보고드릴 경우도 있고 그렇지 않은 경우에는 제가 설명을 해 주고 끝내는 경우도 있고 그렇다." (2017. 1. 19, 헌법재판소 증언)

최서원이 했다고 알려진 인사 추천들 역시 이 정도 수준이었던 것으로 보인다. 최서원은 2017년 1월 16일 헌법재판소에 증인으로 출석하여 "정호성 비서관한테 이력서를 주면 대통령님은 본인이 판단을 하고 검증을 거친 다음에 하지, 누가 추천했다고 막 쓰는 분은 아니라고 생각한다"고 증언했다.

대통령으로서는 어차피 검증 절차를 거치게 되므로 후보 대상을 넓히는 것 자체를 마다할 이유가 없다. 대통령의 인사권 행사는 여러 경로를 통한 추천을 받고 인사 검증을 거쳐 이루어진다. 대통령이 사람을 추천받고 임명하는 경위를 문제 삼는다면 현 문재인 정권에서 노골적으로 이뤄지는 이른바 '캠코더(캠프, 코드, 더불어민주당)' 인사야말로 지탄받아 마땅하다.

최순실, 연설문 고칠 능력 안 돼
오랜 친분… 선거 땐 의상 등 챙겨
쉽고 감성적인 표현 등 사소한 도움
현 총리도 민간인에 연설문 맡겨

이제 이번 탄핵사태의 발단이 된, 대통령이 "공무상 취득한 비밀을 누설했다"는 탄핵소추 사유들을 따져 볼 차례다.

국회 탄핵소추의결서는 "최순실 등의 국정 농단과 비리 그리고 공권력을 이용하거나 공권력을 배경으로 한 사익의 추구는 그 끝을 알 수 없을 정도로 광범위하고 심각하다"고 적시하고 있다. 실상은 어땠을까?

박근혜 대통령은 2016년 10월 25일 제1차 대국민 담화에서 "최서원이 과거 대통령이 어려울 때 도와준 인연으로 대선 때 주로 연설이나 홍보 등 분야에서 개인적인 의견이나 소감을 전달해 준 사실이 있다. 취임 이후에도 일정기간 동안 일부 자료들에 대해 (최서원의) 의견을 들은 적이 있다"고 밝혔다.

실제 최서원은 대통령과 오랜 친분이 있었고, 18대 대통령선거 당시 박근혜 후보가 여성이라 남자 보좌관들이 하기 힘든 의상 준비 등 역할을 했다. 연설문에 관하여도 일반 국민의 관점이나 감성적인 표현을 살리는 부분에서 도움을 주었다. 이 당시의 경험이 바탕이 되어 최서원은 대통령이 선호하는 의상 스타일이나 연설문 문구에 대하여 잘 알고 있었던 것으로 보인다.

정호성 비서관은 2017년 1월 19일 헌법재판소에 출석하여 "대통령께서 여성이시고 그러니까 저희가 좀 관여하기 힘든 부분이 있었다. 최서원 씨가 그런 부분을 좀 챙기는 역할을 했다"고 증언한 바 있다.

당선 직후 대통령은 연설기록비서관실을 거친 말씀자료나 연설문을 정호성 비서관을 통해 전달받았는데 대통령의 연설 스타일과 맞지 않아 일일이 수정을 하는 경우가 많았다. 대통령은 평소 감성적이거나 호소력 있는 표현, 구어체 표현을 선호했는데 청와대 연설기록비서관실이나 정호성 비서관은 이런 부분에 취약했다. 때문에 정 비서관은 어느 순간부터 최서원의 도움을 받기 시작하였는데, 대통령 역시 본인의 스타일을 잘 알고 있는 최서원의 의견을 들어 보라고 한 경우도 있었다.

실제 최서원이 의견을 준 부분은 세부적인 문구나 미묘한 어휘 사용에 관한 것이었을 뿐, 자료에 포함된 내용 자체에 대해 의견을 준 경우는 없었다. 최서원은 연설문이나 말씀자료의 구체적인 내용을 수정할 능력은 없었고, 때문에 정호성 비서관도 최서원에게 복잡하고 전문적인 내용이 담긴 말씀자료는 애초에 보내지 않았다. 또한 최서원이 제안한 내용이라도 정 비서관이 검토하여 타당하다고 생각하면 반영하였을 뿐이고, 대통령이 연설문을 추가로 수정하거나 현장에서 즉흥적으로 수정하여 연설하는 경우가 많아 실제 반영되는 내용은 많지 않았다. 때문에 최서원도 정 비서관으로부터 문건을 받고도 회신을 따로 주지 않은 경우도 많았다.

그리고 대통령 취임 초기 보좌진이 정비되기 전에는 최서원의 의견을 듣는 횟수가 잦았으나, 보좌진이 어느 정도 정비된 후에는 최서원의 의견을 듣는 횟수가 현저히 줄어들었다. 문제의 문건 47건 중 37건이 취임 직전부터 취임 초기에 걸치는 2013년 1월부터 10월 사이에 전달된 점을 보아도 이러한 점을 확인할 수 있다.

이러한 과정에서 정호성 비서관은 연설문이나 말씀자료와 관계없는 대통령 해외 순방 일정이나 정부 인선에 관한 자료도 일부 전달하기도 하였으나, 이는 대통령의 뜻이 아니었다. 이 점에 대해 정 비서관 자신도 "대통령이 일일이 지시를 하지 않았는데 본인이 대통령의 뜻으로 추단하고 지나치게 행동했다"는 점을 여러 차례 인정했다. 최서원이 관심을 가질 것 같아 보냈다는 것이다. 아마도 최서원과 정 비서관의 개인적 친분도 어느 정도 작용하였을 것으로 보인다.

최근의 사례와 비교해 보자. 2018년 10월 4일 심재철 자유한국당 의원은 이낙연 총리가 민간 방송작가에게 연설문 작성을 맡긴 점에 대해 '비선 의혹'을 제기했다. 언론에 따르면 2012년 대선 당시 문재인 대통령후보 쪽 인사로도 활동한 적이 있는 해당 작가가 연설문 작성을 위한 여러 회의에 참여해 참석수당을 받기도 했다고 한다. 민간인이 국무총리의 연설문 작성을 위한 회의에 참석했다면 단순히 연설문 초안이 유출된 것이 아니라 연설문과 관련된 각종 국가기밀이 유출되었을 가능성이 높다는 점에서 정호성 비서관의 유출보다 사안이 심각하다. 하지만 국무총리실은 규정을 어기지 않았다는 취지로 해명했다고 한다.

정치인들은 통상 연설문의 내용이 국민의 눈높이에 너무 딱딱하게 들리거나 국민 정서에 부합하지 않는 내용이 있는지에 대해 주변에 자문을 구하는 경우가 많다. 이와 같이 세부적인 문구나 표현에 대해 의견을 구하는 것을 '공무상 비밀 누설'에 해당한다고 보기는 어렵다.

이런 사정들에 대해 정호성 비서관이 2017년 1월 19일 헌법재판소에서 증언한 사실이 있다. 다소 길지만, 최서원이 대통령 연설문을 작성했다는 것이 이른바 '국정 농단'의 핵심인 만큼, 정 비서관의 증언을 옮겨 본다.

2012년도부터 최서원 도움을 받았다. 대선 때는 말씀자료가 워낙 많다. 대통령은 말씀자료 이런 거에 굉장히 신경을 쓰신다. 그래서 본인이 펜을 들고 고치는데, 고치다 보면 사실 엄청 바쁘고 힘들고 하기 때문에 최서원 도움을 받기도 했다. 대선 이후 초반에는 각 수석실에서 자료가 올라오면 연설기록비서관실을 통해 올려 드렸다. 처음에는 그대로 올려 드렸는데 대통령께서 직접 수정하시니 많이 힘드셨다. 그 과정에서 최서원 씨 의견을 한번 들어서 반영할 거 있으면 반영하라는 말씀도 있으셨다.

그래서 제가 큰 틀에서 대통령님 뜻에 따라, 의견을 구하는 게 좋겠다고 생각되는 건 보냈다. 최서원 씨도 자기 생활이 있기 때문에 바빠서 못 보는 경우도 많았고, 굉장히 늦게 보는 경우도 있고, 그냥 간단히 자기 생각을 이야기하는 경우도 있고, 조금 수정해서 보내 주는 경우도 있었다. 그 경우도 제가 봐서 여러 가지로 쉽게 잘 고쳤다 생각되는 건 살리고, 아니다 싶은 건 킬하고 해서 대통령께 올려 드렸다. 올려 드리면 대통령께서 또 많이 고치시고 저에게 이런 이런 부분을 고쳐 달라고 지시하시는 경우도 많았다.

최서원 씨는 정책적으로 뭘를 자기가 판단해 가지고 고치고 이런 능력은 전혀 안 된다. 미국에서도 대통령 연설문은 한 중2 정도 수준에 타깃을 두어 작성한다. 최서원 씨가 보다가 뭔 얘긴지 모르겠다 그러면서 쉽게 고치는 경우들이 있고, 그중에서 얼토당토않게 고쳤으면 킬하면 되는 거고, 단순하게 제대로 전달력 있게 고쳤으면 받아서 올려 드렸다. 그 경우에도 한 번도 그냥 올려 드린 적은 없고 항상 제가 다듬어서 올려 드렸다.

정책적인 부분도 각 수석실 자료가 올라오면 연설기록비서관실에서 수정을 하는데 뉘앙스가 좀 달라지는 경우가 있었다. 이런 거를 올려 드리면 대통령께서 그런 부분을 꼭 짚으셨다. 그래서 각 수석실 자료와 연설기록비서관실 자료를 항상 대조하기도 했다.

같은 날 정 비서관은 연설문과 관계없는 문건의 유출에 대해서도 언급했다.

"그냥 대선 때도 같이 쭉 해 왔고, 최서원 씨는 기본적으로 저희 입장에서는 없는 사람이다. 대외적으로 존재하지 않고 아무도 모르게 뒤에서 도와주는 사람이다. 그런데 안타깝게도 지금 상황까지 오게 된 것은 이 분이 밖으로 뭔가 등장하면서 일이 꼬인 것 같다."

그러면서 정 비서관은 "대통령께서 막 출범하시고 정부 보직도 통과 안 돼서 어떻게 될지 모르고 언론 보도도 나고 하니 최서원 씨가 궁금해 했다. 그래서 우리가 이러이러한 것 준비하고 있으니 걱정하지 말라는 차원에서 참고하라고 자료를 보내주기도 했다"고 증언하기도 했다. 이와 같이 정 비서관이 임의로 보내준 자료가 상당했던 것으로 보인다.

05

미르재단은 전경련이 주도

기업들 "취지 공감"… 현안 청탁 없었다

대통령 "문화분야 민간참여案 만들라"

회장들 면담 때 출연 언급 없어

현 정부도 '상생기금' 출연 독려

박근혜 대통령은 2012년 대통령후보 시절부터 한류 등 문화 분야에 대해 관심을 기울였고, 정부 예산 중 1퍼센트에도 미치지 못하던 문화·체육·예술 및 관광 예산을 2퍼센트로 증액하겠다는 공약을 제시하기도 했다. 당선 직후 대통령직인수위원회에서는 '박근혜 정부의 140대 과제' 중 하나로 '문화 재정 2퍼센트 달성'과 '문화기본법 제정'을 선정하였고, 대통령은 임기 내 추진할 가장 중요한 4대 국정 기조 중 하나로 '문화융성'을 선정했다.

2013년도부터는 문화융성 기반 구축과 함께 '문화콘텐츠산업

육성 및 한류 확산 지원을 통한 문화강국 실현'을 위해 10대 과제를 선정하고, 2013년도부터 2016년도까지 '문화기본법', '지역문화진흥법', '문화예술 후원 활성화에 관한 법률', '문화 다양성의 보호와 증진에 관한 법률', '국민 여가 활성화 기본법', '인문학 및 인문정신문화 진흥에 관한 법률'을 제정했다. 또한 국정 기조인 '창조경제'의 5대 핵심 정책으로 '창조경제 저변(문화) 확산'을 채택하여 문화 관련 산업의 발굴 및 확산을 지원하는 데 집중했다. 문화산업 기반 구축을 위한 광범위한 노력을 펼친 것이다.

대통령은 문화 발전을 위해서는 정부의 기반 구축과 함께 민간의 자율성이 핵심이라고 판단하고 2015년 2월 6일 창조경제 전문가 간담회를 개최하여 창조경제 및 문화융성 방안에 대해 논의하였고, 2015년 2월 11일 '문화창조 융합벨트' 출범식을 개최한 데 이어, 이듬해 2월 24일에는 문화·체육 분야 활성화를 위한 기업인 초청 행사에서 대기업 관계자와 메세나협회 관계자들이 모인 가운데 문화·체육 분야 활성화 정책을 논의했다.

이런 활동은 역대 정부도 해 왔고 현 문재인 정부 내에서도 진행되고 있는 통상적인 일이다. 역대 정부는 기업들의 후원으로 모금을 하거나 공익재단을 설립하는 경우가 많았다. 일례로 김대중 정부의 대북 비료보내기사업의 경우 대한적십자사를 통해 기업들로부터 100억 원을 모금했고, 노무현 정부는 2005년 5월경 전경련 내부에 중소기업협력센터를 설치하기로 하고 삼성, 현대 등 5대 기업으로부터 215억 원을 모금했다. 이명박 정부는 기업들로부터 2,659억 원을 모아 미소금융재단을 설립하도록 유도했다. 모두 정책적 차원에서 이루어진 조치였다.

현 정권 들어서도 2018년 11월 15일 국회 농림축산식품해양수산위원회(농해수위)는 국회 귀빈식당에서 '농어촌과 민간 기업의 상생 발전을 위한 간담회'를 열어 주요 대기업 및 전경련, 대한상의 등 경제단체 관계자들을 초대해 '농어촌 상생협력기금' 출연을 독려했다. 애초에 1년에 1천억 원씩 10년간 1조 원을 모을 계획이었는데 당시 475억 원밖에 모으지 못했으니 추가로 출연을 해 달라는 것이었다. 그 자리에서 여·야 의원들뿐만 아니라 농림축산식품부장관, 해양수산부장관도 기금 조성을 독려했다고 한다. 모 의원은 "기금 출연을 하더라도 정권이 바뀌어도 재판정에 세우지 않겠다"는 이야기까지 했다고 한다. 이런 형태의 출연 독려가 미르재단이나 케이스포츠재단의 경우와 다르다고 볼 수 있는지 의문이다.

미르재단의 설립도 이러한 노력의 일환이었다. 크게 다를 게 없다. 박 대통령은 2015년 2월경 안종범 경제수석에게 문화 발전을 위한 민간 차원의 참여 방안과 정부의 지원 방안을 연구하라고 지시했고, 안 수석은 민간 차원의 문화재단 설립 지원 방안을 마련했다. 대통령은 민간 차원에서 참여할 수 있는 방안을 만들라고 지시하였을 뿐이고, 실제 재단법인 설립은 안 수석이 제안한 것이다. 대통령이 기업들로부터 자금을 받기 위해 재단법인 설립 지시를 했다는 주장은 사실과 다르다.

다음은 안종범 수석의 증언이다.

"박 대통령께서 문화융성이나 체육 발전이 국정 과제이기 때문에 그것이 민간 차원에서 설립하는 게 상당히 바람직하다는 말씀을 하셨고 그래서 단체를 만드는 것을 검토하라고 지시하셨다. 그래서 부하직원인 비서관, 행정관을 통해 검토를 했고 사단법인과 재단법인 두 가지 안 중에서 재단법인이 낫다는 의견을 듣고 대통령께 말씀드렸다." (2017. 2. 22, 헌법재판소 증언)

대통령은 2015년 7월 24일 창조경제혁신센터 전담 기업 회장단 초청 간담회를 가진 직후와 다음 날 대기업 회장들을 순차로 면담하여, 기업들이 문화·체육 분야 관련 공익 활동이나 투자에 관심을 가져 줄 것을 당부했다. 국회 탄핵소추의결서에는 "대기업 회장들에게 재단법인을 '적극 지원을 해 달라'고 발언했다"고 기재되어 있고, 국회 소추위원단은 "출연 등 적극 지원을 하라"고 요구했다는 취지로 주장하였으나, 이는 모두 사실과 다르다.

대통령이 대기업 회장들을 개별 면담하는 자리에서 구체적으로 지원 요청을 했다면 회장들이 대통령의 요청을 무시하거나 잊을 수 없었을 것이다. 하지만 당시 대기업 회장들은 재단법인 출연을 요청 받은 사실이 없다거나 기억나지 않는다는 취지로 진술했다. 출연에 대한 내용을 들은 바 없었기 때문에 당연히 관련 임직원에게 전달할 것도 없었다. 때문에 면담 이후에 전경련 관계자가 주요 기업 담당자들에게 문의하였을 때 모두들 그런 내용을 모르고 있었고, 회장에게 재차 확인해 달라고 요청했음에도 기업 담당자들로부터 확인이 잘 안 된다는 대답을 들었다고 한다. 전경련의 이승철 부회장은 2017년 1월 23일 헌법재판소에 출석해, "4대 그룹 관계자를 통해서도 확인이 되지 않아 두 달간 재단 설립과 관련하여 혼선이 빚어졌다"는 취지의 증언을 하기도 했다.

대기업 회장들은 대통령과의 면담 이후에도 재단 출연 문제를 전혀 고려하고 있지 않았던 것이다. 대통령과의 면담 당시 재단 출연에 대한 구체적인 이야기가 전혀 없었기 때문이다.

박 대통령은 2015년 9월 초순경 중국 전승절 행사에 참석하여 시진핑 중국 국가주석과 정상회담을 하면서, 양국 공동으로 2천억 원 규모의 문화콘텐츠 개발을 위한 벤처 펀드를 조성하기로 합의했다.

같은 해 10월 하순경 리커창 중국 총리의 방한을 앞두고 대통령은 안종범 경제수석에게 "양국 정부 간 문화 교류를 위한 양해각서를 체결하는 것보다는 재단법인이나 문화창조 융합센터 같은 민간 차원에서 양해각서를 체결하는 것이 중국에서의 한류 확산에 도움이 될 것"이라는 의견을 제시했다. 앞서 밝혔듯 안 수석은 이미 민간 차원의 문화재단 설립 지원 구상을 마련해 둔 상태였으므로, 그 구상에 따라 미르재단 설립을 추진하게 되었다.

미르재단은 전경련의 도움과 대기업들의 출연에 의해 설립되었지만 그 과정에서 강요는 전혀 없었다. 오히려 전경련 측에서는 적극적으로 설립에 임했던 것으로 보인다. 안 수석은 헌법재판소에 출석하여 "처음 재단 이야기할 때부터 전경련 이승철 부회장과는 공감대가 형성됐고, 전경련에서도 상당히 적극적으로 임한 것으로 알고 있다. 이승철 부회장과 제가 주로 소통을 했는데 양 재단 출연에 대해 이승철 부회장은 상당히 적극적이고 협조적이었다"고 했다.

출연 요청을 받은 기업들 중 일부는 이미 문화예술 분야의 다양한 사회활동을 하고 있다는 등의 이유로 출연을 거절했고, 일부 기업은 출연 조건 등에 대해 역(逆)제안을 해 오기도 했다. 대통령의 강요나 지시가 있었다면 불가능한 일이었다.

전경련은 "삼성, 현대차 등 국내 주요 16개 그룹이 재단법인 미르를 설립하고 코리아 프리미엄을 위한 문화강국 허브 구축에 나선다"는 내용의 보도자료를 배포하고 재단 설립 취지와 출연 기업을 홍보했다.

대부분의 기업들은 출연 취지에 공감했고, 그 이전에 청년희망펀드, 워싱턴 베트남참전용사기념관 건립사업, 세월호 피해 지원 성금 등과 같은 전경련 차원의 모금 행사에 참여했던 적도 있어 이번에도 같은 차원의 출연으로 이해했다. 전경련에서 요청한 금액은 각 기업의 매출액과 영업이익 등을 고려하여 협의로 결정된 것으로, 각 기업별로도 이미 매년 사회 공헌에 사용할 기금을 책정해 두고 있었던 상황이었다.

국회 탄핵소추의결서에는 "대통령이 재단에 출연금을 납부한 시기를 전후해서 기업들의 당면 현안을 해결하기 위한 조치들을 시행했다"고 주장하고 있으나, 청탁이 없었는데도 정부의 조치들을 무조건적으로 재단 출연금과 연결시킨 것에 불과하다. 예컨대 삼성의 경우, 국회 탄핵소추의결서에는 "2015년 7월 25일 대통령과 이재용 부회장의 면담 당시 삼성물산과 제일모직 합병에 대한 청탁이 있었다"는 취지로 기재되어 있으나, 삼성물산과 제일모직의 합병을 위한 주주총회는 면담 이전인 2015년 7월 17일 이미 개최되었다. 주장 자체가 모순인 것이다.

특검은 삼성생명과 제일모직의 합병 건뿐만 아니라 중간금융지주회사 도입, 삼성SDS 및 제일모직의 유가증권시장 상장, 삼성중공업과 삼성엔지니어링의 합병, 삼성바이오로직스 상장, 메르스 사태 및 삼성서울병원에 대한 제재 수위 경감 등 10개에 이르는 부정한 청탁이 있었다는 취지로 주장하기도 했다. 현안이 될 만한 것들은 근거도 없이 일단 끌어다 놓고 보자는 식이었다.

특검의 이런 '아니면 말고' 전략은 효과가 있었다. 많은 국민들은 삼성의 현안들에 불법이 개입한 것으로 막연히 생각하고 있다.

재단 자금 유용은 원천적으로 불가능

미르 설립 직전 최순실 독일 출국
탄핵 당시 재단 자산 96% 남아
손혜원 비서진에도 미르 이사 출신

미르재단은 공익 목적의 재단법인으로, 정관상 출연자가 기업들로 명시되어 있고 운영 과정에서 주무관청의 엄격한 감독을 받는다. 또한 지정기부금 단체로 지정되어 있어 지출액의 80퍼센트 이상을 고유 목적 사업에 지출하고 기부금 모금액 활용 실적을 공개해야 하며, 주무부처에 실적을 보고하고 감사를 받는 등 엄격한 통제를 받고 있다. 따라서 재단 기금의 사유화가 원천적으로 불가능하다.

실제 탄핵사태 발생 당시까지 미르재단과 케이스포츠재단의 총 모금액 774억 원 중 96퍼센트가량인 750억 원가량이 남아 있었고 쓰인 돈도 재단 사업과 관련하여 사용되었음이 확인되었다. 또한 최서원이 설립한 것으로 의심되는 회사들에 대한 금융거래 내역 조회까지 하였으나 대통령이나 최서원에게 흘러들어 간 자금은 전혀 없었다. 누구도 자금을 유용한 사실이 없었던 것이다.

특히 미르재단은 2015년 10월 27일에 설립되었는데, 최서원은 재단이 설립되기 이틀 전인 10월 25일 독일로 출국하여 11월 22일 입국한다. 재단 설립 초기 한 달 가까이 국내에 없었던 것이다. 만약 미르재단이 최서원의 주된 관심사였고 재단을 이용해 사익을 취할 계획이었다면 설립 초기에 외국에 있지 않았을 것이다.

미르재단의 이사들은 문화예술계의 대표적인 인사들로 구성되었다. 더불어민주당의 손혜원 의원은 탄핵심판이 아직 진행 중이던 2017년 1월경 미르재단 이사 중 1명을 문화 담당 전문가로 자신의 비서진에 합류시키면서 SNS 상에 미르재단 이사들이 모두 각 분야 최고 전문가라는 취지의 글을 다음과 같이 남기기도 했다.

"지난 1월부터 문화 담당 전문가로 제 비서진에 ○○○ 보좌관이 합류하였습니다. KBS 작가였고 전주한옥마을 기획자였으며 문화부 산하 공예문화진흥원에서 수많은 전시를 기획했고 문화재청에서 전통과 현대를 아우르는 빛나는 업적을 쌓은 전통문화 전문가입니다. 미르재단 이사는 정규직이 아닙니다. 전문 영역에 있는 분들을 모아 이사로 임명했고 한 달에 한두 번 가서 회의에 참석하는 역할입니다. 당시 ○○○ 보좌관과 함께 이사로 봉직했던 분들 모두 그전부터 각 현직에 아직도 그대로 일하고 있는 각 분야 최고 전문가들입니다."

안종범 수석은 2017년 1월 16일 헌법재판소에서 미르재단 인사와 관련하여 "적어도 대통령께서 인사 문제에 있어서는 여러 채널을 통해서 추천을 받고 저한테 말씀을 하신 걸로 알고 있다"고 증언했다. 이승철 전경련 부회장도 같은 해 1월 23일 헌법재판소 증언에서, 재단 설립 과정에서 이사회 구성이나 구체적인 사업 진행 방향 등에 관심을 보인 기업은 없었지만 구조상 전경련도 이사를 얼마든지 추천할 수 있었고 실제 2기 재단 임원 중에는 전경련에서 추천한 인사들이 있다는 점을 인정했다.

포스코 이사회 의사록에는 "재계에 미르재단 운영에 의견을 반영할 수 있는 장치가 필요하다. 전경련에서 재단 측에 적극적으로 의견 개진하기로 했다"는 등의 내용이 기재되어 있다. 기업들도 재단 운영에 관여할 수 있음을 인지하고 있었고 일부 기업은 전경련에 의견 개진까지 한 것으로 보이는 대목이다.

미르재단의 중요 의사결정은 모두 이사회를 거쳐 이루어졌다. 그 과정에서 최서원은 일부 이사를 통해 본인이 원하는 안건을 상정시키려 한 것으로 보인다. 그러나 차은택은 2017년 9월 28일 대통령 형사사건에 증인으로 출석하여 "이사들은 상당수가 최서원의 존재에 대해 몰랐다"고 증언했다. 이사들이 최서원의 존재를 몰랐으므로, 이사회에 올라온 안건을 최서원의 의사대로 처리했다고 볼 수는 없는 것이다.

케이스포츠재단도 2016년 3월 16일 출연 기업들에 대해 경과 보고 및 향후 사업계획 보고 간담회를 개최한 사실이 있다. 이런 점을 보아도 재단이 특정 개인에 의해 사유화되었다고 보기는 어렵다.

안종범은 최순실 알고 있었나
安 "대통령께 최 여사 얘기는 금기"
한편으론 최순실 몰랐을 정황도
둘이 결탁했다면 의혹들 새 국면

그런데, 안종범 수석과 최서원은 서로 아는 사이였을까? 특히 안종범 쪽에서 최서원의 존재를 알고 있었을까?

이 문제는 정말 중요하다. 탄핵심판 과정 내내 궁금했고 아직까지 명확히 밝혀진 것은 아니지만, 만약 안종범 수석과 최서원이 서로 연계하여 이권을 챙기려 했다면, 대통령과 관련된 여러 의혹들이 엉뚱한 곳에서 쉽게 설명되는 측면이 있다. 즉, 안 수석과 최서원이 대통령 몰래, 대통령의 뜻인 것처럼 재단 출연이나 더블루케이와의 매니지먼트 계약 체결을 기업들에 요청했다는 논리 구성이 가능하다.

이에 대해 검찰은 대통령이 최서원 및 안 수석과 각각 따로 연락하고, 최서원과 안 수석은 따로 연락하지 않는 관계라는 취지로 주장한다.

이 점과 관련해, 안종범 수석의 진술이 기재된 케이스포츠재단 회의록을 유심히 들여다볼 필요가 있다. 케이스포츠재단 정현식 사무총장과 박현영 과장, 안 수석 등이 참석한 회의록에는 안 수석이 포스코의 배드민턴단 창단과 관련하여 조치를 취하겠다며 "다만, 이 사항은 VIP(대통령)께 보고하지 말아 달라"고 한 것으로 기재되어 있다. 안 수석이 이 말을 한 것이 사실이라면, 정 사무총장이나 박 과장이 안 수석을 거치지 않고 대통령에게 보고할 수 있는 통로가 따로 있었다는 것을 안 수석이 알았다는 의미가 된다.

안 수석은 2018년 1월 30일 대통령 형사사건에 증인으로 출석하여, 회의록에 "다만, 이 사항은 VIP께 보고하지 말아 달라"고 기재되어 있는 것에 대하여 "이 회의록은 작성이 잘못된 것이고, VIP께 보고하지 말아 달라고 한 사실은 없다"고 증언했다. 그에 앞서 2017년 2월 22일 헌법재판소에서는 "저도 의혹이 보도되고 두 재단에 최서원 씨가 개입됐다는 거를 처음 알고, 케이스포츠재단 문제가 계속 부각됐을 때 그 당시 정동춘 이사장이 최서원과 굉장히 잘 아는 단골이라는 보도가 나왔다. 그때 정현식 사무총장이 어디까지 알고 있는지, 진짜 최서원 씨가 어느 정도 개입했는지 알고 있는지 궁금해서 전화를 하려고 했었다"고 증언한 사실이 있다. 안 수석은 최서원을 모르고 있었다는 취지다.

하지만 차은택은 2017년 9월 28일 대통령 형사사건에서 "미르재단 설립 당시 이한선 이사가 안종범 수석과 직접 회의를 하고 통화를 한 것으로 알고 있다. 최서원이 이한선, 김성현에게 '안 선생과 상의하세요'라고 이야기를 했던 것으로 알고 있다"고 했다.

케이스포츠재단의 정동춘 전 이사장은 2017년 12월 18일 대통령 형사재판에 증인으로 출석하여, 안종범 수석이 "제가 대통령에게 최 여사(최서원) 이야기를 하는 것은 금기다"라고 언급한 사실이 있다는 증언을 했다. 이 증언에 대해 당시 변호인이 "그 말은 안종범 수석과 최서원이 서로 연계되어 있다는 사실을 대통령이 알면 안 된다는 의미가 아니냐"는 질문을 했지만 정 전 이사장은 "모르겠다"고 대답했다.

정현식 사무총장은 "안종범 수석과 최서원은 서로 알면서 모르는 사이인 것처럼 행동한다고 생각했다"는 취지로 진술하기도 했다. 그는 2017년 7월 6일 대통령 형사사건에서 "증인이 검찰에서 SK 측과의 협조 관련하여 최서원이 '그럼 안 수석에게 얘기하세요'라고 해서 직접 안종범 수석에게 전화를 해서 사정 설명을 했다고 진술했고, 그 밖에도 최서원이 안종범을 '안 수석', '안 선생'

이라 부르면서 수시로 상의하라고 했다고 진술했는데, 실제 두 사람이 알고 있었던 것 아닌가요"라는 내 질문에 대해 "어떤 형태로든지 간에 두 분은 교감을 하고 있겠구나라는 생각은 합리적 추론이라고 생각한다"는 식으로 애매하게 답변하기도 했다.

이런 증언들을 고려하면 최서원과 안종범 수석은 최소한 서로의 존재를 인식하고 대통령이 아닌 제3자를 통해 의사소통을 하는 관계였던 것으로 보인다.

특히 정현식 사무총장은 2017년 7월 16일 안 수석에게 "최서원의 뜻이 대통령의 뜻과 같은지 확인할 방법이 없다"는 취지의 애로사항을 토로했고, 안 수석은 "그런 경우라고 생각되면 나에게 이야기를 해 주세요"라고 답변했다고 증언했는데, 이 증언은 여러 중요한 의미를 내포하고 있다. 정현식 사무총장 역시 최서원의 뜻이 대통령의 뜻이 아닐 수 있다는 점을 인식하고 있었고, 이를 안 수석과 상의했으나 안 수석은 별다른 조치를 취하지 않았다는 점을 확인할 수 있는 것이다.

최서원과 안종범 수석의 관계는 아직 명확히 밝혀지지 않았지만, 이번 사태의 본질을 파악하기 위해 매우 중요한 부분이라는 점은 분명하다. 이 부분은 나중에라도 꼭 밝혀졌으면 한다.

06

최순실 등치려던 고영태

최순실의 K스포츠 사기미수

K스포츠 설립 과정 미르와 유사

최순실 실제 영향력은 미미

더블루케이 통해 용역 따려다 덜미

미르재단이 문화 분야의 민간 기반 구축을 위한 것이라면, 케이
스포츠재단은 민간 분야의 생활스포츠 활성화를 위해 설립되었
다. 이미 전례가 되는 미르재단이 설립된 후였기 때문에 비슷한
절차를 거쳐 신속하게 설립 절차가 진행되었다.

전경련의 케이스포츠재단 출연 요청에 대해 미르재단 설립 때
와 마찬가지로 일부 기업들은 출연을 거절하였으나, 이와 관련하
여 어떠한 불이익도 없었다. 강요된 출연이 아니었기 때문에 기
업들은 자유롭게 공익 목적이나 이미지 제고를 위해 출연하기도

하고 경영상 이유로 출연을 거절하기도 하였던 것이다.

케이스포츠재단 역시 공익법인으로 지정기부금 단체로 지정되었기 때문에 법적으로 엄격한 감독을 받았고, 이사들은 모두 각 분야 전문가들로 구성되었다. 정동춘 케이스포츠재단 2대 이사장의 경우 언론에 마사지사로 보도되며 마치 "최서원이 전속 마사지사를 이사장에 임명했다", "최서원이 케이스포츠재단을 좌지우지했다"는 식으로 일반 국민들은 인식했으나, 이는 전혀 사실과 다르다. 정 이사장은 서울대에서 체육교육학을 전공하고 박사학위를 취득한 스포츠 전문가로서 'CRC운동기능회복센터'를 운영하고 있었다. 그는 한 언론과의 인터뷰에서 "최서원의 추천을 받은 것은 맞지만 청와대의 혹독한 검증을 받았다"고 말했다. 청와대에서 인사 검증을 위해 전 직장 상사, 동료 들에게 연락을 많이 했다는 것이다. 그는 취임 직후부터 고영태 등으로부터 따돌림을 받았다는 이야기도 했다.

최서원은 케이스포츠재단에 자기 사람을 심는 방식으로 개입하려고 했으나, 실제로 영향력을 행사하지는 못했던 것으로 보인다. 최서원은 재단 직원을 이용해 더블루케이 명의의 연구용역제안서를 케이스포츠재단에 제출하고 약 7억 원을 편취하려고 하였으나, 재단 사무총장 등의 반대로 연구용역제안서가 채택되지 못하고 도리어 사기미수 혐의로 기소되기까지 했다. 케이스포츠재단을 최서원이 좌지우지할 수 있었다면 이런 일은 애당초 발생할 수 없었을 것이다. 재단 운영 과정에서 최서원이나 고영태 등에게 이런 식의 일탈행위가 있었다면 그것은 법에 따라 그 사람들을 처벌하면 될 일이지, 후술할 '경제공동체' 논리까지 동원해 가며 무리하게 대통령까지 엮을 일은 아니었던 것이다.

최서원은 2017년 1월 16일 헌법재판소에 출석하여 "제가 두 재단에 관여한 사실을 대통령이 알고 있지는 않았을 것이다. 그냥 멀리서 지켜보는 정도로만 생각했지 이렇게 깊숙이 관여하는 거 자체를 싫어하셨기 때문에 그렇게 한다고 생각지 않으셨을 것이다"라고 증언했다. 또한 "대통령 스타일 상 다른 사람들이 나서서 하거나 측근이 나서서 어떤 일을 도모하거나 이렇게 하는 거를 싫어하신다. 그냥 지켜만 보라고 하셔서 보려는 게 어떻게 하다가 보니까 이렇게 엮이게 되어 대통령께서도 심한 충격을 받으셨을 것 같다"고 했다.

케이스포츠재단의 정동춘 전 이사장도 2017년 12월 18일 대통령 형사재판에 증인으로 출석하여 "안종범 수석이나 최서원으로부터 대통령 지시사항이라는 취지로 언급받거나 하달받은 사항은 한 건도 없다. 재단법인은 돈이 중심이 되어서 법인이 만들어져서 이사회가 정관에 따라서 진행하므로 어느 타인이 거기에 의견을 보태고 재단 운영을 어떻게 한다는 건 불가능하다. 아무리 대통령이라도 그것을 마음대로 못 한다"고 증언했고, 최서원의 7억 원 사기미수에 대하여도 "초기에도 용역사업을 7억인가 소위 재단에 제출했다가 이사들의 합의가 없어서 리젝트(거절)당한 상황이 있었다"고 확인했다. 최서원의 이 '케이스포츠재단 연구용역비 7억 원' 사기미수 혐의는 1심과 항소심 모두 무죄가 선고되었다.

"5억 원 안 주면 터뜨리겠다"
고영태 등 "최순실에게 인간 이하 대접"
최순실 "저들이 이름 팔아 한데 엮여"
녹음파일 등 유출돼 '게이트'로 비화

최서원은 대통령이 미르재단과 케이스포츠재단을 통해서 민간 분야에서 문화와 체육 분야를 활성화시키기를 원하는 점을 이용하여 개인적인 이득을 챙기고자 했고, 이를 위해 2016년 1월에 만든 회사가 '더블루케이'였다.

당시 최서원의 주변에 있던 고영태는 펜싱 선수 출신, 노승일은 배드민턴, 박헌영은 태권도 선수 출신이었으므로 이들과 함께 체육 분야 매니지먼트 사업을 하기 위해 더블루케이를 설립한 것으로 보인다.

실제 더블루케이는 설립 이후 롯데그룹, SK그룹, GKL, 포스코그룹 등 다수의 기업과 매니지먼트 계약을 체결하여 수익을 얻고자 시도하나, 사업을 기획하는 과정이 지나치게 허술하여 대부분이 실패로 돌아간다. 예컨대, 더블루케이는 GKL과 에이전트 계약을 체결하고 장애인 펜싱선수단을 창단하게 되는데, 그 과정에서 선수단 구성 뒤 각종 비용을 제하고 실제 더블루케이가 받은 돈이 수십만 원에 불과했다고 한다.

이런 점을 보더라도 최서원이 자신의 위세를 이용하려는 주변 사람들의 말만 믿고 수익성도 제대로 검토되지 않은 사업 제안을 온갖 기업에 해 왔던 것을 알 수 있다.

실제로 SK그룹 관계자들은 협상 과정에서 이상한 점을 많이 느끼고 더블루케이의 실체에 대해 파악하려고 노력하였고, 최종적으로 계약은 체결되지 않았다. 사업안이 지나치게 허술했고 전문성이 떨어졌기 때문이었다. 이러한 점들은 대통령이 관여하지 않았다는 것을 단적으로 보여 준다.

최서원은 실제 더블루케이로 인해 2억 원 이상 손실을 본 것으로 보인다. 더블루케이가 입주한 빌딩 관리인 진술에 따르면 최서원은 입주 초기에는 간혹 왔으나 2016년 5~7월 사이에는 월 1~2회 정도 방문한 것 같다는 취지로 진술했다. 이런 사실로 보아 최서원이 더블루케이를 주도한 것으로 보기는 어렵다.

게다가 최서원은 어느 시점에서는 더블루케이의 폐업 절차를 진행했다고 한다. 더블루케이 인원은 명목상 대표인 최철과 고영태, 경리 직원의 총 3명이었는데 실제로는 고영태가 주도한 것으로 보이고, 박헌영은 케이스포츠재단 소속으로 최서원, 고영태와 업무를 진행하였던 것으로 보인다. 케이스포츠재단 임직원들은 박헌영이 몰래 보고서를 작성하는 등의 경우가 많았다고 진술하고 있는 것으로 보아 이들은 케이스포츠재단 소속이면서 실제로는 최서원, 고영태의 일을 도왔던 것으로 보인다. 아울러 류상영, 김수현이 더블루케이 기획안 작업 시 도움을 주었다.

고영태와 박헌영은 "최서원으로부터 인간 이하의 대접을 받으며 충성을 다했다"는 취지로 진술하는 반면, 최서원은 이들이 자신을 팔고 다녔고 자신이 엮였다는 취지로 진술하고 있다. 언론에도 다수 보도됐지만 고영태 녹음 파일 중 박헌영이 "(고)영태 형이 감정적으로 소장(최서원)을 컨트롤하려 하면 업무적으로는 우리가 해야 하는데…"라고 말한 부분이 나온다. 이 말에 따르면 고영태 일당이 최서원을 이용하여 이득을 취하려 한 사실이 명백해 보인다. 고영태 녹음 파일에는 그 밖에 고영태가 최서원과의 관계를 이용해 문체부 사업 등에서 이권을 챙기려고 사전에 모의한 내용, 고영태가 최서원을 이용해 재단 등을 이용한 사업계획을 관철하려 하였으나 번번이 최서원에 의해 거절당한 내용 등도 담겨 있다.

한편, 정동춘 케이스포츠재단 전 이사장은 2017년 12월 18일 대통령 형사재판에 증인으로 출석해 이런 진술을 했다.

"박헌영 등은 최서원과 관계가 좋지 않았다. 박헌영, 고영태 등은 긴밀하게 상의가 되고, 그들 사이에서 뭔가 의견이 나오면 최서원이나 저나 정현식에 대해 공동 대응하는 분위기를 느꼈다. 나중에 그들이 노조가 되어 저를 해임하라, 나가 달라는 이야기를 하고 했다."

또 "박헌영, 고민우(고영태의 가명)는 저에게 정현식 등을 자르라는 이야기를 했다. 나중에 그들의 기세가 어디서 나오는지 봤더니, 롯데 소진세 사장을 찾아가 몇십억을 달라, SK를 찾아가 몇십억을 달라고 하는 등, 이런 식으로 그들의 소위 오만한 태도가 아마 저한테도 반영이 되지 않겠냐, 이렇게 나중에 이해했다"고도 했다.

더블루케이가 설립되고 9일 뒤인 2016년 1월 21일 '주식회사 예상'이 설립된다. 대표자는 류상영의 처였고, 설립 목적이나 시행 사업이 더블루케이와 대동소이했다. 류상영은 고영태, 박헌영에게 아이디어를 제공하고 기획안 작성도 도와주며 사업을 공유하는 관계였던 것으로 보인다. 역시 주식회사 예상을 통해 최서원 몰래 이득을 취하려 한 것으로 추측된다.

최서원은 2017년 1월 16일 헌법재판소에서 "고영태가 기획서를 작성하지 못해 류상영에게 부탁한 사실을 처음에는 몰랐다. 근데 걔네들이 밖에서 회사를 이미 차려 가지고 그런 계획을 했던 것 같다. 최근에 들어서 이 사건 터진 다음에 알았다"고 했다.

다음은 최서원의 또 다른 증언이다.

> 2016년 8월경 한강둔치에서 미르재단 전 사무총장 이성한과 고영태로부터 5억 원을 주지 않으면 가지고 있는 것을 터뜨리겠다는 협박을 받았다. 녹음 파일인지 뭔지 TV조선에 넘긴다고 그랬을 때부터 그 녹음 파일을 갖고 다니면서 뭐 틀어, 틀면서 계속 협박을 했고, 차은택 씨한테도 그렇게 한 걸로 알고 있다.
>
> 이 정권이 끝날 무렵 게이트를 터뜨리겠다, 자기가 알고 있는 모든

거를 (터뜨리겠다고 했다). 그래서 제가 달래 가면서 도와줬는데 결국 더블루케이랑 연결되어 더 가다가는 큰 문제가 발생할 것 같아서 결국 폐업하고 문을 닫았다. 케이스포츠를 자기네들이 오히려 이용을 해 가지고 거기에 자기 사람들을 심어서 자기네들이 원하는 그 체육 사업을 하고 싶었던 것 같다.

그리고 주식회사 예상에 대해서는 "자기네들(고영태 등)이 선후배 간이고, 또 친구니까 그렇게 해서 체육재단을 한번, 예상이나 이런 걸 통해서 자기네들이 원하는 방향으로 도모하고, 저는 배제시키려고 그랬던 것 같다"고 진술했다.

이러한 점들을 종합해 볼 때 최서원은 고영태 등을 통해 더블루케이를 운영하여 기업들과 매니지먼트 계약을 체결하는 등의 방식으로 이득을 얻고자 하였고, 대통령을 팔거나 기망하는 방식으로 기업 관계자들과 협상까지는 나아갔으나, 전문성 부족 등으로 실제 계약을 체결하거나 수익을 창출하기는 여의치 않았던 것으로 보인다. 한편 고영태 등은 최서원과 갈등이 있었고 최서원을 배제한 채 이득을 취하고자 했으며 이를 위해 주식회사 예상도 설립했다. 하지만 최종적으로 이 모든 것이 실패하고 최서원을 통해 이득을 취할 가능성이 희박해지자 그동안 협박용으로 치밀하게 만들어 둔 녹음 파일 등을 들이대며 최서원을 압박했고, 이 녹음 파일 등이 석연치 않은 경로로 유출되면서 국정 농단 '게이트'로 비화한 것으로 보인다.

07

육 여사 "청와대 민원 잘 챙겨라"

당대표 때부터 中企 애로에 관심
최순실 관련 알았다면 차단했을 것
전직대통령 형·아들이 더 문제

국회 탄핵소추 사유 중 "대통령이 안종범 경제수석을 통해 기업
들에게 청탁을 했다"는 주장이 여러 군데 등장한다. 대통령으로
서는 잘해 보고자, 순수하게 도와주고자 한 일이 너무 어이없이
엮인 것이다.

이에 대해서는 정호성 비서관의 진술이 설득력이 있다.

"민원 관련해서는 한나라당 대표 시절 당대표실 사람들이나 새
누리당 사람들은 잘 알 겁니다. 정치 하실 때부터 민원 관련해서
는 굉장히 챙기셨고 나중에 꼭 확인하셨습니다. 대통령 되시고
나서도 2부속실이 주로 담당하는 게 민원이었습니다. 그런 것들

을 지나치지 않고 어디 현장 가셔서 받은 거는 한 달, 두 달 후에도 반드시 물어보시기 때문에 그거는 챙겨야 됩니다." (2017. 1. 19. 헌법재판소 증언)

국회 탄핵소추의결서에는 "대통령이 최서원으로부터 '케이디코퍼레이션이라는 중소기업이 원동기용 흡착제를 현대자동차에 납품할 수 있도록 도와 달라'는 부탁을 받고 안종범 수석에게 지시하여 납품할 수 있도록 조치를 취하게 하였고, 최서원은 그 대가로 케이디코퍼레이션 대표로부터 5천만 원 상당의 뇌물을 받았다"고 적시되어 있다. 하지만 대통령은 2014년 10월경 정호성 비서관으로부터 "케이디코퍼레이션이 흡착제 관련 유망 중소기업인데 납품 통로가 막혀 있어 어려움을 겪고 있다"는 보고를 받고 중소기업의 애로 해소 차원에서 안종범 수석에게 내용을 들어 보고 제품을 국내 회사가 활용할 수 있는지 알아보라고 지시한 사실은 있으나, 케이디코퍼레이션과 최서원이 특별한 관계에 있다는 사실은 전혀 알지 못했다.

이에 대해 안종범 수석은 2017년 1월 16일 헌법재판소에서 "(대통령이) 당시에 굉장히 유망한 기술을 가지고 있는 중소기업이 있기 때문에 기회를 주라고 추천 차원에서 얘기를 했지, 이 기술을 채택하라고 이야기하신 적이 없다. 통상적으로 대통령께서 그런 지시를 하신 적도 많았다. 그래서 항상 그런 추천을 (바깥에다) 할 때는 '무리할 필요가 없다'는 이야기를 저는 반드시 한다. 이외에도 상당한 기술력을 가진 중소기업이 기회를 못 잡아서 손해를 보는 경우가 많이 있었고 그걸 대통령께서 많이 챙기셨다. 그래서 그런 것들이 있을 경우에 똑같이 그런 식으로 대응했었다"고 했다.

사실 대통령은 각종 행사나 회의, 사석에서 중소기업이나 서민들이 어려움을 겪는다는 말을 들으면 관계 수석에게 상황을 알아보고 도와줄 수 있으면 도와주라는 지시를 해 왔다. 대통령은 평소 우수한 기술을 보유한 중소기업이 어려움을 겪는 것을 안타까워하였고 중소기업 활성화와 규제 개혁을 중요한 국정 과제로 삼아 실행해 왔다. 다음은 안종범 수석의 관련 진술을 발췌한 것이다.

"참고로 대통령님께서 그와 같은 중소기업에 새로운 기회를 가지도록 해 주는 사례가 많았다. 2015년경 대통령께서 모 유망 기술을 가진 중소기업을 추천했는데 기술이 해당 기업에 잘 안 맞아서 3개 기업에서 난색을 표명해서 대통령께 보고드리고 안 되겠다고 한 적이 있다. 한 가지만 더 말씀드리면, 대통령께서 여러 언론을 통해 보도되는, 기술력을 가지고 유망한 중소기업인데 기회를 못 갖고 있는 사례들을 많이 말씀하시고 한번 챙겨 보라고 하신 적이 많았다. 그런데 그중에 성공한 케이스가 많지는 않지만 그중에 예를 든다면, 쌀로 만든 빵 회사가 있었는데 그게 글루텐프리 빵으로 세계적으로 굉장히 기술이 유망한 게 기회가 없다고 해서 기회를 주자고 우리 국무회의 때 그 빵을 시연도 하고 시식도 하고 한 적이 있을 정도로 그런 식의 사례가 굉장히 많았다. (성사되지 못한 사안도) 그 과정을 충분히 잘 설명드리면 다 이해를 하셨다."

안 수석은 분뇨를 이용한 농업 관련 재생 기술을 가진 기업, 포항의 전통 장(醬) 제조업체 등에 대해서도 함께 증언했다. 그의 형사재판 증인 진술도 들어 볼 필요가 있다.

"대통령께서 도와주라고 하신 중소기업은 글루텐프리 기업과 그 외에도 상당히 많았다. 지금 정확히 기억은 못 하지만 순방을 갈 때마다 일대일 상담에 참여한 중소기업이 항상 100개, 200개 기업이 있었기 때문에 하나하나 중요한 사례들이 많이 있었다. 대통령께서 해외 순방 때 경제사절단으로 대기업 위주로 가던 것을 중소기업에 확대하고, 가서 해당 국가와 상담을 하도록 코트라나 이런 기관에 사전에 조율해서 가서 상담해서 계약이 된 경우가 상당히 많았다. 국내 모 중소기업이 커피의 원조국이라 할 수 있는 브라질 현지에서 우리 커피믹스 커피를 가공해서 수출하는 사례도 생기고, 그런 사례들이 상당히 많이 있었다."(2018. 1. 30, 대통령 형사재판 증언)

정호성 비서관도 비슷한 이야기를 한다.

> 대통령은 중소기업 해외 진출에 관심이 많았다. 대통령께서 처음 해외 순방 시 경제사절단 선정할 때 중소기업들을 많이 넣으라고 특별히 지시하셨다. 당시 경제수석실에서 중소기업은 별별 기업이 다 있는데 별로 신뢰성 높지 않은 중소기업이 혹시 사고를 친다든 가 이런 경우에 정부가 그 위험성을 다 뒤집어써야 해서 곤란하다

는 의견이 올라왔다. 그래도 대통령께서 해 보라고 강하게 지시하셨다. 그래서 문제가 아주 많다고 생각되는 일부를 제외하고는 다 받아들였다. 중소기업들한테 가장 중요하고 부족하고 간절한 부분 중 하나가 신뢰성이다. 그런데 대통령께서 가시면서 같이 데리고 갔기 때문에 갈수록 참여하는 중소기업들이 많아졌다.

이후에는 지시사항으로 코트라에서 비즈니스 포럼 같은 걸 하게 했다. 코트라가 나서서 그 나라 기업들하고 경제사절단으로 간 기업들하고 연결해 주는 거다. 연결해 주는 거에 그치지 않고 일대일 상담회를 열어 줬다. 코트라에서도 열심히 했고 성과도 좋았다.

중소기업이 외국에 나가는 거 말고도 중소기업 포지션(포션)을 늘리는 쪽으로 추진하라고 지시를 하셨다. 실제 매년 그 노력의 결과로 우리 수출에서 중소기업이 차지하는 포지션이 점점 늘었다.

우리 정부 들어와서 창조경제의 핵심이 중소기업들이기 때문에 창조경제혁신센터도 추진한 거다. 각 대기업이 가진 인력과 여러 가지 기술을 이용해서 중소기업이나 아이디어만 가진 사람한테 코치해 줘서 원스톱으로 할 수 있도록 만든 게 창조경제혁신센터다. 그런 노력들이 계속되고 있기 때문에 중소기업들이 조금씩 활성화되고 살아나는 거다. 제가 너무 안타까운 게, 대통령께서 중소기업 살리는 데 너무나 관심이 많았다. 그래서 매일 경제수석 쪼고 했다. 이런 부분은 제가 명확하게 경험했고 대통령의 의지와 철학을 잘 알기 때문에 어디 가서도 자신 있게 얘기할 수 있다. (2017. 1. 19. 헌법재판소 증언)

박 대통령은 아버지 박정희 대통령 시절 모친인 육영수 여사로부터 "청와대에 들어오는 민원은 온갖 곳을 거쳐도 해결되지 않아 마지막으로 들어오는 민원이니 잘 살펴야 한다"는 가르침을 받았고, 돌아간 모친을 대신하여 아버지를 보좌할 때부터 항상 중소기업이나 서민들의 민원을 챙겨 왔다고 한다. 정치에 입문한 후 당대표나 국회의원 시절에도 민원을 들으면 꼭 메모했다가 지시하고 결과를 확인해 왔고, 대통령이 되어 청와대에서도 동일한 자세로 민원을 대했다. 대통령 대리인단은 변론기일에서 이런 사실을 밝혔다.

케이디코퍼레이션도 최순실의 부탁이기에 도와준 것이 아니라 중소기업의 애로사항을 해결해 주기 위해 노력하는 차원에서 지시를 하였던 것이다. 안종범 수석에게 지시한 것도 무조건 특정 기업에 특혜를 주라는 것이 아니라 합법적 범위 내에서 중소기업의 애로사항을 정부가 해결해 주라는 의미였다. 때문에 실제 비슷한 민원을 안종범 전 수석에게 지시했으나 성사되지 못한 사례도 많다.

최서원 역시 2017년 1월 16일 헌법재판소에서 "대통령에게 한 중소기업의 어려움을 전달했는데 그 중소기업이 납품 기준을 통과하지 못하여 대기업 납품업체로 지정되지 못한 사실이 있다. 그런 회사가 몇 개인지 기억은 잘 안 나지만 적절하지 않다고 생각하면 한번에 안 하시는 분이다"라고 한 바 있다.

따라서 설령 최서원이 대통령을 팔아 청탁을 받고 대가를 취득했다고 하더라도, 이를 알지 못한 대통령이 최서원과 공범이라고 단정하는 것은 어불성설이다. 오히려 대통령은 최순실과 어떤 관련이라도 있다는 사실을 알았더라면 부탁을 절대 들어주지 않았을 것이다.

국정의 최고책임자인 대통령이 정형화된 보고 체계에 의존하지 않고 다양한 경로를 통해 국민과 기업의 애로사항을 청취하는 것은 금기시하기는커녕 권장할 일이다. 다만, 그 과정에서 대통령의 일가, 친인척이나 지인 들이 호가호위하여 사익을 취하는 행위는 차단해야 할 것이다.

최근의 전직 대통령들 주변을 보면, 예컨대 '봉하대군'이라고 불리던 노무현 전 대통령의 형 노건평은 대우조선 남상국 사장으로부터 연임 청탁과 함께 3천만 원을 받은 혐의로 법정에 섰다. '만사형(兄)통'이라 불리던 이명박 전 대통령의 형 이상득, 김대중 전 대통령의 두 아들과 김영삼 전 대통령의 아들도 마찬가지였다. 하지만 그들은 누구도 일가의 비리로 인해 탄핵되거나 구속되지 않았다.

혹자는 다른 전직 대통령들과 달리 박근혜 전 대통령은 자신이 직접 최서원과 공모했다고 주장할지 모르나, 박 전 대통령은 최서원과 공모하거나 최서원을 통해 사익을 취한 사실이 없다. 검찰이나 특검 수사, 탄핵심판과 형사재판을 통해서도 1원도 직접 받은 사실이 없다는 점이 입증됐다. 백 보를 양보해 이런 대통령을 최서원과 공모했다거나 '경제공동체'라는 논리로 처벌해야 한다면, 형이나 아들의 비리에 대하여는 더더욱 공모 관계나 경제 공동체가 성립된다고 보아야 한다. 이런 점에 비추어 보아도 박근혜 대통령에 대한 탄핵이나 형사처벌은 형평에 반한다.

08

'중대성의 원칙' 스스로 어겨

파면의 이익이 부작용보다 커야
노무현 탄핵 "중대성 없다" 기각
朴대통령 '중대한 위법' 있었나

박근혜 전 대통령은 40여 년간 최서원과 가깝게 지내면서 일상생활에서 소소한 도움을 받았다. 국회의원 시절은 물론 대통령 취임 이후에도 여성 대통령으로 일반 비서관들로부터 도움을 받기 힘든 의상 등 부분에서 도움을 받았다. 최서원은 일반 국민들의 목소리를 전달해 주는 역할을 수행하며, 때로는 독신인 대통령의 말벗이 되며 인간적 교분을 나눠 왔다.

　대통령은 국정 수행에 필요하다고 생각되면 최서원을 비롯하여 주변의 믿는 지인들에게 널리 의견을 물어서 반영해 왔다. 최서원은 정치적으로나 행정적으로 식견을 가진 전문가는 아니었으므로 대통령은 그녀의 말에 경도된 바 없었고 독자적 결정에 따라 직무를 집행했다. 대통령은 평소 감성적이거나 호소력 있는 표현, 구어체 표현을 선호했는데 최서원이 이러한 대통령의 스타일을 잘 알고 있어 일반 국민의 관점이나 감성적인 표현을 살리는 점에 있어 도움을 주었다.

취임 후 대통령은 문화·체육 분야의 발전을 위한 정책을 중점 추진하면서 민간 차원의 경쟁력 강화를 위해 미르재단과 케이스포츠재단의 설립을 지원했다. 그 과정에서 전경련의 도움이 있었으나 기업들의 출연은 자발적으로 이루어졌고, 재단은 전문성을 갖춘 이사진들에 의해 독립적으로 운영되었다. 최서원은 재단 활동을 도와주게 된 것을 기화로 별도 법인을 설립하여 고영태 등과 함께 사적 이득을 취하고자 하였으나 재단 운영에 제대로 개입할 수 없었던 관계로 실제로 이득을 취하지는 못했고, 대통령은 이러한 사실을 아예 몰랐다.

대통령은 평소 어려운 중소기업이나 재능 있는 사람을 도와주는 경우가 많았고, 이러한 점을 알고 있던 최서원은 대통령을 속이고 사익을 취한 사실도 있으나 이 역시 대통령은 전혀 알지 못했다.

이상이 내가 보는 이른바 '최순실 국정 농단'의 전말이다. 이런 대통령이 우리 헌법이 규정한 탄핵 사유에 해당한다고 볼 수 있는 것일까? 대통령의 언행 어디에도 헌법재판소 스스로 규정한 "공직자의 파면을 정당화할 정도로 중대한 법 위반의 경우"는 찾을 수 없다.

나는 대통령의 탄핵이 기각되어야 하는 이유를 이 '중대성의 원칙'에 있다고 판단하고, 2017년 2월 27일에 이뤄진 헌법재판소에서의 내 최후변론도 여기에 초점을 맞췄다. 그 일부를 아래에 옮겨본다. 전문은 '부록 2'에 붙인다.

귀 재판부가 이미 2004년 선언한 바와 같이, 대통령을 파면하기 위해서는 단순히 '직무 집행에 있어서 헌법이나 법률을 위배한 때'가 아니라, 헌법이나 법률 위배의 정도가 공직자의 파면을 정당화할수 있는 중대한 경우라야 합니다. 이는 대통령 파면 결정으로 초래될 국정 공백, 국가적 분열, 국민이 직접 선출한 대통령의 임기를 강제로 종료시킴으로써 헌법상 대의민주주의, 국민주권주의가 받게 되는 손상 정도를 고려할 때 지극히 당연한 결론입니다.

중대성 판단을 위해서는 법 위반이 헌법질서에 미치는 부정적 영향과 파면으로 인해 초래되는 효과를 형량(衡量)해야 합니다. 결국 법 위반의 정도가 어떠한지, 탄핵 결정으로 인한 헌법 수호 효과가 어떠한지와 탄핵 결정으로 인한 국론 분열과 정치적 혼란, 국정 공백과 같은 국가적 손실이 어떠한지를 비교형량해야 합니다.

그런데 본 사안의 경우 법 위반의 정도가 중한 경우에 해당되지 않습니다. 증거 조사 과정에서 소추위원 측이 제출한 모든 증거들을 종합하더라도 소추 사유가 인정되지 않는다는 점은 이미 충분히 입증되었습니다. 물론 최서원 등 주변 관리에 소홀했던 점은 있으나 이는 도덕적 책임일 뿐 법적 책임으로 보기는 어렵습니다.

또한, 탄핵이 기각되더라도 피청구인의 임기는 1년이 채 남지 않았으며 여소야대인 상황에서 피청구인의 역할은 여·야 합의가 가능한 범위 내에서 합리적으로 이루어질 것이며 주된 임무는 연말 대선의 공정한 관리에 국한될 것입니다.

반면 탄핵 결정으로 인한 부정적 효과는 심각한 수준입니다. 첫째,

(…)

우리 헌법은 "대통령이 그 직무 집행에 있어서 헌법이나 법률을 위배한 때"를 소추 사유로 규정하고 있다. 이 규정을 해석함에 있어 헌법재판소는 이미 2004년 노무현 전 대통령에 대한 탄핵심판에서, 사소한 법 위반으로 파면이 가능하다면 책임에 상응하는 헌법적 징벌의 요청에 위반되므로 "공직자의 파면을 정당화할 정도로 중대한 법 위반의 경우"에 한하여 탄핵이 가능하다고 판단했다. 대통령에 대한 파면 결정이 가져올 국정 공백과 국론 분열로 인한 혼란 등을 감안할 때 지극히 타당한 판단이다.

또한 헌법재판소는 '중대한 법 위반' 여부를 판단함에 있어 "대통령을 파면할 정도로 중대한 법 위반이 어떠한 것인지에 관하여 일반적으로 규정하는 것은 매우 어려운 일이나, 대통령의 직을 유지하는 것이 더 이상 헌법 수호의 관점에서 용납될 수 없거나 대통령이 국민의 신임을 배신하여 국정을 담당할 자격을 상실한 경우에 한하여, 대통령에 대한 파면 결정은 정당화되는 것이다"라고 판단했다.

이런 기준에 따르면 헌법 수호의 관점에서 중대한 법 위반이 있거나 뇌물 수수, 부정부패와 같이 국민의 신임을 완전히 저버릴 정도의 법 위반이 있는 경우에 한하여 파면 결정이 가능하다.

그런데 국회의 탄핵소추 사유로 나열된 박 대통령의 행위들은 어느 관점에서 보더라도 '헌법 수호의 관점에서 중대한 법 위반'에 해당한다고 보기 어렵다. 국회 소추위원단은 대통령이 최서원 등 비선 조직을 통해 공무원 인사를 포함한 정책을 결정하고 국가 기밀을 유출하는 등 최서원의 사익을 위해 국가권력이 동원되는 것을 방조했다고 주장하나, 대통령은 최서원의 일탈행위를 알면서 방조한 사실이 전혀 없다. 공무원 인사를 포함한 모든 정책은 정상적인 절차를 거쳐 결정하였고, 최서원·고영태 등이 재단 운영에 관여하여 이권을 챙기려 하였으나 대통령은 이러한 사실을 전혀 모르고 있었다. 고영태 녹음 파일을 살펴봐도 대통령이 이들의 불법을 알지 못했다는 점은 명확하다. 대통령의 책임이 있다면 최서원 등의 일탈행위를 제대로 감독하지 못한 잘못일 것이다. 최서원에게 연설문 등 일부 문건이 사전에 유출된 것 또한, 세부적인 문구나 표현에 대해 의견을 구하는 것에 불과했고 공무상 비밀을 유출하려는 의도는 전혀 아니었다.

또한 대통령의 행위는 '국민의 신임을 배신한 행위'로도 보기 어렵다. 국회 소추위원단은 대통령이 사기업의 계약 체결이나 특정 임원 채용 등에 관여하고 최서원의 사익 추구를 돕는 부정부패 행위를 했다고 주장하나, 대통령은 1원의 뇌물도 받은 사실이 없고 최서원의 사익 추구에 공모하거나 묵인한 사실도 없다. 검찰과 특검이 엄청난 인력을 동원하여 대통령과 최서원 및 관련자들의 계좌를 추적하였지만 대통령이 이들로부터 단 1원의 돈도 수수한 사실이 없다는 사실이야말로 이번 사태의 진실을 가장 잘 말해 준다. 대통령은 미르재단이나 케이스포츠재단의 자금을 유용한 사실이 전혀 없으며, 재단 설립 과정에서 기업들의 출연을 강요한 사실도 없다. 최서원의 일탈행위가 대통령과 공모하여 이루어진 것으로 볼 근거는 전혀 없다.

오히려 대통령은 자유민주주의를 부정하는 통합진보당에 대하여 헌법재판소로부터 해산 결정을 이끌어 냈고, 방위산업 비리 척결, 전시(戰時)작전권 연장 등 대한민국과 자유민주주의 헌법을 수호하기 위해 노력했다. 또한 대통령이 공무원연금 개혁, 일관성 있는 대북 정책 추진과 북한인권법 통과, 문화융성과 창조경제 등을 위해 노력한 점은 대통령으로서 헌법적 의무를 다하기 위해 최선을 다한 것으로 평가받아야 할 것이다.

제3장

"법치 이름 빌린 정치보복"

朴前대통령 형사재판의 실상

"사람을 더럽게 만드나"

"朴대통령 그런 사람 아니다"

일부 헌법재판관, 안타까움 드러내

대통령 "그런 돈 받겠다고…" 울컥

사고 날까 잠시 조사 중단도

2017년 3월 10일 헌법재판소의 대통령 파면 결정이 내려진 뒤, 며칠 동안 나는 아무것도 하지 못했다. 그동안 쌓였던 피로도 몰려왔고 정신적으로 공황 상태였다. 잠을 자거나 밖으로 나가 정처 없이 걸어 다니기만 했던 것 같다.

하지만 곧 정신을 차렸다. 검찰은 3월 15일, 이제는 자연인으로 돌아간 박근혜 전 대통령에 대한 형사재판 소환 일정을 공식 통보했다. 기존 탄핵심판 대리인들 중 가능한 변호사들이 업무 분장을 하고 공소사실 분석 작업을 했다. 이제는 검찰, 특검의 기소와 형사재판이라는 또 하나의 '거짓의 산'(유튜브 '거짓과 진실'에서 차용)을 넘어야 했다.

대통령은 청와대를 떠나 삼성동 자택으로 들어간 지 9일째 되던 3월 21일 서울중앙지검에 피의자 신분으로 처음 출두했다. 검찰청 안으로 들어가기 전 포토라인에 서서 "국민 여러분께 송구스럽게 생각한다. 성실하게 조사에 임하겠다"는 말을 남기고 청사 안으로 들어갔다.

조사는 오전부터 미르와 케이스포츠 재단, 삼성 뇌물 혐의와 직권 남용, 공무상 비밀 누설 등 13개 혐의에 대하여 차례로 진행되었다. 대통령 변호인단 중 유영하, 정장현 변호사가 대통령 조사에 동석했고, 서성건, 손범규, 이상용 변호사와 나는 조사실 맞은편 대기실에서 만약의 사태에 대비했다.

조사를 받는 동안 대통령의 입장은 탄핵심판 과정에서 밝힌 내용과 동일했다. 탄핵심판 과정에서부터 있는 그대로 진실을 말해 왔기 때문에 검찰 조사 과정에서도 달라질 내용은 없었다.

그런데 조사가 한창 진행되던 도중 정장현 변호사가 대기실로 급하게 뛰어왔다. 조사가 중단됐다는 것이었다. 검사가 삼성 뇌물 혐의에 대해 묻자 대통령은 "제가 대가 관계로 돈을 받았다고 하다니 어이가 없습니다. 그런 일을 하려고 제가 대통령을 했겠습니까? 제가 나라를 위해 밤잠을 설쳐 가면서 기업들이 밖에서 나가 활발하게 활동할 수 있게 하고 국내에서는 어떻게 일자리를 만들 수 있을까 그렇게 고민을 하고 3년 반을 고생을 고생인 줄 모르고 살았는데, 제가 그 더러운 돈 받겠다고…. 사람을 어떻게 그렇게 더럽게 만듭니까!"라고 하며 흐느꼈다고 한다. 사고가 날 것 같아 조사가 중단되었다.

다들 탄식했다. 안타까웠다. 1원도 받은 사실이 없는 대통령으로서는 너무도 억울했던 것이다.

잠시 뒤 재개된 검찰 조사는 이날 밤 11시 40분경 종료되었고, 대통령은 조서에 대한 검토를 마친 뒤 다음 날 오전 7시경 귀가했다.

헌법재판관들은 대통령 파면 결정 후 어떤 생각들을 했을까? 당시 몇몇 재판관들은 대통령 파면 결정에 대해 개인적으로 매우 가슴 아파 했다는 후문이다. 탄핵심판 직후부터 여러 경로로 입수한 얘기들을, 탄핵심판 과정에서의 내 주관적 경험들에 기초해서 재구성해 보면 이렇다.

검찰 수사 기록이나 여러 증언들을 들어 보면 최순실은 국정에 개입할 의사나 능력이 없는 사람처럼 보인다. 국정을 제대로 이해할 능력조차 없어 보였다. 어린이집을 경영한 것이 사회생활의 전부이지 않은가. '비선 실세'라고는 하지만, 고영태 같은 사람에게 넘어가 이용당한 것 같다. 그런 것을 국정 농단이라 할 수 있을지는 잘 모르겠다.

사태가 여기까지 오게 된 점에 대해서는 재판관들 모두가 안타깝게 생각하고 있다. 재판관들 모두 최선의 결정을 하기 위해 고민에 고민을 거듭했다.

탄핵이 기각되더라도 다음 대선까지는 1년간 나라가 난리일 텐데, 그렇게 두는 것이 옳은 일일까? 어차피 대통령 역할은 하기 힘들다고 생각했다. 안타까운 일이지만 그럴 바에야 차라리 대선을 통해 새 대통령이 선출되면 혼란이 빨리 수습되지 않겠냐는 생각이 컸다. 나라를 생각한 결정이다.

박 대통령은 그런 사람 아니다. 나라만 생각했지 개인적인 욕심은 없는 사람이다. 뇌물을 받거나 그럴 사람이 아니다. 사람에게 담을 쌓고 혼자 고생한 사람이지, 상식에 어긋나는 일을 할 사람이 아니다. 가족도 청와대에 들이지 않고 일만 한 사람이지 않나. 대통령 주변에 간신배가 많았던 것 같아 안타깝다.

탄핵결정문에는 박 대통령이 범죄를 저질렀다는 이야기는 없다. 헌법 위반만 판단했다. 박 대통령이 그냥 도와줬을 수는 있다. 하지만 최서원이 범죄를 저지르는 것을 알고 도와줘야 죄가 된다. 알고 도와줬다는 증거는 없다. 형사재판을 통해 진실이 밝혀지기를 바란다.

영장실질심사 중 점심시간에 대통령과 식사를 하면서 그런 내용을 정리해 말씀드렸다. 조금이라도 기운을 내기를 바라는 마음에서였다. 대통령은 얘기를 다 듣고는 아무 말 없이 깊은 한숨을 내쉬었다.

구속수사는 방어권 침해

도주나 증거인멸 우려 없어
前대통령 구속은 국격에도 흠집
새벽 3시반 끝내 영장 집행

2017년 3월 27일 검찰은 대통령에 대해 구속영장을 청구했다. 3월 30일 오전 10시 30분부터 서울중앙지방법원에서 영장실질심사가 진행되었다. 검찰 쪽에서는 6명의 검사가 참석했고 대통령 변호인 자격으로 유영하 변호사와 내가 함께 출석했다.

오전에 시작된 심리는 오후 7시가 넘어서야 끝났다. 심리는 13개 공소사실에 대해 개별 사유별로 검찰의 주장에 대해 변호인이 반박하고 다시 검찰의 재반박과 변호인의 재재반박이 이어졌다. 쉴 틈 없이 공방이 이어졌다.

쟁점이 많았고 순간적인 대처가 필요했기 때문에 그때그때 생각나는 대로 방어를 해야 했다. 특검에서 조사된 쟁점에 대하여는 유영하 변호사가 주로 답변하고 탄핵심판 과정에서 논의된 내용에 대하여는 내가 주로 답변했던 것으로 기억한다. 변론 도중 유영하 변호사는 목이 메어 제대로 말을 잇지 못하기도 했다. 그때 대통령 역시 눈시울이 붉어졌다.

강부영 영장전담판사는 중간중간에 대통령에 대하여도 질문을 했다. 지금 정확히 기억나지는 않지만 재단 부분에서 대통령에게 질문을 하고 답변을 듣는 도중 강 판사의 얼굴이 조금 굳어졌던 것으로 기억한다. 나는 그 표정을 보고 '영장이 발부될 수도 있겠구나' 하고 생각했다. 하지만 대통령은 있는 그대로 진술했다. 영장실질심사 말미에 대통령의 목소리는 약간 떨렸다.

정치에 입문할 때부터 나라를 바르게 이끌고자 하는 생각만 했습니다. 사리사욕을 챙기고자 했다면 정치를 시작하지도 않았을 것입니다. 대통령 당선 이후 다른 곳에는 전혀 신경 쓰지 않았습니다. 아버지가 목숨 바쳐 지켜 온 이 나라를 어떻게 제대로 이끌까, 새로운 도약을 이뤄 낼까 하는 생각뿐이었습니다.

앞으로의 시대는 문화가 중요하다. 문화강국이 되어 새로운 시대를 열어야 한다고 생각했기 때문에 문화융성을 4대 국정 기조 중 하나로 설정하고 이를 위해 밤낮없이 매진해 왔습니다. 창조경제혁신센터도 그렇고 문화재단도 그렇고 다 좋은 뜻에서 시작했던 겁니다.

하루에 올라오는 보고서가 수십, 수백 페이지입니다. 그 보고서들을 다 검토하고 전화로 확인하고 업무 처리하면 주말에 제대로 쉬기도 어렵습니다. 평소 국민들의 민원을 해결하기 위해 노력해 왔습니다. 아버지 때부터 청와대에 오는 민원은 온갖 곳을 거쳐도 안되어 마지막에 오는 민원이므로 하나하나가 애환이 담겨 있다고 배워 왔습니다. 때문에 가능한 한 살펴보려고 노력했습니다. 비서진에도 민원을 해결하라고 지시한 적이 없고, 단지 살펴보고 가능하면 신경 써 주라고 지시했을 뿐입니다.

역대 대통령들 주변에 문제가 많았기 때문에 그런 소지를 없애려 형제자매도 청와대에 들이지 않고 일만 했는데 어쩌다 이런 일이 생겼는지 모르겠습니다.

사실 법리적인 측면에서 구속의 필요성은 없었다. 삼성동 자택에 수십 명의 기자와 수백 명의 경찰, 시위대가 에워싸고 있는 상황에서 대통령이 도주한다는 것은 상상도 하기 어려웠다. 대통령은 1원도 경제적 이익을 취한 바 없고 기업들을 상대로 직접 협박이나 강요를 한 사실도 없다. 이미 검찰과 특검의 수사, 국회 국정조사특위의 국정조사를 거친 상황이어서 증거 인멸의 우려도 없었다. 검찰은 관련자들도 구속되어 있으니 대통령도 구속되어야 한다는 입장이었지만, 공범 간의 형평성은 구속 사유가 아니다. 법원은 불구속 수사의 원칙에 충실했어야 했다.

2016년 10월 이후 대통령은 촛불 시위, 언론의 오보, 검찰 특별수사본부의 수사, 국회의 국정조사, 특검의 수사, 국회의 탄핵소추, 헌법재판소의 탄핵심판, 그리고 이제 자연인의 자격으로 받기 시작한 검찰 수사 등으로 엄청난 시련을 겪어 오느라 차분히 법리를 따지고 스스로를 방어할 여유가 없었고, 마땅한 변호사를 구하는 것도 어려운 시간을 겪어 왔다. 혐의 사실에 대해 모두 다 투어야 하는 상황에서 증거 기록은 10만 페이지를 넘었고, 검찰과 특검에서 조사를 받은 사람들이 법정에서 이와 상이한 진술을 하는 경우도 허다했기 때문에 재판을 통해 정확한 진상을 파악하기 위해서는 상당한 기간이 소요될 것이 불가피했고, 대통령으로서는 변호인과 충분히 접견하고 방어 전략을 세우기 위해 불구속 재판이 필요했다. 이것은 이전까지의 불공정한 상황을 조금이라도 바로잡고 공정한 재판을 진행하기 위한 최소한의 조건이었다.

나는 영장실질심사 말미에, 국민들 사이에 팽배해진 분열과 대립의 분위기와 정치적 광풍을 해소하고 냉정히 사법 절차를 진행할 때가 되었다는 점, 지금까지 그 어떤 정치인보다 깨끗하게 살아왔고 개인적인 사치나 부패 스캔들 없이 대한민국을 위해 일해온 대통령의 공이 과(過)와 함께 평가되어야 한다는 점, 건강도 좋지 않은 여성 대통령을 교도소에 가두고, 수의를 입히고 포승줄에 묶어 호송차에 태워 다니는 모습을 보도하는 것은 국격(國格)을 위해서도 바람직하지 않다는 점, 전직 대통령에 대한 최소한의 예우가 필요하다는 점을 진술했다.

길었던 영장실질심사가 끝나고 대통령은 서울중앙지검으로 이동했다. 유영하 변호사와 나도 그곳에서 함께 결과를 기다렸다. 기다리는 시간은 길었다. 결과는 다음 날 새벽 3시 반경 나왔다.

결국 구속영장이 발부되었다. 영장 발부 사실을 들은 대통령은 담담했다. 잠깐 침묵은 흘렀지만 어느 정도는 예상하셨던 듯했다. 잠시 뒤 검사들이 대통령께 영장을 제시하며 관련 설명을 했다.

나는 차마 대통령을 똑바로 쳐다보지 못했다. 죄송한 마음뿐이었다. 달리 할 수 있는 말도 없었다. 윤전추 전 행정관이 참 많이 울었다. 대통령을 평생 모시겠다며 한결같았던 그녀였다. 곧이어 대통령은 서울구치소로 향했다.

이후 검찰은 5차례의 구치소 조사를 거쳐 2017년 4월 17일 박 전 대통령을 정식으로 기소했다.

02

'계속 기도를 하시는구나'

주 4회 재판으로 주말 접견
법정에선 예의바르고 가끔 농담도
최순실은 자기 억울함만 열올려

구속영장 발부 이후 본격적으로 형사재판을 준비했다. 기록이 탄
핵심판 때의 3배나 되는 12만 페이지로 늘어 있었다. 탄핵심판 당
시 쟁점이 되지 않았던 부분도 많이 추가되어 있어서 검토할 부
분이 많았다. 하루 종일 기록만 봤다. 그 과정에서 기존 탄핵심판
을 함께했던 이중환, 위재민, 정장현 변호사와 법인을 설립했다.
조금 더 안정적으로 형사재판을 수행할 수 있는 기반이 되었다.
 탄핵이 인용된 후여서 변호인을 구하는 것도 쉽지 않았다. 일부
변호사들이 합류 의사를 표명하기도 했지만 사정상 정식 합류까
지는 나아가지 못했다.

다행히 한변 소속 변호사들이 합류하여 큰 힘이 되었다. 서울 북부지법 수석부장판사 출신으로 한변의 공익소송센터장을 맡고 있던 이상철 변호사가 변호인단의 좌장 역할을 맡았고, 이 변호사와 같은 법인 소속인 남호정 변호사도 합류했다. 김상률 변호사는 변호인단에 합류하면서 기존 법인에서 탈퇴하고 우리와 같은 법인에서 일하게 되었다. 탄핵심판 초기부터 뒤에서 기록 검토와 서면 작성에 큰 도움을 준 이동찬 변호사도 형사재판이 시작되자 정식으로 변호인단에 합류했다. 이 변호사는 재판 도중 결혼식도 치렀는데 대통령이 손수 축의금도 보내주었다. 이들은 재판 과정에서 큰 역할을 했다. 마지막으로 합류한 도태우 변호사도 큰 힘이 되었다. 도 변호사는 한변 소속은 아니었지만 평소 자유우파 운동을 열심히 하여 이전부터 잘 아는 사이였다.

그러는 동안 궐위된 대통령을 새로 뽑기 위한 대통령선거가 2017년 5월 9일 치러져, 더불어민주당의 문재인 후보가 5월 10일 대한민국 제19대 대통령에 취임했다.

변호인단이 구성되고 다 함께 서울구치소에 접견을 갔다. 일종의 상견례 자리였다. 변호인들이 의뢰인인 대통령의 입장에 대해 이해하기 위해서도 필요한 자리였다. 별도로 독립된 접견실에서 만났다.

다같이 만나는 첫 번째 자리라 처음엔 다들 조금 어색해 했다. 대통령도 조금 낯을 가리는 스타일이셔서 더 그랬던 것 같다. 수의 입은 모습을 보여 주기도 어색하셨을 것이다.

하지만 사건 이야기를 하면서 이내 분위기는 편안해졌다. 대통령도 본인이 인지하거나 경험한 사실에 대해 허심탄회하게 이야기했다. 중간중간 변호인이 질문하는 내용에 대해서도 상세히 답변했다.

두 시간 가까이 대통령의 답변을 들으며 '아, 정말 아무것도 모르셨구나! 최서원에게 철저히 속으셨구나' 하는 확신을 가질 수 있었다. 아마 다른 변호인들도 마찬가지였을 것이다.

접견실을 나오면서 변호인들은 모두 착잡한 심정이었다. 불과 몇 달 전까지 청와대에서 국정을 운영하시던 분이 별다른 잘못도 없이 구치소에 수감되었다는 사실에 안타까워 했다. 그렇게 구치소를 빠져나오면서 한숨만 내쉬었던 기억이 있다.

이후에 한두 번 정도 접견을 더 갔는데 매번 반갑게 맞아 주셨다. 나이나 지위에 관계없이 항상 예의를 갖추시는 분이란 느낌을 받았다. 탄핵심판 당시 대통령 출석이 성사되어 구치소 접견 때 변호인들에게 한 이야기를 탄핵심판 때부터 할 수 있었더라면 하는 아쉬움이 매번 들었다.

한번은 외부에서 전달을 요청한 영문 성경과 기도문 책자를 구치소로 가지고 간 적이 있다. 대통령은 성경과 기도문 책자를 보더니, "평소 기도하면서 궁금했었다"며 영문 기도 구절 하나를 확인하고는 책자를 돌려주었다. 성경은 가지고 있다고 했다. 속으로 '계속 기도를 하시는구나' 하고 생각했다.

재판이 본격적으로 시작되면서부터는 따로 접견을 갈 여유가 없었다. 재판이 주 4회나 열렸기 때문에 평일에는 접견이 사실상 불가능했다. 재판부가 주말 접견을 구치소에 요청하여 토요일 접견이 가능해졌다. 유영하 변호사가 접견을 주로 수행했는데 재판 준비 하면서 매번 접견까지 하느라 고생을 많이 했다.

대통령은 예의가 바른 분이었다. 매번 법정에 출석할 때마다 변호인들과 일일이 인사를 나누었다. 착석한 이후에는 방청석을 잠깐 쳐다보아 감사의 마음을 전하는 듯했다.

많은 국민들이 방청석에서 응원했는데, 이런 모습에 힘을 많이 얻는 듯했다. 특히 허원재 정무수석, 김재수 농림축산식품부장관, 김규현 국가안보실 1차장, 천영식 홍보기획비서관 등 대통령과 청와대에서 함께 일했던 분들은 거의 매일같이 방청석에서 자리를 지켰다. 대통령도 그분들에게 많이 고마워하는 것 같았다.

법정에서 직접 진술하는 경우는 거의 없었지만 대통령은 재판 과정에 성실히 참여했다. 증인 신문 과정에서 사실과 다른 증언이 나오면 옆에 있는 변호인에게 그 점을 지적해 주기도 하고, 본인이 알지 못하는 증언이 나오면 어떤 내용인지 변호인에게 수시로 묻기도 했다.

재판이 진행되는 동안 여러 사람의 증언과 법정에서의 공방을 지켜보며 대통령도 이번 사태의 진실에 대해 조금씩 더 명확히 알아 가는 듯했다. 원칙에는 정말 철저한 분이고 재판을 통해 진실을 밝히려는 의지가 강하다고 느꼈다. 나중에 변호인 총사퇴에 동의하고 법정 출석을 거부하게 된 데도 재판 과정을 몸소 체험하며 보고 느낀 점이 크게 작용한 것 같다.

대통령은 가끔 농담도 했다. 언젠가 대통령을 사이에 두고 유영하 변호사와 내가 착석해서 재판을 진행한 적이 있었다. 유 변호사가 실물화상기 쪽으로 나와서 변론을 하면서 대통령과 방청객 사이가 비게 되는 상황이 발생했다. 그래서 내가 유 변호사가 앉았던 자리로 이동하자, 대통령이 나에게 "저 지켜 주려고 그러시는 거예요?"라며 미소를 지었다. 그런 식으로 항상 변호인들을 편하게 해 주려고 노력하셨다.

2차례의 공판준비기일을 거쳐 2017년 5월 23일 첫 공판기일이 열린 이후 2018년 2월 27일까지 총 100차례의 재판이 열렸다. 이것은 공판준비기일을 제외한 횟수다. 검찰이 제출한 수사 기록은 12만 페이지에 달했고 재판 기간 동안 연인원 138명(중복 포함)의 증인이 법정에서 증언했다.

그 기간 동안 우여곡절이 많았다. 대통령 변호인단은 2017년 10월 16일 총사퇴했고 대통령도 이후에는 재판에 출석하지 않았다. 그 후 국선변호인들이 지정되어 재판을 이어 갔다.

최서원과 롯데그룹 신동빈 회장이 공동피고인으로 함께 재판을 받았다. 대통령이 최서원과 함께 재판을 받는다는 것은 나로서는 그리 달갑지 않은 일이었다. 대통령은 최서원에게 눈길을 주지 않았을 뿐 별다른 내색은 하지 않았다.

　최서원은 독특한 캐릭터였다. 재판 중간중간 돌발적인 행동을 하기도 하고 진술 역시 잘 정리되지 않았다. 본인 스스로 이번 사태에 대해 제대로 정리가 되지 않는 듯했다. 구속되어 재판을 받는 동안 여러 가지 힘든 일도 많았을 것이고 억울한 일도 많았을 테니 이해는 할 수 있었다.

　그러나 아쉬웠던 부분은, 본인 스스로 억울하다고 말하고 대통령에게 죄송하다고 말하면서도 본인의 잘못은 전혀 인정하지 않았다는 점이다. 물론 억울한 부분도 있었을 것이다. 고영태 등에게 당한 부분도 있고, 검찰이 무리하게 몰고 간 부분도 있었다. 이런 부분은 당연히 반박하는 것이 옳다. 그녀는 실제 그렇게 했다. 하지만 거기서 그쳐서는 안 됐다. 본인이 분명히 대통령을 기망한 부분이 있었고 대통령 몰래 이득을 얻고자 한 부분이 있었다. 대통령을 명시적으로 언급하지는 않았지만 대통령을 팔아 호가호위한 부분도 분명히 있었다. 그런 부분들은 사실대로 인정하고 밝혔어야 했다. 그래야 대통령이 왜 무죄인지를 보다 명확하게 밝힐 수 있었다.

　하지만 최서원은 그러지 않았다. 그녀에게는 본인의 억울함만이 중요해 보였다. 대통령에게 죄송하다며 연신 고개를 숙였지만, 말뿐이었다. 한 사람에 대한 믿음은 그렇게 상상조차 하지 못한 배신으로 되돌아왔고, 이로 인해 대통령은 모든 명예와 삶을 잃었다.

03

문재인 청와대의 지원사격

'캐비닛 문건' 공개는 재판 개입 의도
'문화계 블랙리스트' 관련 일방적 공개
궁지 몰린 특검 '반전 카드' 활용
원본 아니라도 비밀누설죄 가능성

주 4회 재판이 강행되는 가운데, 새로 들어선 정권은 검찰을 통해 전방위적인 '적폐 수사'에 들어갔다. 이는 대통령 형사재판에도 영향을 미쳤다.

문재인 정부의 청와대는 2017년 7월 14일, 청와대 캐비닛 안에서 이전(박근혜) 정부 시절 작성된 약 300종의 수상한 문건을 발견했다고 발표했다. 소위 '캐비닛 문건'이라고 알려진 이 문건들 대부분은 이른바 '박근혜 정부 블랙리스트사건'과 관련된 것이었다. 청와대가 측면 지원을 통해 형사재판에 영향력을 행사하려는 의도가 아닐 수 없었다.

대통령은 김기춘 전 대통령비서실장, 조윤선 전 문화체육부장관 등과 공모하여, 한국문화예술위원회(예술위), 영화진흥위원회(영진위), 출판진흥원 소속 임직원들로 하여금 예술위의 책임심의위원 선정과 문예기금 지원 심의, 영진위의 영화진흥사업 지원심사, 출판진흥원의 세종도서 선정 심사 등에 각각 부당 개입하게 함으로써 의무 없는 일을 하게 했다는 점 등의 이유로 특검에 기소되었다(정유라 승마 지원과 관련하여 문체부 고위 공무원에게 사직서를 제출하도록 했다는 주장은 앞서 탄핵심판과 관련해 설명했으므로 여기서는 따로 언급하지 않기로 한다).

블랙리스트 건과 관련해서는 특검과 청와대가 손발을 맞췄다는 의혹을 지울 수 없다. 2017년 7월 14일 청와대 박수현 대변인은 박근혜 정부 민정수석실에서 작성한 것으로 추정되는 약 300종의 '캐비닛 문건'을 발견했다고 발표했다. 그날은 김상조 공정거래위원장이 이재용 부회장 형사사건에 증인으로 출석하여 특검을 지원사격한 날이기도 하다.

그 이틀 전인 7월 12일에는 정유라가 이재용 부회장 재판에 증인으로 출석하여 이재용 부회장에게 불리한 진술을 쏟아내었는데, 정유라가 당일 새벽 2시경 특검 관계자와 함께 승합차에 올라타는 장면이 공개되면서 논란이 가중되던 시점이었다. '보쌈 증인'이라는 이야기까지 나왔다. 정유라에 대한 두 번째 구속영장이 기각되고 세 번째 구속영장 청구가 논의되는 상황에서 정유라는 변호인과의 연락을 끊고 이날 법정에서 증언을 했고, 검찰은 더 이상 정유라에 대한 구속영장을 청구하지 않았다.

당시 특검은 이재용 부회장 형사사건에서 공소장에 기재한 대통령과 이재용 부회장 간의 대화 내용에 대해 전혀 입증을 하지 못하여 애를 먹고 있던 상황이었다. 박원오 승마협회 전무이사가 2017년 5월 31일 법정에서 "삼성도 내가 합치도록 도와줬는데 은혜도 모른다"고 최서원이 말하는 것을 들었다는 중요 진술을 번복하는 등 핵심 증인들의 진술도 법정에서 달라져 특검이 난처한 상황에 몰려 있었다. 설상가상으로 재판부가 2017년 7월 6일 특검이 제출한 핵심 증거인 안종범 수첩을 "진술증거가 아닌 정황증거로만 인정한다"는 입장을 밝히자 특검의 발등에는 불이 떨어졌다. 특검이 수세에 몰리고 재판 결과를 예측할 수 없다는 이야기까지 나오던 상황이었다. 때문에 특검이 반전 카드를 모색하던 상황에서 때맞춰 청와대가 캐비닛 문건을 공개하고 나선 것이다.

공개된 캐비닛 문건들은 상당히 민감한 자료들이었기 때문에, 과연 탄핵이 되고 정권이 교체되는 시점에 그런 자료가 방치될 수 있었을지 의심하지 않을 수 없었다. 박근혜 정부의 마지막 민정수석이었던 조대환 변호사는 한 언론과의 인터뷰에서 "공직자가 떠날 때 인수인계와 폐기는 당연한 일이다. 여러 번에 걸쳐 확인하라고 이야기했다. 캐비닛에 문서가 남아 있다는 것은 말이 안 된다. 박근혜 정부 관계자가 갖다 바친 것이 아닌가 싶다. 대통령기록물관리법의 취지는 상호 존중이다. 이를 연구 검토까지 한 뒤 언론에 공개하고 수사와 재판에 제출하는 것은 범법행위다"라는 입장을 밝히기도 했다.

하지만 청와대는 캐비닛 문건을 곧바로 특검에 보냈다. 대부분 블랙리스트 쟁점 관련 서류들이었다. 재판 개입이라는 비난이 있었지만 개의치 않았다. 특검이 혐의 입증에 어려움을 겪는 상황이었고 여론의 움직임도 안심할 수 있는 상황이 아니었기 때문에 청와대에서 이를 타개할 카드로 캐비닛 문건을 폭로한 것으로밖에 보이지 않는다.

특검은 박 대통령과 이재용 부회장의 형사재판에 캐비닛 문건을 증거로 제출하고 증인 신문 과정에서 내용을 공개하며 최대한 활용했다. 대통령 형사사건 변호인단은 이러한 증거 제출은 영장주의를 침해하는 것일 뿐만 아니라 공무상비밀누설죄에 해당하고 대통령기록물관리법 위반이라고 주장했다. 하지만 1심 재판부는 제출된 캐비닛 문건의 증거능력을 인정하고, 캐비닛 문건 유출은 공익을 위한 목적인 점 등에 비추어 공무상비밀누설죄에 해당하지 않으며, 유출된 문건이 원본이 아니므로 대통령기록물관리법 위반도 아니라고 판단했다. 면죄부를 준 것이다.

하지만 청와대의 일련의 행위는 삼권분립과 재판의 독립을 침해한 것이라는 비판을 피하기 어렵다.

우선, 원본이 아니므로 대통령기록물관리법 위반에 해당하지 않는다는 논리는, 대통령기록물 전체를 복사하거나 이미징 파일로 만들어 유출하더라도 처벌할 수 없다는 것이어서 부당하다.

대통령기록물관리법은 원본 그 자체뿐만 아니라 기록물의 내용까지 보호하는 취지라고 보아야 한다.

또 1심 재판부는 캐비닛 문건 유출이 공익 목적이므로 공무상비밀누설죄에 해당되지 않는다고 판단했지만, 재판 개입 의도가 다분한 이러한 행위가 공익 목적으로 평가될 수 있을지 의문이다.

정책에 자유우파 기조 반영은 당연

좌편향 문화계 시정은 朴정부의 의무
절차 따른 '선별 지원'은 정부 재량
'책 장례식' 부끄러운 과거 기억해야

'블랙리스트' 관련 혐의는 구체적으로 대통령이 특정 문화예술계 인사들의 지원 배제를 목적으로 한국문화예술위원회 직원을 통해 위원회의 책임심의위원 후보자 명단을 문체부로 보내게 하거나, 예술위 위원들에게 특정인의 책임심의위원 배제 지시를 전달하게 하고, 위원회 주관 사업 관련 명단을 송부하게 했다는 등의 혐의, 영화진흥위원회 직원으로 하여금 영화 〈천안함 프로젝트〉 상영을 지원한 동성아트홀에 대한 지원을 배제하기 위한 기준을 만들게 했다는 등의 혐의, 출판진흥원 직원으로 하여금 세종도서 사업자 명단을 문체부로 송부하게 했다는 등의 혐의이다.

이러한 혐의들은 그 자체로 상당히 지엽적인 부분이어서 대통령이 이런 것들까지 일일이 구체적으로 지시를 했을 개연성이 매우 낮다. 따라서 대통령이 어떠한 인식을 가지고 있었고 어떠한 보고를 승인했는지가 유·무죄 판단을 위해 중요하다.

1심 재판부는 청와대의 전체적인 기조는 좌편향되어 있는 문화예술계를 시정할 필요가 있다는 대통령의 인식에서 비롯되었고, 대통령은 김기춘 비서실장의 지시에 따라 마련된 좌파 등에 대한 지원 배제 방안들을 보고받고 승인한 것으로 판단했다. 비서관회의가 끝나면 관련 자료는 항상 대통령부속실을 통해 대통령에게 보고되었고, 특히 가장 중요한 문건인 '문제단체 조치 내역 등 관리 방안'이 대통령에게 보고되었으므로, 이는 대통령이 인지하고 사실상 승인한 것이라는 논리다.

하지만 '문제 단체 조치 내역 등 관리 방안'이 대통령에게 실제 보고되었는지는 재판 과정에서 명확히 밝혀지지 않았다. 법정에서 관련자들의 진술도 서로 일치하지 않았다. 위 문서를 대통령에게 보냈는지, 보냈다면 메일로 보냈는지 친전(親展) 보고서 형태로 보냈는지에 대해서도 진술이 엇갈렸고, 보냈다면 보낸 문서를 대통령이 열람했는지 여부도 전혀 밝혀지지 않았다. 다른 문건들도 마찬가지다. 대면 보고를 하지 않은 이상, 수많은 문서들을 검토해야 하는 대통령이 해당 문건을 반드시 검토했다고 볼 근거는 없는 것이다. 그럼에도 재판부는 일단 문서를 보낸 것으로 보이므로 대통령이 읽은 것으로 추정한 것이다.

대통령이 좌편향되어 있는 문화예술계를 바로잡아야 한다는 인식을 가지고 있었다고 하더라도, 김기춘 비서실장을 통한 구체적인 실행 행위가 반드시 대통령의 지시에 의해 이루어진 것이라고 볼 근거는 없다. 대통령은 정상적인 절차를 통한 좌편향 문화계 시정을 염두에 두었을 것인데, 비서진의 실행 과정에서 절차상 문제가 발생할 수도 있으리라는 것을 반드시 인식했다고 보기는 어려운 것이다.

재판부는 대통령이 "국정 지표가 문화융성인데 좌편향 문화예술계에 문제가 많다", "좌파들이 가지고 있는 문화계 권력을 되찾아 와야 한다. 이전 정권 때는 한 일이 없다"는 진술을 했고, 수사기관에서도 "문화계가 한쪽으로 편향된 것이 문제라고 생각했다", "항상 우리나라 문화가 한쪽으로 기울어져 있어서 소위 좌파로 분류되는 사람들은 지원을 많이 받는데, 반대쪽에 있는 사람들은 그간 지원을 받지 못했다. 그래서 이러한 현상들이 이상하다고 생각하고 있었다"고 진술한 점을 들어, 대통령의 이러한 인식이 청와대의 전체적인 기조로 영향을 미쳤다고 판단했다.

대통령의 이런 인식이 잘못된 것일까? 김대중 정부 시절 이문열 작가의 '책 장례식'이 벌어진 적이 있다. 이 작가가 2001년 일간신문들에 김대중 정권의 언론사 세무조사를 비판하는 '신문 없는 정부 원하나'와 '홍위병을 떠올리는 이유'라는 제목의 칼럼들을 기고하자, 몇몇 시민단체 회원들이 이를 비난하며 이 작가의 소설 733권을 관 속에 넣고 조시(弔詩)를 낭독하는 '책 장례식'을 거행했다. 이 작가는 훗날 이때를 회상하며 "책이 아니라 내 자식의 장례식을 하는 것 같았다. 진보 정권 10년간 문화는 심하게 통제받았다. 감옥에 보내야만 통제가 아니다. 하나의 방향만 강요하고 지원을 배제하는 것도 통제다"라고 했다.

문화예술계의 편향성 논란은 김대중 정부를 이은 노무현 정부에서 더 심해져, 한국민족예술인총연합(민예총)과 문화연대 출신 친노 세력이 문화계의 인사와 예산을 모두 장악했다는 평가까지 나올 정도였다. 2006년 당시 문체부 차관이던 유진룡 전 장관이 당시 정권의 실세였던 양정철 홍보기획비서관의 인사 청탁을 거부하자 양 비서관이 "배 째 달라는 거죠? 째 드릴께요"라고 했다는 보도까지 있었다.

이런 사실들을 고려하면 문화계의 편향성을 바로잡겠다는 대통령의 인식이나, 이에 기초한 정책 결정은 당연하다. 특히 자유우파의 기치를 내걸고 당선된 대통령으로서는 그러한 가치와 공약을 실현시킬 의무가 있다. 그 과정에서 우선순위의 충돌이 발생할 수 있으나, 그것이 민주주의다. 즉, 자유우파의 기치를 내걸고 당선된 대통령이 좌편향된 각종 제도와 관행을 시정하기 위한 노력을 하는 것은 당연하다. 그 과정에서 기존에 지원을 받았던 개인이나 단체 중 일부가 지원 대상에서 배제될 수 있으나, 이는 여러 개인과 단체들 사이에서 우선순위를 정하는 과정에서 발생하는 반사적 이익 내지 반사적 손해에 불과하다. 정부의 정책 기조에 따라 누군가는 혜택을 누리지만 다른 누군가는 반사적으로 기존에 누리던 혜택을 상실하게 된다. 하지만 정부의 이러한 정책 결정을 위법하다고 보지는 않는다.

물론 그러한 정책 변경 및 집행 과정에서 헌법과 법률에 따른 정상적인 절차를 거쳐야 하겠지만, 그 과정에서 정부의 재량권은 인정되어야 한다. 특히 블랙리스트 관련 혐의에는 모두 직권남용죄가 적용되고 있는데, 직권남용죄가 지나치게 추상적이고 모호해서 정치적 보복 수단으로 악용될 우려가 높다는 점을 상기할 필요가 있다. 지금 문재인 정권에서도 문제 되고 있는 '블랙리스트' 관련 행위들이 과연 직권남용죄 등에 해당하는지 여부에 대하여는 좀 더 시간이 흐른 뒤에 객관적으로 다시 판단해 볼 필요가 있다고 생각된다.

대통령의 마지막 결단

납득할 수 없는 이재용 유죄

재판 강행군에 지쳐 가는 대통령
'포괄적 현안, 묵시적 청탁' 듣고 실망
"재판으로 진실 밝히자" 의지로 버텨

변호인단이 구성된 이후 각자 기록을 검토하며 정기적으로 회의를 하며 재판 준비를 했다. 12만 페이지나 되는 기록들을 검토하고 재판에 임하는 일은 쉽지 않았다. 검사들은 이미 수사된 내용들이었고 맡은 파트가 나누어져 있었지만, 변호인들은 수가 적어 각자가 모든 기록을 다 검토해야 했다.

재판부가 주 4회 재판을 강행하면서, 7명에 불과한 변호인단 인력으로는 제대로 재판을 소화하기 힘들었다. 수차례 이의 제기를 했지만 재판부는 요지부동이었다.

주 4회 재판을 진행하면 재판이 없는 날은 평일 중 하루와 주말 이틀뿐이다. 그 남는 3일 동안 재판 준비를 해야 했는데, 12만 페이지나 되는 기록을 파악하고 의견서를 작성하고 증인 신문 사항을 만들기에는 턱없이 부족한 시간이었다.

증인 1명을 신문하기 위해서도 관련자들의 기록과 증거를 모조리 숙지할 필요가 있었지만 물리적으로 불가능했다. 결국 변호인단은 가능한 범위 내에서 증인 신문 준비를 할 수밖에 없었고, 그마저도 어려워 재판에 번갈아 가며 출석했다. 재판의 흐름을 파악하기 위해서는 모든 변호인이 매 재판에 출석하는 것이 필수적이었으나, 시간 확보를 위해 재판에 출석하지 않고 신문 사항을 준비하는 고육지책을 쓴 것이다.

변호인들은 주말도 없이 일했고, 당일 재판을 마치고도 새벽까지 다음 날 재판을 준비하기 일쑤였다. 가족들과 제대로 시간을 보내지 못해 미안한 마음이 컸다. 기분 탓도 있었겠지만 아이들과도 이전보다 서먹서먹해지는 것 같아 안타까웠다.

그러는 동안 모두들 지쳐 갔고 체력적으로 많은 어려움을 겪었다. 이상철 변호사는 과로와 스트레스로 인해 급성위염이 재발하여 한동안 식사도 제대로 하지 못하면서 재판을 수행했다. 유영하 변호사는 7월경 담석 제거 수술을 받았는데 통증이 심한 와중에도 이틀 뒤부터 바로 재판에 복귀해야 했다.

대통령도 마찬가지였다. 젊은 나이도 아닌 데다 평소 건강이 좋지 않으셨다. 주 4회 재판으로 체력적으로도 많이 힘들어 했다.

허리가 좋지 않아 오래 앉아 있는 것을 힘들어 했다. 오전 재판에는 그래도 잘 참았지만 오후 재판이 시작되고 한두 시간이 지나면 항상 허리를 잡거나 두드렸다. 내색은 하지 않았지만 많이 힘든 듯했다. 여름이 넘어가면서부터는 더 힘들어 했다. 재판 도중에 조는 경우가 조금씩 많아졌다. 체력이 떨어져 그랬을 것이다.

2017년 7월 초순경에는 대통령이 발가락 부상을 입어 출석할 수 없는 상황이었으나 재판부에서 출석을 독촉하고 재판을 강행한 일도 있었다. 야속한 일이었다. 일정 조정이 필요했지만 재판부는 변호인들의 수차례에 걸친 간곡한 요청에도 불구하고 주 4회 재판을 강행했다. 이미 결론을 정해 놓은 듯했다.

대통령이 힘들어 하는 모습을 보다 못해 변호인들은 당일 재판을 조금이라도 일찍 끝내기 위해 증인 신문을 줄이기도 했고 필요한 대응을 자제하기도 했다. 제대로 재판이 진행되고 있다고 도저히 보기 힘든 상황이었다.

2017년 8월 25일 이재용 삼성전자 부회장에 대한 1심 판결이 선고되었다. 오후 2시 30분부터 판결이 선고되기 시작하여 쟁점별로 속보 형태의 보도가 났던 것으로 기억한다. 재판 중이었기 때문에 귓속말로 대통령께 속보 내용을 알려주었다. 후속 발표 내용이나 판결의 근거 등을 궁금해 해 중간중간 설명을 드리기도 했다.

그때까지도 대통령은 사법부에 한 가닥 기대를 걸고 있었다. 스스로 뇌물을 받기로 공모하거나 청탁한 사실이 없고, 실제 1원도 받은 사실이 없기 때문에 무죄판결을 받을 수 있으리라고 생각했던 것 같다. 재판을 통해 진실을 밝히고자 하는 의지가 있었다. 때문에 주 4회 재판이 이어지는 강행군 속에서도 묵묵히 재판에 임했다.

이재용 부회장 사건은 중요했다. 그 사건은 대통령 사건의 결론을 예측해 볼 수 있는 시금석이었다. 최종적으로 유죄가 선고되었다고 알려드리자, 별다른 말은 하지 않았지만 많이 실망을 한 듯했다. 이후에는 어떤 사실이 인정되었고 어떤 법리에 따라 그런 결론이 나왔는지를 구체적으로 알기를 원했다. 정말 우리가 모르는 사실관계가 있어서 그런 결론이 나왔는지, 아니면 그런 사실관계가 없음에도 불구하고 재판부가 유죄판결을 내렸는지를 궁금해 했다.

이재용 부회장 1심 재판부는 이 부회장이 독대 과정에서 대통령에게 구체적인 청탁을 한 사실이 없다고 인정하면서도, 대통령이 삼성 승계 작업을 인지하고 있었고 이 부회장은 승마 지원 요구가 정유라에 대한 지원 요구임을 알고 있었으므로, '포괄적 현안에 대한 묵시적 청탁'이 있었다고 판단했다. 객관적 사실이라곤 대통령이 이재용 부회장에게 "승마협회를 잘 맡아 달라"고 말한 것이 전부인데도, "승마협회를 맡아 달라는 말은 정유라를 지원하라는 말이다"라는 가정과 "대통령은 삼성 승계 작업을 빌미로 승마협회를 맡아 달라고 했다"는 가정이 결합되어 "대통령이 삼성 승계 작업을 빌미로 정유라 지원 요청을 했다"는 전혀 새로운 사실로 탈바꿈한 것이다. 대통령은 쉽게 납득하지 못했다. 나도 납득할 수 없었다.

이 시점부터 대통령은 재판을 계속 따라가는 것이 옳은 것인지를 진지하게 고민했던 것 같다. 하지만 재판부는 강행군을 멈추지 않았다.

"재판부에 대한 믿음 더 의미 없어"
추가영장 발부… 文청와대 또 지원사격
"모든 멍에는 내가… 저들에겐 관용을"
변호인 총사퇴, 대통령 재판 거부

2017년 4월 17일 구속 기소된 대통령은 6개월 후인 10월 16일이 구속 기한 만료일이었다. 검찰은 9월 26일 박 대통령에 대한 추가 구속영장 발부를 법원에 추가로 요청했다. 기존 구속영장에 포함되지 않았던 롯데그룹 및 SK그룹 관련 공소사실에 기초하여 추가 영장이 발부되어야 한다는 이유였다. 하지만 롯데그룹 및 SK그룹 관련 공소사실에 대한 심리는 이미 마무리된 상황이었다. 주요 증인들이 이미 검찰과 법정에서 충분히 증언했고 관련 물증 역시 제출된 상황이었다. 인멸하려야 인멸할 증거도 없는 상황이었던 것이다.

결국 추가로 발부되는 구속영장은 그 밖의 미르재단, 케이스포츠재단 등 기존에 구속영장이 발부된 범죄사실에 대한 재판을 구속 상태에서 진행하기 위한 것이었다. 영장을 발부할 수 없는 공소사실에 대한 재판을 위해 다른 사유로 구속영장을 발부하는 것은 위법이다. 영장주의의 원칙을 훼손하고 피고인의 방어권을 침해하는 것이기 때문이다.

청와대는 박 전 대통령에 대한 추가구속영장 발부 여부가 결정되기 하루 전날인 10월 12일에 재판에 영향을 미칠 수 있는 발표를 했다. 임종석 청와대 비서실장이 세월호 사고일지가 조작됐다는 브리핑을 한 것이다.

당시 나는 다음날 예정된 블랙리스트 관련 증인 신문을 준비하던 중 인터넷을 통해 소식을 접했다. 맥이 풀렸다. '영장이 발부되겠구나'라는 생각이 들었다. 곧바로 다른 변호인에게 전화를 했다. 그 변호인도 소식을 접하고 허탈해 했다. 전날 공들여 영장에 대한 의견서를 제출한 상태였고 박 대통령의 구속 만기가 다가오고 있었기 때문에 추가영장 발부 여부가 조만간 결정될 예정이었다. 세월호사고는 대통령 형사사건과 무관한 것이었다. 임종석 비서실장의 브리핑 시점은 누가 봐도 추가구속영장 발부에 영향을 미치기 위한 것으로 충분히 의심할 만한 행위였다.

결국 재판부는 2017년 10월 13일 "롯데 및 SK그룹 뇌물 범행 관련 공소사실의 경우 기존 구속영장 범죄사실에 포함되어 있지 않다"는 이유를 들어 대통령에 대한 추가구속영장을 발부했다. 대통령은 마지막 결단을 내렸다.

2017년 10월 16일 월요일 오전.

서울중앙지법 417호 대법정의 분위기는 무거웠다. 대통령에 대한 추가구속영장이 발부된 터라 다들 사태를 예의주시하고 있었다. 대통령 변호인 7명은 전원 법정에 출석했다. 그동안 통상 2~3명만 출석했으나 이날은 다 나왔다. 재판은 오전 10시에 시작될 예정이었지만 다들 일찌감치 자리를 잡고 앉았다. 이미 변호인 총사퇴에 대해 의견 일치를 보았던 터라 마음의 준비는 하고 있었지만, 다들 긴장한 표정이 역력했다.

10시가 되고 재판부가 들어와 착석했다. 재판장은 변호인 전원이 출석한 장면을 의아한 듯이 바라보았다. 이어서 대통령이 들어와 착석했고 재판이 시작되었다. 재판장이 오전에 예정됐던 증인 신문이 변호인의 요청에 따라 철회되었다는 설명을 하고 재판을 끝내려는 순간, 유영하 변호사가 대통령의 발언 기회를 요청했다. 잠깐의 정적이 흐른 뒤 대통령은 미리 준비해 온 서면을 담담하게 읽어 나갔다.

"구속되어 주 4회씩 재판을 받은 지난 6개월은 참담하고 비통한 시간들이었습니다. 한 사람에 대한 믿음이 상상조차 하지 못한 배신으로 되돌아왔고, 이로 인해 저는 모든 명예와 삶을 잃었습니다."

대통령의 음성은 미세하게 떨렸다. 김세윤 재판장의 표정이 일 그러졌다. 당황한 듯했지만 내색하지 않으려 애쓰는 기색이 역력했다. 대통령은 서면을 계속 읽어 나갔다.

무엇보다 저를 믿고 국가를 위해 헌신하시던 공직자들과 국가경제를 위해 노력한 기업인들이 피고인으로 전락한 채 재판을 받는 모습을 지켜보는 건 참기 힘든 고통이었습니다.

하지만 염려해 주신 분들께 송구한 마음으로, 그리고 공정한 재판을 통해 진실을 밝히고자 하는 마음으로 담담히 견뎌 왔습니다. 사사로운 인연을 위해서 대통령의 권한을 남용한 사실이 없다는 진실은 반드시 밝혀진다는 믿음과, 법이 정한 절차를 지켜야 한다는 생각에 심신의 고통을 인내하였습니다.

저는 롯데, SK뿐만 아니라 재임 기간 그 누구로부터도 부정한 청탁을 받거나 들어준 사실이 없습니다. 재판 과정에서도 해당 의혹은 사실이 아님이 충분히 밝혀졌다고 생각합니다.

오늘은 저에 대한 구속 기한이 끝나는 날이었으나 재판부는 검찰의 요청을 받아들여 지난 13일 추가구속영장을 발부했습니다. 하지만 검찰이 6개월 동안 수사하고, 법원은 다시 6개월 동안 재판했는데 다시 구속 수사가 필요하다는 결정을 저로선 받아들이기 어려웠습니다.

변호인들은 물론 저 역시 무력감을 느끼지 않을 수 없었습니다. 그리고 오늘 변호인단은 사임 의사를 전해 왔습니다. 이제 정치적 외풍과 여론의 압력에도 오직 헌법과 양심에 따른 재판을 할 것이라는 재판부에 대한 믿음이 더 이상 의미가 없다는 결론에 이르렀습니다.

향후 재판은 재판부의 뜻에 맡기겠습니다. 더 어렵고 힘든 과정을 겪어야 할지도 모르겠습니다. 하지만 포기하지 않겠습니다. 저를 믿고 지지해 주시는 분들이 있고, 언젠가 반드시 진실이 밝혀질 것이라고 믿기 때문입니다.

법치의 이름을 빌린 정치보복은 저에게서 마침표가 찍어졌으면 합니다. 이 사건의 역사적 명에와 책임은 제가 지고 가겠습니다. 모든 책임을 저에게 묻고, 저로 인해 법정에 선 공직자들과 기업인들에게는 관용이 있길 바랍니다.

대통령이 읽기를 끝내자 방청석이 술렁댔다. 재판부와 검찰을 비난하는 목소리가 여기저기서 터져 나왔다. 지지자들은 눈물을 흘리며 분통을 터뜨렸다.

변호인들은 대통령과 마지막 인사를 나누었다. 대통령은 변호인 한 명 한 명과 눈빛으로 인사했다. 그것이 마지막이었다. 변호인들은 흥분한 지지자들과의 접촉을 피하기 위해 검사 출입 통로로 법원을 빠져 나왔다. 유영하 변호사만 남아서 마지막 의견을 낭독하고 재판을 마무리했다.

재판이 끝날 무렵 한 고령의 여성 방청객이 "판사님! 저는 사형을 원합니다! 이 세상에서 살고 싶지 않습니다. 저를 사형시켜 주세요!"라며 울부짖다가 경위들에 의해 끌려나갔다. 다른 지지자들은 대통령이 마지막으로 퇴정하는 장면을 지켜보며 눈물을 흘리기도 했고 응원의 박수를 보내기도 했다. 그렇게 국회의 탄핵 소추로부터 시작된 길고 긴 재판은 사실상 끝이 났다.

대통령은 이후 일체의 재판을 거부했다. 그동안 대통령은 재판이 정치적으로 흐르고 있다는 것을 느끼면서도 법원을 존중하는 의미에서 주 4회 재판에 성실히 임해 왔다. 그러나 추가영장 발부를 계기로 더 이상의 재판은 무의미하다는 점을 명확히 인식하고 재판을 거부한 것이다.

대통령의 재판 거부와 동시에 변호인들도 총사퇴했다. 이후 국선변호인들이 선임되어 재판을 이어 갔고, 2018년 4월 6일이 되어서야 1심 판결이 선고되었다. 2017년 3월 31일 새벽 구속이 집행되고 만 1년을 넘겨서였다.

1심 재판부는 당초, 최초 구속 만기인 6개월 안에 선고를 하고 싶어 했고, 6개월을 넘기더라도 해는 넘기지 않기를 원했던 것으로 보인다. 하지만 결국 재판 파행으로 해를 넘길 수밖에 없었다. 기록이 방대하고 증인도 많은 재판이었는데, 조금 더 차분히 시간을 갖고 하나하나 따져 보았으면 어땠을까 하는 아쉬움이 크다.

대통령은 1심에서 징역 24년과 벌금 180억 원을 선고받았다. 2018년 8월 24일 항소심 선고까지 여러 혐의에 대한 유·무죄 판단과 형량에 가감이 있었고, 다른 재판의 형량을 더하여 징역형은 총 33년으로 늘어났다. 2019년 초 현재 상고심에 계류중이며,

2019년 2월 7일 구속 기간이 세 번째로 연장되어 최장 2019년 4월 16일까지로 되어 있다.

05

정유라의 말[馬]

삼성은 '정유라' 아닌 '올림픽 승마' 지원
대통령은 정유라 개명 사실도 몰라
특검 "승마 지원=정유라 지원"
삼성 현안 연결해 '묵시적 청탁' 비약

많은 이들은 박 대통령과 최서원이 경제공동체이며 '박근혜=최서원'이라고 동일시한다. 실체도 없는 '탄핵 굿판'의 흥분으로 증폭되거나 뒤섞여 버린 기억이다. 또한 많은 이들은 박 대통령이 탄핵과 파면을 당했으니 형사상으로도 당연히 유죄일 것이라고 예단한다. 촛불집회와 대통령 파면에 대한 기억만 황홀할 뿐, 나머지 기억은 아예 사라지거나 흐릿해진 것이다.

　예컨대 '정유라의 말[馬]'이라고 했을 때 떠오르는 기억은 저마다 다를 것이다. 정유라의 말은 삼성이 사 줬는데, 이는 최서원이 박근혜에게 부탁해 박근혜가 이재용을 압박한 결과다? 이런 기억을 실제 대통령 형사재판에서 드러난 실상과 대조해 본다면 소스라치게 놀랄 사람도 많을 것이다.

　내가 이재용 삼성전자 부회장을 처음 본 것은 그가 2017년 7월 10일 대통령 형사사건에 증인으로 출석했을 때다. 그는 예의가 발랐다. 검사의 질문에 대해 증언을 거부하면서도 연신 죄송하다는 말을 되풀이했다. "제가 재판정에서 진실 규명을 위해 성실하게 답변하고 싶은 것이 본심입니다. 그런데 변호인들의 강력한 조언에 따라 증언하지 못할 것 같습니다. 원활한 재판 운영에 도움을 못 드려서 대단히 송구합니다"라고도 했다. 어떻게 보면 과할 정도로 공손했지만 꾸밈은 없어 보였다. 그의 평소 모습인 듯했다. 듣기에 구치소에서도 모범적으로 생활하고 운동도 열심히 했다고 한다.

　당시 대통령은 발가락 부상으로 법정에 불출석했기 때문에 이재용 부회장과 대면하지는 못했다.

　대통령은 이재용 부회장에 대하여 좋은 기억을 가지고 있었다. 2015년 7월 25일 이 부회장을 독대할 당시에도 분위기가 좋았다. 이 부회장은 공손한 태도로 독대에 임했고 대통령은 그런 이 부회장을 기특하게 생각했다. 게다가 이 부회장은 대통령의 부탁을 흘려듣지 않고 삼성이 승마협회를 맡도록 했는데, 대통령은 그 점을 고맙게 생각했다. 특검의 주장처럼 대통령이 이 부회장을 질책하거나 '눈에서 레이저가' 나갈 상황이 아니었던 것이다.

대통령은 이재용 부회장에게 정유라에 대해 부탁을 하지도 않았다. 부탁할 이유가 전혀 없었다. 사실 대통령은 정유라를 아주 어렸을 때 본 이후 만나본 사실이 없었다. 정유라가 승마 선수라는 사실 정도나 알고 있을 뿐, 그사이 이화여대에 입학한 사실이나, 2015년 6월경 정유연에서 정유라로 이름을 바꾼 사실도 모르고 있었다. 정유라는 2014년 인천아시안게임에 승마 국가대표로 출전해 마장마술 단체전에서 금메달을 땄는데, 그해 10월경 청와대 아시안게임 메달리스트 초청 행사에서도 대통령은 정유라를 따로 만나지 않았다.

아무리 대통령과 최서원이 40년 지기라고 하더라도 대통령이 정유라를 위해 이재용 부회장에게 지원을 부탁했다는 것은 상식적이지 않다. 한때는 심지어 정유라가 대통령의 딸이라는 유언비어까지 나돌았으나, 정유라의 사진이 공개된 이후 이런 유언비어가 자취를 감추기도 했다.

김종 전 문화체육관광부 차관이 "본인이 한 차례 대통령을 만났는데 그 자리에서 대통령이 '정유연같이 끼가 있고 재능 있는 선수를 위해 영재 프로그램 같은 걸 잘 만들라'고 했다"고 한 말이 언론에 보도된 바 있다.

그런데 김 전 차관은 검찰에서는 대통령이 '정유라'를 언급했다고 했다가 한 달 뒤 특검 조사에서는 '정유연'을 언급했다고 말을 바꾸었다. 그리고 2017년 1월 23일 헌법재판소에 증인으로 출석한 자리에서는 대통령이 '정유라'를 언급했다고 진술했다가, 재판장이 '정유연'을 언급한 게 아닌지 묻자 그제서야 '정유연'을 언급했다고 고쳐 진술하기도 했다.

만약 대통령이 '정유라'든 '정유연'이든 특정인을 거명했다면 이는 매우 이례적인 일이었을 것이므로 이름을 혼동하는 일은 있을 수 없을 것이다. '정유연'이 '정유라'로 개명한 시점은 2015년 6월경이고, 김 전 차관이 대통령을 만난 것은 그보다 4~5개월 앞선 1월경 이후의 일이므로, 김 전 차관은 정유라의 개명 사실을 나중에 알게 되고서 진술을 번복한 것으로 보인다.

참고로 당시 김 전 차관과 함께 대통령을 면담했던 김종덕 전 문체부장관은 "대통령이 정유라를 언급한 사실은 기억나지 않으며 (자신이) 당시 상황을 기록한 수첩에도 정유라에 대한 언급은 기재되어 있지 않다"고 진술한 바 있다. 대통령도 "정유연은 아주 어렸을 때 본 것을 제외하고 그 이후에 본 적도 없다. 이번 사건이 있고 나서 이름을 정유라로 바꾼 사실을 알게 되었다"고 진술한 바 있다.

김종 전 차관이 2017년 1월 23일 헌법재판소에 증인으로 출석해서 "대통령께서 정유연 같은 끼가 있고 재능 있는 선수를 위해 영재 프로그램 같은 걸 잘 만들었으면 좋겠다고 했다"고 한 것은, 정유라에 대한 지원과 영재센터 부분을 합쳐서 모두 대통령이 지시한 것처럼 진술한 것이다. 그러나 김 전 차관은 그전에는 영재센터나 영재 프로그램에 대해 대통령이 언급했다는 진술을 한 적이 없기 때문에, 그가 기억에 혼란을 겪고 있거나 의식적으로 말을 지어내고 있다고 추정해 볼 수 있다. 이 사안 외에도 유독 김전 차관의 진술은 관련자들의 진술과 배치되는 부분이 많았는데 여기서는 일일이 열거하지 않겠다.

특검은 박 대통령이 2014년 9월 15일, 2015년 7월 25일, 2016년 2월 15일 세 차례에 걸쳐 이재용 부회장을 만났는데, 면담 과정에서 박 대통령이 이 부회장에게 정유라에 대한 승마 지원, 영재센터 및 미르재단, 케이스포츠재단에 대한 지원을 부탁했고, 이 부회장은 박 대통령에게 삼성 승계 지원을 부탁했다고 주장한다.

우선, 특검은 대통령이 2014년 9월 15일 대구창조경제혁신센터 개소식에서 이재용 부회장과 5분간 면담하면서 "삼성이 대한승마협회를 맡아 달라. 올림픽 대비해서 승마 선수들에게 좋은 말도 사 주고, 전지훈련도 도와 달라"고 했고, 2015년 7월 25일 독대 자리에서 "지난번에 이야기했던 승마 지원이 부족한 것 같다. 승마 유망주를 해외 전지훈련도 보내고 좋은 말도 사 주어야 하는데 삼성이 그걸 안 하고 있다"며 이재용 부회장을 질책했다고 하면서, 대통령이 정유라에 대한 승마 관련 지원을 요청한 것이라고 주장한다. 이는 공소장에 적시된 내용이다.

이 공소장 내용을 보면, 대통령이 2014년 9월 15일 및 2015년 7월 25일 면담에서는 '정유라'를 언급한 사실이 없다는 점이 확인된다. 즉, 특검은 대통령의 '올림픽 승마 지원' 요청을 '정유라 지원' 요청으로 해석하는데, 이는 논리 비약이다.

또한, 특검은 2016년 2월 15일 독대 자리에서 "대통령이 '정유라를 잘 지원해 주어 고맙다. 앞으로도 계속 잘 지원해 달라'고 말했다"고 공소장에 기재했다가, 이재용 부회장 형사사건의 2017년 8월 4일 공판기일에서 재판부가 대통령이 위와 같은 말을 했다는 증거가 무엇인지를 묻자, "정확한 워딩이 그렇다는 것이 아니라 전체적인 취지가 그렇다는 것"이라며 대통령이 위와 같은 말을 했다는 증거가 없음을 인정했다.

이는 특검의 공소장 기재 내용이 확실한 증거 없이 추측과 정황에 근거하고 있음을 단적으로 보여 준다. 대통령이 직접 한 말이라며 큰따옴표 속에 '정유라'를 기재해 두었다가 재판부가 이에 대해 의문을 제기하자 "전체적인 취지가 그렇다"고 하는 것은 무책임한 행위이다. 엄격하게 사실만 기재되어야 할 공소장에 추측과 정황을 사실인 양 기재하여 사실을 호도하고 대통령에 대한 부정적 예단을 심으려는 행위로밖에 볼 수 없는 것이다.

법원은 2018년 9월 20일 유해용 전 대법원 수석재판연구관에 대한 구속영장을 기각하면서 2,780자가 넘는 장문의 영장 기각 사유를 밝혔다고 한다. 또한, 2018년 12월 19일 사법행정권 남용으로 구속 기소된 임종헌 전 법원행정처 차장에 대한 두 번째 공판준비기일에서 재판장은 210쪽에 이르는 공소장에서 오류가 38곳 발견되었다며 30분간이나 지적을 했다고 한다. 그 기사들을 접하며, 법원이 박 대통령의 형사사건이나 관련된 국정 농단 사건에서도 그런 엄정성을 보였더라면 어땠을까 하는 아쉬움이 진하게 남는다.

"내 것처럼 타면 된다"
대통령 독대 때 정유라 언급 없고
승마협회는 다른 현안에 몰두
최순실 호가호위에 삼성 '보험용' 화답

특검은 "대통령이 2014년 9월 15일 이재용 부회장에게 정유라에 대한 승마 지원을 요청했다"고 주장한다. 하지만 삼성은 이 면담 이후 정유라를 위해 아무런 조치도 취하지 않았다. 이 점은 2018년 11월 21일 대통령 형사사건의 항소심 판결문에도 잘 적시되어 있다.

삼성은 2014년 당시까지 대한승마협회 운영을 위한 절차를 진행하였을 뿐, 2015년 7월 25일 대통령과 이재용 부회장의 독대 시까지 정유라를 위해서는 아무런 조치도 취하지 않았다. 대통령이 정유라에 대한 지원을 요청했다면, 1년 가까이 약속을 이행하지 않는다는 것은 상식적이지 않다. 이 점을 항소심 재판부도 지적한 것이다.

특검은 이에 대하여, "당시 정유라의 임신 및 출산으로 지원할 수 없었을 뿐"이라고 주장하기도 했다. 하지만 그 주장이 사실이라면 단독 면담에서 대통령이 이 부회장에게 "정유라에 대한 승마 지원이 미진하다"는 취지로 강하게 질책했다는 특검의 주장은 더더욱 이해되지 않는다. 정유라의 출산으로 인해 지원이 늦어진 것이 삼성의 책임은 아니기 때문이다. 특검의 주장대로 이 부회장의 승계 작업이 걸린 문제라면 삼성이 그렇게 허술하게 처리할 리 없었을 것이다.

특히, 2015년 3월 25일 대한승마협회 회장으로 취임한 박상진 전 삼성 사장도 정유라에 대한 지원에 대하여는 별다른 검토를 하지 아니한 채 승마 선수들의 올림픽 출전 방향에 대해 검토하고 본인의 아시아승마협회 회장 선거에 대하여만 집중하고 있었다. 따라서 정유라 지원은 당시까지 삼성이나 승마협회의 관심사가 아니었던 것으로 보인다.

이와 관련하여 대한승마협회 박원오 전무는 "2015년 6월 5일 대한승마협회 부회장인 이영국 제일기획 상무를 만나 아시아승마협회 회장 선거 문제와 승마의 올림픽 출전을 위해 삼성이 어떤 지원을 해야 하는지에 대한 이야기를 나눴다"는 취지로 증언했고 (2017. 9. 11, 대통령 형사사건 증언), 김종찬 전무도 "2015년 7월 23일 박상진 사장과 올림픽에 나가기 위해 무슨 준비를 해야 하는지에 대한 이야기를 나눴고, 2015년 7월 25일 저녁 6시 30분경 박상진 사장, 이영국 상무와 만났는데 아시아승마협회 회장 선거가 가장 중요한 이슈였다"고 증언했다(2017. 7. 3, 대통령 형사재판 증언).

결국 삼성에서 승마협회 회장으로 보낸 박상진 회장은 정유라에 대한 지원은 전혀 검토하지 아니한 채 승마 선수들의 올림픽 지원에 대하여만 검토했고, 대통령과 이재용 부회장이 독대한 2015년 7월 25일 저녁에도 별다른 대책회의 없이 본인의 아시아 승마협회 회장 선거 준비에만 열중했다. 이것은 삼성이 당시까지 정유라에 대한 지원을 전혀 고려하고 있지 않았음을 의미하는 것이다.

2015년 7월 25일 박근혜 대통령과 이재용 부회장의 '독대' 이후 상황도 의문투성이다. 특검은 이날 대통령이 이 부회장을 질책했다고 하는데, 대통령은 그런 사실이 없다. 이와 관련해서는 "삼성을 '뇌물죄의 피의자'로 기소하지 않고 대신 '공갈죄의 피해자'로 처리할 테니 대통령이 질책해서 승마 지원을 하게 됐다는 진술을 해 달라"는 특검 관계자의 회유에 삼성 인사들이 넘어갔다는 의혹이 항간에 제기되기도 했다.

특검은 "대통령이 최서원과 공모하여 정유라에 대한 지원에 소극적인 승마협회 임원들의 교체를 요청했다"고 주장한다. 그러나 대통령의 승마협회 임원 교체 요청은 정유라가 아니라 올림픽을 대비한 승마 선수들에 대한 지원에 부정적인 임원들을 교체하라는 요청으로 보는 게 합리적이다. 만약 대통령이 정유라에 대한 지원을 요청했다면 이재용 부회장의 승계 문제가 걸린 상황에서 삼성 출신 승마협회 임원들이 정유라에 대한 지원에 반대하거나 소극적인 태도를 취한다는 것은 상식적으로 있을 수 없기 때문이다.

특히, 공소장에는 이재용 부회장이 대통령 독대를 앞두고 '급히' 회의를 소집해 정유라에 대한 지원 상황을 챙겼다고 기재되어 있는데, 지원 상황을 1년 가까이 챙기지 않다가 갑자기 챙겼다는 것도 어색하다.

게다가 공소장에는 최서원이 이미 정유라 말 구입 비용 등이 기재된 '한국 승마 중장기 로드맵'을 삼성 관계자에게 보고하게 하고 정유라를 2015년 6월 30일 독일로 출국시켰다고 기재되어 있는데, 이와 같은 사정이 있다면 삼성으로서는 대통령 면담을 앞두고 당연히 최서원에게 연락하여 향후 지원 계획이라도 확실히 밝히고 대통령에게 잘 말해 달라는 취지의 부탁을 하였을 것임에도, 그런 간단한 조치조차 전혀 취하지 않았다는 점 역시 이해가 되지 않는다.

사실 대통령은 이재용 부회장과의 면담 시 '정유라'에 대해 언급한 사실이 없다. 공소장에도 대통령이 이 부회장에게 '정유라'에 대해 언급했다는 기재는 없다. 특검이 전가의 보도처럼 활용하는 '안종범 수첩'에서도 '정유라'라는 이름을 찾아볼 수 없다. 이에 대해 특검의 주장은 대통령의 승마 지원 요구가 정유라에 대한 것임을 서로가 '이신전심으로 알았다'는 것인데, 참으로 어이없는 비약이다.

대통령은 체육 발전에 지대한 관심이 있었고 그중 하나로 승마 종목이 올림픽에 출전할 수 있도록 지원하고자 했다. 설령 최서원이나 정유라로 인해 승마 종목에 관심을 갖게 되었다고 하더라도 '정유라'라는 이름조차 언급하지 않은 상황에서 대통령이 그들을 지원하라고 요청한 것으로 볼 수는 없는 것이다.

그 밖에도 대통령이 정유라에 대한 승마 지원을 요청하지 않았다는 정황들은 여러 곳에서 확인된다.

우선 삼성은 최서원이 코어스포츠와 용역계약을 체결할 당시 지원 규모를 줄이기 위해 노력했다. 300억 원 규모의 지원 요청에 대해 삼성은 지원 규모를 200억 원 규모로 축소시켰고, 용역 수수료나 계약 기간, 선수단 규모나 마필 수량 등에서도 이견을 제기하고 지원 규모를 대폭 감축시켰다. 대통령의 지시가 있었다면 지원 규모를 줄이려고 협상을 시도한다는 자체가 어려웠을 것이다.

둘째로, 삼성은 코어스포츠와 용역계약 체결 이후 승마 종목의 발전을 위해 실제 노력했다. 승마협회에 공문을 보내 준비단장 후보 및 선수 후보들을 추천받고, 선수 평가도 진행했고, 선수들을 만나 해외 전지훈련 가능성을 검토하기도 했다. 하지만 이 과정에서 최서원의 방해로 해외 전지훈련은 무산되었다.

대통령이 정유라에 대한 승마 지원을 요청한 것이었다면 구태여 다른 선수들까지 선발하여 전지훈련을 준비시킬 이유가 없었다. 이에 대해 특검은 삼성의 추가 선수 선발이 정유라 지원을 은폐하기 위한 '끼워 뽑기' 목적이었다고 주장하나, 그 주장이 사실이라면 최서원이 추가 선수 선발을 방해할 이유가 전혀 없다. 몰래 정유라를 챙기던 최서원은 추가 선수 선발이 이루어지면 정유라에게 갈 지원이 부족해질 것이라 우려해 이를 방해한 것으로 보이고, 이는 대통령의 정유라 지원 요청이 없었다는 방증이다.

셋째로, 삼성은 최서원의 방해에도 불구하고 정상적으로 승마 지원을 하려고 노력한 정황들이 보인다. 다수의 관계자들이 "승마 지원이 최서원의 변심으로 변질되었다"는 취지의 증언을 하였고, 그럼에도 삼성 측에서 애초의 목적대로 진행하려는 노력이 있었다는 취지의 증언도 있다. 예컨대 김종찬 승마협회 전무는 "우리 승마 선수들 12명을 파견해서 독일에서 좋은 조건으로 훈련시키는 것이 목적이었기 때문에 거기에 부합해서 그런 절차로 간다고 생각했는데, 그것이 점점 퇴색이 되고 변했던 것은 사실이다. 그래서 나중에 정유라 혼자 지원을 받게 된 것으로 알고 있다"고 증언한 바 있다(2017. 7. 3, 대통령 형사재판 증언).

돌이켜 생각해 보면 대통령이 승마 종목에 대한 관심을 표명한 것을 기화로 최서원이 대통령을 팔아 호가호위했을 수는 있겠다는 생각은 든다. 그 과정에서 삼성은 차츰 최서원의 존재에 대해 인지하고, '보험'용으로 정유라에 대한 지원을 하게 되었을 개연성이 오히려 크다고 생각된다.

최서원은 삼성으로부터 '살시도', '비타나', '라우싱'이라는 이름의 말 3필을 넘겨받아 사용하였는데, 이 마필의 소유권이 누구에게 있는지가 재판에서 쟁점이 되었다. 말 3필과 보험료의 합계액이 36억 원이 넘었고, 이 금액이 뇌물로 인정되면 뇌물 액수가 크게 증가되는 상황이었다.

이에 대해 대통령의 형사재판에서는 1심과 항소심 모두 삼성이 제공한 마필 자체가 뇌물이라고 판단했고, 이재용 부회장의 형사재판 1심도 동일한 결론이었다. 하지만 이 부회장의 형사재판 항소심은 삼성이 마필 소유권을 최서원에게 넘긴 것으로 보기 어려워 마필 자체는 뇌물이 아니라고 판단했다.

이 점과 관련해서는 정유라의 증언을 잘 들여다볼 필요가 있다. 정유라는 2016년 1월경 최서원에게 '살시도'를 우리가 삼성전자에서 구입하면 안 되는지 물어보았는데, 최서원이 "그럴 필요 없이 내 것처럼 타면 된다. 굳이 돈 주고 살 필요가 없다"고 했다고 증언했다. 정유라가 최서원에게 삼성으로부터 마필을 구입하면 안 되는지 물어본 이유는 마필 소유권을 넘겨받은 적이 없기 때문이다. "내 것처럼 타면 된다"는 최서원의 말 속에도 소유권은 삼성이 가지고 있다는 사실이 내포되어 있다. 만약 최서원이 이미 삼성으로부터 마필 소유권을 이전받았다면 "이미 소유권을 넘겨받았다. 우리 것이니 편하게 타라"라는 취지로 대답했을 것이다.

삼성은 최서원이 운영하는 코어스포츠와 용역계약을 체결하였는데, 계약서에 따르면 코어스포츠의 역할은 독일승마협회와 협조하여 마필 구입을 돕는 정도에 불과했고, 당시 마필 소유권을 삼성전자로 하는 점에 대해 아무런 이의가 없었다. 삼성전자의 자산관리대장에도 '살시도'가 삼성전자의 유형자산으로 계상되어 있었다.

문제는 2015년 11월경 마필 위탁관리 계약서에 소유주(마주)가 삼성전자로 기재된 것을 보고 최서원이 화를 내며 "이재용이 VIP 만났을 때 말 사 준다고 했지 언제 빌려준다고 했냐"라는 말을 했다는 특검의 주장인데, 최서원이 용역계약 체결 당시에는 소유자를 삼성전자로 한다는 점에 이견이 없다가 불과 두 달 뒤에 갑자기 소유권이 본인에게 있다며 화를 냈다는 것은 사리에 부합하지 않는다. 이재용 부회장의 형사사건 항소심 재판부가 지적한 것처럼 최서원이 화를 낸 것은 마필 소유권 문제 때문이 아니라, 정유라가 삼성이 지원하는 말을 타는 것으로 언론에 노출되는 것을 원치 않았기 때문인 것으로 보인다. 최서원도 헌법재판소에서 "(마주를) 걔(정유라) 이름으로 했으면 여기서 시끄러워서 탈 수도 없었을 텐데 말도 안 되는 얘기다"라고 증언한 바 있다(2017. 1. 16, 헌법재판소 증언).

만약 대통령이 "정유라에게 말 사 주라"는 식으로 이야기했다면, 삼성은 어떤 식으로든 최서원에게 소유권을 이전하든지 나중에라도 이전하겠다는 확약을 하였을 것이고, 최서원이 화를 낼 정도로 적당히 얼버무리는 태도를 취했을 리는 없었을 것이다. 또한, 삼성이 그 이후에라도 소유권을 넘겼다면 정유라가 2016년 1월경 삼성으로부터 말을 사 오자는 이야기를 하였을 리도 없다.

이런 점들을 종합하면 애초에 삼성은 최서원에게 마필 소유권을 넘겨줄 의사가 없었던 것으로 보인다. 이재용 부회장이 대통령으로부터 정유라에 대한 승마 지원을 하라거나 말을 사 주라는 등의 요청을 받지 않았기 때문이다. 오히려 최서원이 대통령을 들먹이며 호가호위하였고, 이에 삼성은 보험용으로 최서원 모녀에게 최소한의 지원을 했다고 보는 편이 합리적이다.

06

삼성 '묵시적 청탁'의 허구성

'포괄적 현안', '묵시적 청탁'

삼성 승계작업 과연 있었나
이재용 '부정한 청탁' 있었나
이도 저도 안 되니 '포괄적' '묵시적'

특검은 "대통령이 최서원과 공모하여 이재용 부회장의 삼성 승계 작업을 도와 달라는 부정한 청탁을 받고 그 대가로 영재센터와 미르재단, 케이스포츠재단을 통해 뇌물을 받았다"고 주장했다. 그러면서 삼성 승계 작업으로 10가지의 현안을 나열했다.

① 중간금융지주회사 제도 도입
② 삼성SDS 및 제일모직의 유가증권시장 상장
③ 삼성중공업과 삼성엔지니어링의 합병

④ 삼성테크윈 등 4개 비핵심 계열사 매각

⑤ 삼성물산과 제일모직의 합병

⑥ 엘리엇 등 외국 자본에 대한 경영권 방어 강화

⑦ 삼성물산과 제일모직의 합병에 따른 신규 순환출자 고리 해소를 위한 삼성물산 주식 처분 최소화

⑧ 삼성생명의 금융지주회사 전환 계획에 대한 금융위원회 승인

⑨ 삼성바이오로직스 상장, 투자 유치 및 환경 규제 관련 지원

⑩ 메르스사태 및 삼성서울병원에 대한 제재 수위 경감 추진

이 모든 사안들이 삼성 승계 작업의 일환이라는 것이다. '일단 지르고 보는' 특검의 스타일이 잘 드러난다.

특검의 주장이 인정되기 위해서는 특검이 주장하는 삼성의 승계 작업이 존재해야 하고, 동시에 이재용 부회장이 대통령에게 부정한 청탁을 했어야 한다. 그러나 특검은 10가지나 되는 개별 현안들에 대한 청탁을 입증하기 어렵게 되자 위 개별 현안들을 통합하여 '포괄적 현안으로서의 승계 작업'이라는 추상적인 개념을 만들어 내었고, 명시적으로 청탁이 있었다는 사실을 입증하기 어렵게 되자 '묵시적 청탁'이라는 개념을 끌고 들어왔다.

이러한 특검의 주장에 대해 대통령의 형사재판 1심은 포괄적 현안으로서 승계 작업이 존재하지 않으며, 명시적으로든 묵시적으로든 '부정한 청탁' 역시 인정되지 않는다고 판단한 반면, 이재용 부회장 형사사건 1심은 포괄적 현안으로서 승계 작업이 존재

하며, 명시적인 부정한 청탁은 존재하지 않으나 '묵시적인' 부정한 청탁이 존재한다고 판단했다.

그런데 두 사건 항소심에서는 결론이 각각 정반대로 바뀐다. 대통령 항소심은 포괄적 현안으로서 승계 작업이 있고, '묵시적인 청탁'은 있다고 보았다. 이 부회장 항소심은 포괄적 현안으로서 승계 작업도, 명시적이건 묵시적이건 부정한 청탁도 인정되지 않는다고 판단했다.

이처럼 사건마다, 심급(審級)마다 재판부의 판단이 오락가락하는 것은, 사실이 불분명한 상태에서 사법부의 판단이 이루어지고 있음을 명확히 보여 준다. 재판이 여론이나 청와대, 정치권의 압력에 흔들리기 쉬운 구조였던 것이다. 특히, '명시적 청탁'이 없었다는 점을 모든 재판부가 인정하면서도 '포괄적 현안으로서의 승계 작업'이라는 추상적 개념에 '명시적 청탁'이 아닌 '묵시적 청탁'이라는 추상적 개념을 더하여 '정황상' 유죄를 인정한 것은 억지스럽다. 바로 이와 같은 경우야말로 '의심스러울 때는 피고인의 이익으로(in dubio pro reo)'라는 형사법의 대원칙이 적용되어야 하는 전형적인 경우인데, 법원은 이 대원칙을 저버렸다.

'삼성 승계 작업'으로 거론되는 사안 중 일반에 가장 널리 알려진 것은 삼성물산과 제일모직의 합병 건일 것이다. 그런데 대통령과 이재용 부회장이 만난 2015년 7월 25일은 이미 두 회사 합병에 대해 주주총회 승인 결의까지 난 뒤였다. 면담 당시 이미 종결된 사안이어서 대통령이 도움을 줄 사안이 원천적으로 아니었던 것이다.

기억을 되돌려 보면, 당시 합병 무산 시 엘리엇과 같은 행동주의 헤지펀드에 의해 국내 기업의 경영권이 위태로울 수 있다는 여론이 비등했고, 주주총회에도 소액주주의 55퍼센트가 출석해 84퍼센트가 합병에 찬성했다. 당시 합병과 관련해 의견을 밝힌 22개 증권사 리서치센터 중 21개가 이 합병을 긍정적으로 평가했다.

이외에도 특검이 승계 작업의 일환이라고 주장한 사안 중 삼성중공업과 삼성엔지니어링의 합병 건은 이미 국민연금의 반대로 무산된 사안이었고, 삼성테크윈 등 4개 비핵심 계열사 매각 건도 대기업 간 인수합병(M&A)에 불과하여 대통령이 개입할 사안이 아니었다. 삼성생명의 금융지주회사 전환 계획에 대한 금융위원회 승인 건도 금융위의 거부로 무산된 사안이었다. 나머지 사안들은 국회의 입법 사안이거나 대통령이 관여한 적이 없는 사안이었다.

결국 특검은 대통령이 재직하는 기간 동안 삼성그룹의 각종 현안 사항들을 일단 열거해 놓고, 삼성그룹 각 계열사들이 각자의 경영상 필요에 따라 진행하였던 사업들을 모아서 아무런 근거 없이 모두 승계 작업과 관련된 것으로 연결시켰던 것이다.

설령 삼성의 승계 작업이 존재한다고 하더라도, 뇌물죄가 성립되기 위해서는 '부정한 청탁'이 존재해야 한다. 특검의 주장은 이러한 청탁이 대통령과 이재용 부회장의 독대 자리에서 있었다는 것인데, 대통령과 이재용 부회장 모두 청탁이 없었다고 주장하고 있고, 달리 청탁의 존재를 입증할 증거가 없다. 특검은 이 점이 아쉬웠던지 공소장에 청탁하는 취지의 내용을 대통령이 한 말처럼 따옴표 속에 적어 두었다가, 이 부회장 형사사건 재판부로부터 지적을 당하기도 했다.

그래서 대통령 형사사건의 항소심에는 '묵시적 청탁'이라는 개념을 가지고 왔다. 대통령 말씀자료에 삼성의 현안으로 삼성물산과 제일모직의 합병 건이 기재되어 있고, 독대 당시는 합병이 있고 얼마 지나지 않은 시점이고, 이후에도 정부의 삼성에 대한 우호적인 기조가 이어졌으므로, 합병을 포함하여 경영권 승계에 관한 이야기를 나눴을 것이라고 '추측'한 것이다.

하지만 대통령 말씀자료는 독대 전 대통령이 현안에 대해 파악할 수 있도록 비서진들이 자체적으로 작성하는 문서에 불과하다. 청와대 관계자는 말씀자료에 대해 "대통령이 무엇에 관심이 있는지를 잘 모르니까 그 당시 언론 등에서 이야기 나왔던 것을 가능한 한 많이 모아서 빠짐없이 작성한다"고 증언했고, 삼성그룹 말씀자료를 직접 담당했던 행정관은 "삼성 승계 문제는 당시 가장 큰 이슈였기 때문에 넣었던 부분이다. 삼성그룹 지배구조에 대해 구체적으로 깊이 생각하고 넣었던 것은 아니다. 당시 삼성그룹이 삼성물산 합병 이후 지주회사 체제 전환을 추진할 거라는 기사를 보았을 것이다"라고 증언한 바 있다.

안종범 수석 역시 "기본적으로 말씀자료는 저희 경제수석실 내 담당자가 기존 현안을 정리해서 비서관을 통해 올리는 거다. 그래서 제가 삼성 쪽에 자료를 받고 한 건 전혀 없다. 기본적으로 행정관들이 해당 그룹에 직접 연락하는 것보다 기존에 있는 현안에 대해서 언론이나 여러 가지 자료를 통해서 항상 하고 있기 때문에 그냥 작성하는 걸로 알고 있다. 참고하라고 드리는 거고 분량이 상당하다. 그중 대통령께서 메모해서 필요한 경우 말씀하신다"고 증언했다(2017. 1. 16. 헌법재판소 증언).

합병 건의 경우 당시 여론도 우호적이었고 정부 입장에서도 국내 기업의 경영권 방어를 위해서도 필요한 사안이었다. 정부의 삼성에 대한 우호적인 기조는 대기업의 투자 촉진을 통한 경제 활성화와 궤를 같이하는 것이어서 독대나 청탁과 무관한 것이었다. 만일 대통령으로서 이에 반대할 이유가 법령·규정 상 분명하다면 이유가 될 수 있겠으나, 그냥 삼성의 현안에 반대하지 않는다는 것만으로 부정한 청탁이라고 하는 것은 논리의 비약이다. 명확성의 원칙과 무죄 추정의 원칙이 강조되는 형사재판에서 별다른 근거 없이 '묵시적 청탁'이라는 개념을 들어 유죄 선고를 하는 것은 이해하기 힘들다.

재단 출연금을 뇌물로 억지해석

대통령, 영재센터는 뉴스 보고 알아

이재용, 피해자에서 뇌물 피의자로

1심서 뇌물 부분 결국 무죄로

김종 전 문체부 차관은 헌법재판소에서 "(2015년) 10월 26일날 대통령께서 스포츠뉴스를 보시고 난 다음에 영재센터에서 진행된 사업에 대해서 교문수석을 통해 가지고 검토하라는 의견이 들어와 가지고 저희가 검토해서 올린 적이 있다. 그게 아마 어린애들을, 그 뉴스에 나온 게 어린애들을 위한 영재 프로그램이었던 걸로 기억하고 있다"고 증언했다. 그러면서 "대통령이 영재센터를 인지한 시점을 뉴스가 방영된 10월 26일로 알고 있다"고 했다 (2017. 1. 23, 헌법재판소 증언).

대통령은 2015년 10월 26일 스포츠뉴스를 보고 영재 프로그램에 대해 처음으로 알게 되었고, 그전에 최서원으로부터 영재센터에 대한 청탁을 받고 관련 지시를 한 사실은 전혀 없는 것이다.

공소장에는 대통령이 이재용 부회장에게 영재센터 지원을 요청하였고(2015. 7. 25), 이재용 부회장은 같은 날 최지성, 장충기, 김재열 등에게 지원을 지시하였음에도 제대로 지원이 이루어지지 않아 최서원이 대통령에게 재차 요청하고(2015. 8월경), 대통령은 안종범에게 관련 지시를 했다(2015. 8. 9)고 되어 있다.

하지만 그 당시 대통령은 영재센터를 알지 못했다. 게다가 대통령이 이재용 부회장에게 지원을 요청했고 이재용 부회장이 관련 지시를 했는데도 삼성이 지원에 착수하지 않았다는 점은 이해하기 어렵다. 특히, 특검은 당시 이재용 부회장이 대통령으로부터 승마협회 지원과 관련하여 질책을 받았다고 주장하였는데, 그런 상황에서 삼성이 즉시 지원에 착수하지 않을 수는 없었을 것이다.

삼성의 영재센터에 대한 후원은 2015년 10월 2일에야 이루어졌고, 여러 증언이나 법정에서 공개된 카카오톡 메시지 등을 살펴보면 삼성의 후원은 2015년 9월 중·하순경까지 결정되지 않은 상황이었던 점이 확인된다. 그리고 김종 전 차관의 증언대로라면 대통령은 이 시점까지 영재센터의 존재를 몰랐다.

이와 관련하여 영재센터의 이규혁 전무이사는 대통령 형사사건에 증인으로 출석하여 "2015년 9월 23일 무렵까지 삼성의 영재센터 후원은 전혀 결정이 안 되어 있었다. 김종 전 차관이 반대하자 어려워졌다가 장시호가 김 전 차관을 설득하여 삼성의 후원이 이루어졌다. 김종 전 차관이 삼성의 영재센터 후원에 결정적인 역할을 했다"고 진술했다(2017. 8. 21. 대통령 형사재판 증언).

따라서 대통령이 2015년 7월 25일 이재용 부회장에게 영재센터의 지원을 요청했다는 주장은 사실과 다른 것이다.

또한, 2차 지원과 관련하여 당초 특검의 이재용 부회장에 대한 영장 기재 범죄사실에는 최서원이 영재센터 사업계획서를 2016년 2월 15일 10시 59분부터 11시 7분 사이에 이영선 전 청와대 행정관에게 전달했다고 적시되어 있었으나, 영장실질심사 과정에서 동 시점에는 이재용 부회장이 대통령과 면담을 마치고 나온 것으로 밝혀져, 나중에 공소장에서는 위 시각이 삭제되었다. 또 특검은 대통령이 영재센터 사업계획서가 든 봉투를 이재용 부회장에게 '직접' 전달했다고 주장했다가 공소장 변경을 통해 '직접' 부분을 삭제하기도 했다.

그리고 영재센터 이규혁 전무이사는 "2016년 2월 22일 (승마협회) 이영국 상무를 만나 대화를 나누던 중 이영국 상무가 김종 차관을 잘 아는지 물어본 사실이 있다. 이영국 상무가 최서원이나 장시호에 대해 물어본 사실은 없다"고 증언하기도 했다(2017. 8. 2. 대통령 형사재판 증언).

여러 사정들을 종합해 보면 장시호가 김종 전 차관의 도움을 받아 영재센터를 기획하고 삼성으로부터 후원을 받은 것으로 보인다. 김 전 차관은 삼성 인사와의 미팅에서 영재센터가 'BH(청와대) 관심 사안'이라고 언급하며 지원을 받아 내었으나, 정작 대통령은 2015년 10월 26일 스포츠뉴스를 통해 영재 프로그램을 인지하였을 뿐, 그 밖의 사정은 전혀 모르고 있었던 것이다.

삼성이 미르재단과 케이스포츠재단에 출연한 204억 원에 대하여는, 박 대통령 및 이재용 부회장 형사사건의 모든 재판부가 뇌물에 해당되지 않는다고 판시했다.

애초에 삼성은 통상적인 공익 활동의 차원에서 각 재단에 출연한 것이고, 전경련의 출연금 가이드라인에 따른 출연금 분담 요구에 수동적으로 응했을 뿐이었다. 재단 출연금에 대하여 삼성은 뇌물죄로 기소되었으나, 다른 기업들은 뇌물죄로 기소되지 않았다. 동일한 재단 출연 행위에 대하여 차이를 둘 합리적 이유가 없는 사안이었다. 검찰 특별수사본부는 최초에 재단 출연금을 직권남용과 강요의 결과로 판단하고 이재용 부회장 등을 피해자로 판단했다가 특별검사의 수사 이후 뇌물죄가 추가되었는데, 이 부분을 법원이 모두 무죄로 판단한 것이다.

이에 대하여는, 대통령을 파면시키려면 직권 남용과 강요만으로는 부족하고 뇌물 혐의까지 필요하다는 정치적 판단에 따라 무리하게 재단 출연금을 뇌물죄로 기소했다는 비판이 많이 제기되고 있다.

재단 출연금이 뇌물이 되지 않는 이유에 대해, 이재용 부회장의 형사재판 1심 판결문은 다음과 같이 밝히고 있다.

"삼성그룹은 2014년 이후 매년 약 5,200억 원 이상의 기부금을 미소금융재단, 대·중소기업협력재단, 사회복지공동모금회 등 다수의 공익재단에 출연해 오고 있는 기업이다. 이러한 점들을 고려하면 대통령이 피고인 이재용에게 '문화와 산업의 융합, 한류 문화 확산과 스포츠 분야 발전에 관하여 기업에서 관심을 가져야 한다'는 말을 하면서 문화 및 체육 재단에 대한 지원을 요청했다고 하더라도, 대통령이 표명한 공익 목적의 재단 설립과 출연 요청에 응하는 것이 대통령의 직무 집행에 대한 대가라는 인식 하에 이루어진 것이라고 보기는 어렵다. 각 재단에 대한 전체 출연 규모, 미르재단에 대한 출연금의 증액 여부, 출연 기업의 범위 및 재단 설립 일정 등을 모두 청와대에서 정하여 전경련에 전달하였으며, 전경련은 청와대에서 정해 준 전체 출연 규모와 출연 기업의 범위를 감안하여 일반적으로 후원금을 모으는 것과 같은 방법으로 '사회협력비 분담 비율'에 따라 각 기업에 출연금 가이드라인을 정해 주었으며, 삼성그룹의 출연금 액수는 위 가이드라인을 따라 정해진 것이다. (삼성은) 청와대가 전경련을 통하여 정하여 준 출연금의 분담 요구에 수동적으로 응하는 의사결정만을 하였을 뿐이다."

07

'롯데 70억'과 'SK 89억'

롯데 70억은 재단이 반환

115억 출연 중 70억만 뇌물?

K스포츠, 일주일 만에 전액 돌려줘

롯데면세점 확대는 되레 제동

대통령 형사재판의 공소장은 특검이 기소한 부분과 검찰이 기소한 부분으로 구성되어 있다. 특검은 삼성그룹 뇌물 관련 범죄사실, 문화계 블랙리스트 관련 범죄사실 등을 맡았고, 검찰은 미르재단 및 케이스포츠재단 모금 관련 범죄사실, 현대자동차·포스코 등 개별 기업에 대한 직권 남용 등 범죄사실, 정호성 비서관에 의한 공무상 비밀 누설 범죄사실, 롯데그룹 및 SK그룹 관련 뇌물 범죄사실을 맡았다.

검찰의 칼춤도 특검에 못지않았다. 검찰은 대통령이 최서원과 공모해 롯데월드타워 면세점 특허와 관련된 부정한 청탁의 대가로 롯데그룹 신동빈 회장으로 하여금 2016년 5월 하순에 케이스포츠재단에 70억 원의 '뇌물'을 공여하게 했다는 혐의로 대통령을 기소했다.

1심과 항소심 재판부는 모두 신동빈 회장이 2016년 3월 14일 단독 면담에서 대통령에게 면세점 재취득과 관련된 '명시적 청탁'을 했다고 보기는 어렵지만, 대통령이 70억 원을 재단에 지원하도록 요구한 점에 대하여 상호간에 롯데월드타워 면세점 특허와 관련된 대통령의 직무 집행의 대가라는 점에 공통의 인식 또는 양해가 있었다고 보아 '묵시적 청탁'을 인정했다.

하지만 롯데그룹은 그에 앞서 2015년 12월 30일에도 미르재단에 28억 원을 출연하였고, 대통령과 신동빈 회장의 단독 면담 이후 2016년 4월 5일에도 케이스포츠재단에 17억 원을 출연했다. 이 두 건 모두 전경련을 통한 정상적인 절차를 통해 출연이 이루어졌다. 이 출연금에 대하여는 검찰은 따로 뇌물죄로 기소하지 않았다.

그럼에도 불구하고 나중에 출연한 70억 원에 대하여만 뇌물이 된다는 판단은 지나치게 자의적이다. 동일한 기업이 정부 정책에 협조하는 차원에서 출연한 금원이, 대통령을 만나기 전에 낸 금원은 뇌물이 아니고, 대통령을 만난 이후에 낸 금원도 어떤 것(17억 원)은 뇌물이고 어떤 것(70억 원)은 청탁을 받았을 '가능성'이 있으니 뇌물이라는 판단은 납득하기 어렵다.

대통령이 기존에 출연한 기업에게 70억 원의 출연을 추가로 요구한다는 것도 납득하기 어렵다. 롯데그룹만을 꼭 집어 추가 출연을 요구할 이유도 없었다. 당연히 대통령은 신동빈 회장에게 추가 출연을 요청한 사실이 없으며, 신 회장도 대통령으로부터 추가 지원 요청을 받은 적이 없다고 진술했다.

사실 케이스포츠재단 같은 공익재단에 출연된 자금은 재단 이사회와 주무부처에 의해 엄격히 관리되므로 사적 유용이 불가능하다. 최서원이 케이스포츠재단 자금을 빼내려다 사기미수죄로 기소된 사실(제2장)만 보더라도 재단 출연금 형태로 뇌물을 받는다는 것이 얼마나 비상식적인지를 알 수 있다.

이 사건은 케이스포츠재단과 롯데가 서로 협의하는 과정을 살펴보면 의문스러운 점이 많이 발견된다.

첫째로, 케이스포츠재단의 정현식 사무총장과 박헌영 과장은 2016년 3월 17일 처음 롯데그룹을 찾아가 케이스포츠재단의 현황에 대해 설명하며 지원을 요청하는데, 구체적인 금액은 밝히지 않는다. 롯데 측에서도 추후 자세한 설명을 들어 보고 검토해 보겠다고 했다. 당시까지도 지원 금액이 확정되어 있지 않았던 것이다. 이는 설사 대통령이 지원 요청을 했다고 가정하더라도 신동빈 회장에게 구체적인 금액을 지정하여 요청하지는 않았다는 것을 의미한다. 정현식 사무총장은 당시 롯데 관계자들의 반응이 그리 호의적이지 않았고 롯데와의 협상이 결렬된 것으로 생각했다는 취지의 진술을 하였는데, 대통령과 신 회장 사이에 출연에 대한 합의가 있었다면 롯데 측에서 추후 검토해 보겠다는 식의 어정쩡한 반응을 보일 수는 없었을 것이다.

둘째로, 박헌영 과장은 고영태와 케이스포츠재단 임원들에게 알리지 않은 채 2016년 3월 22일 롯데 관계자를 만나 75억 원의 지원을 요청한다. 당시 고영태는 '더블루케이 고민우'라고 소개하며 자신의 신분을 감추었다. 케이스포츠재단은 이 시점에서 75억 원이라는 금액을 특정하여 제안한 것으로 보인다. 최서원은 헌법재판소에서 "고영태가 두 번에 걸쳐 롯데를 방문한 사실은 나중에 들어서 알게 되었다"고 증언하기도 했다(2017. 1. 16. 헌법재판소 증언).

하지만 롯데 측에서는 75억 원은 과하다고 보고 35억 원 수준으로 후원할 것을 역제안한다. 이후에도 케이스포츠재단과 롯데그룹이 협의 과정에 있었고, 롯데그룹은 2016년 4월 22일경에 이르러서야 75억 원을 지원하기로 하고 지원할 계열사와 분배 금액을 확정한다.

대통령이 신동빈 회장에게 직접 출연 요청을 했다면 신동빈 회장은 당연히 그 내용을 실무진에 전달하였을 것이고, 실무진이 케이스포츠재단 관계자와 출연 금액에 대해 협상을 하고 출연 금액을 깎으려고 시도하는 일은 없었을 것이다. 또한, 출연 요청을 한 뒤 내부적으로 한 달씩이나 출연의 적정성에 대해 검토하고 출연을 지연하는 일도 없었을 것이다.

결과적으로 케이스포츠재단은 롯데로부터 70억 원을 일단 지원받았으나, 일주일 만에 이 돈을 고스란히 돌려주기로 결정하기에 이른다. 그 경위는 겉으로 드러난 것과 이면의 사정이 다르다.

겉으로 드러난 경위는 다음과 같다.

케이스포츠재단은 롯데그룹으로부터 2016년 5월 25일부터 31일까지 70억 원을 지원받았다. 케이스포츠재단은 애초에 지원받은 70억 원을 이용해 '하남거점체육시설'을 건립하려 하였고, 이 점에 대하여 롯데그룹과도 최종적으로 협의가 되었다. 그런데 하남거점체육시설 건립을 위해 하남에 있는 1,500평 규모의 대한체육회 부지를 장기 임대할 필요가 있었는데, 당장 이 부지를 임대하는 것이 어렵게 되자 케이스포츠재단은 이사회 결의를 거쳐 70억 원을 반환하게 된다.

2016년 6월 7일 개최된 케이스포츠재단 이사회에는 롯데로부터 받은 70억 원을 반환하는 안건이 상정되었다. 당시 의장은 대한체육회의 사정으로 인해 하남 체육시설 건립이 매우 장기화될 것으로 보이며 이에 체육시설 건립을 보류하는 것이 좋겠다는 취지를 설명하였고, 이사회는 기부금은 정해진 용도로만 사용해야 하므로 새로운 지역을 선정하고 별도의 계획을 세워 다시 진행하기로 하고 70억 원을 반환하기로 결의했다.

그런데 이면의 사정은 이와는 조금 다르다. 이면의 사정을 확인하기 위해서는 신동빈 회장과 안종범 수석의 진술을 살펴볼 필요가 있다.

신동빈 회장은 "2016년 3월 14일 대통령으로부터 '스포츠산업 전반에 대하여 그룹 차원에서 관심을 가지고 계속 지원을 해 달라'는 말씀은 들었지만 구체적으로 케이스포츠재단을 지원해 주라는 말은 듣지 못했고, (나중에) 언론을 통해 롯데그룹이 케이스포츠에 70억 원을 출연했다는 사실을 알고 확인해 보니 없던 일로 됐다고 해서 출연금을 반환받은 사실을 알았다"고 진술한 바 있다. 70억 원 출연 사실 자체를 모르고 있다가, 반환 후에야 비로소 알았다는 것이다.

안종범 수석은 "2016년 4월경 롯데그룹이 케이스포츠재단에 70억원을 추가 지원한다고 하는데 거액이어서 부적절한 것 같다는 보고를 대통령께 드렸는데, 이에 대해 대통령께서 2016년 5월 말 (해외) 순방 도중 '롯데를 통해 추진하는 사업은 그만두는 것이 좋겠다'고 하셔서 이를 재단에 전달했다"고 진술한 바 있다.

이런 내용들을 종합하면 대통령은 롯데그룹이 70억 원을 지원하기로 한 경위에 대해 제대로 인지하고 있지 못했던 것으로 보인다. 대통령은 2016년 3월 14일 신동빈 회장을 만나서는 '스포츠산업 전반에 대한 관심과 지원'을 당부했을 뿐이다. 때문에 신동빈 회장도 케이스포츠재단 지원 사실을 제대로 인지하지 못했다.

롯데그룹은 케이스포츠재단이 70억 원을 출연해 줄 것을 요청하자 이 요청이 대통령의 의사인지 아니면 케이스포츠재단이 대통령을 팔아 호가호위하는 것인지를 알 수 없었고, 이를 확인하는 내부 논의 과정에서 출연이 한 달 가까이 지연되었다. 그런데 안종범 수석이 롯데그룹이 케이스포츠재단에 출연할 예정이라는 사실을 대통령에게 보고했고, 이에 대통령은 추가 출연은 부적절하다고 판단하고 출연을 받지 말 것을 지시했다. 안 수석은 대통령의 이러한 의사를 케이스포츠재단에 전달했고, 재단은 그사이 이미 출연받은 70억 원을 롯데그룹에 반환하게 된다.

이상의 사실을 전제로 반환 과정의 이면을 자세히 살펴보면 최서원 등의 의도를 엿볼 수 있다.

최서원과 관계가 있던 케이스포츠재단의 노승일 부장, 박헌영 과장은 헌법재판소에 증인으로 출석하여 자신들은 당시 70억 원을 반환하는 데 반대했다는 취지의 증언을 한 바 있다(2017. 2. 9. 각 헌법재판소 증언). 그에 앞서 최서원은 "부지 문제가 해결되지 않아 돈을 반환한 것으로 알고 있다. 사후적으로 정현식 총장한테 들은 것 같다. 롯데그룹 압수수색 이야기는 전혀 모른다"고 진술한 바 있다(2017. 1. 16. 헌법재판소 증언). 노승일, 박헌영이 70억 원 반환에 반대했고, 최서원은 70억 원 반환 사실을 몰랐거나 반대 입장이었던 것이다. 이 점에서 대통령의 의사와 최서원의 의사가 일치하지 않으며, 최서원이 대통령의 위세를 등에 업고 롯데그룹으로부터 출연을 받으려 했을 수도 있다는 점을 간접적으로 추단해 볼 수 있다.

당시 롯데는 여러 가지로 어려운 상황이었기 때문에, 출연 요청에 미심쩍은 부분들이 많았음에도 불구하고 '안전하게' 추가 출연을 하기로 결정한 것으로 보인다. 이 점은 삼성의 경우와 마찬가지다. 대통령이 재단에 관심이 있는 것 같은데, 기업 입장에서는 혹시나 나쁜 이야기가 들어가지나 않을까 하는 우려를 하지 않을 수 없는 상황이었던 것이다.

그런데 롯데그룹의 70억 원 출연 소식이 안종범 수석을 통해 대통령의 귀에 들어갔고, 대통령은 추가 출연이 부적절하다고 판단하고 안 수석을 통해 그런 입장을 전달한 것이다. 그리고 케이스포츠재단으로서도 당시 어차피 대한체육회 부지의 장기 임대가 여의치 않아 사업이 장기간 표류할 상황이었기 때문에 이에 동의하고 추가 출연금을 반환한 것으로 보인다. 결국 롯데그룹의 70억 원 추가 출연은 대통령이 전혀 의도하지도 않았고 인지하지도 못했던 상황에서 이루어지고, 그나마 없던 일처럼 되어 버린 것이다.

검찰은 "롯데그룹에 대한 압수수색이 2016년 6월 10일에 이루어졌는데 청와대가 이 점을 사전에 인지하고 출연금 반환을 지시했다"고 주장한다. 하지만 당시 대통령은 롯데 압수수색에 대하여 인지하지 못했다. 안종범 수석 역시 대통령 형사사건에 증인으로 출석해 당시 롯데그룹 압수수색에 대해 전혀 알지 못했다고 증언했다(2018. 1. 30. 대통령 형사사건 증언). 게다가 당시 검찰의 압수수색은 케이스포츠재단과의 관계에 대한 것이 아니었다. 따라서 대통령이나 주변 사람들이 검찰의 압수수색을 우려해 출연금 반환을 지시할 이유도 없는 상황이었다.

검찰은 롯데월드타워 면세점이 2015년 11월 14일 면세점 특허

사업자 선정에서 탈락하자, "롯데그룹은 케이스포츠재단에 70억 원을 추가로 출연하고 그 대가로 2016년 12월 17일 롯데월드타워 면세점이 다시 면세점 특허사업자로 선정되었다"고 주장한다. 구체적으로 대통령의 지시에 따라 기획재정부는 2016년 3월 31일 '면세점 제도 종합 개선 방안'을 발표하고, 관세청은 같은 해 4월 29일 서울시내 면세점 수를 4개 추가하는 '시내면세점 신규 특허 방안'을 발표하여 롯데그룹을 도왔다는 것이다.

하지만 당시 정부가 추진한 면세점 제도 개선은 롯데라는 특정 기업을 구제하기 위한 것이 아니었다. 대통령과 신동빈 회장의 단독 면담이 있기 4개월 전인 2015년 11월 6일에 작성된 관세청의 보고서에는 정부 차원에서 면세점 특허 수 확대가 필요하다는 내용이 포함되어 있었고, 이 보고서는 기획재정부에도 전달되었다. 이 시점은 롯데월드타워 면세점이 재심사에서 탈락되기 전이다. 그 밖에 면세점 제도 개선 TF 자료 등을 종합해 보면 관세청과 기획재정부는 2015년도부터 이미 '면세점 특허 수의 대폭 확대'라는 입장을 견지하고 있었던 것으로 보인다.

그러던 중 2015년 11월 14일 롯데월드타워 면세점이 재심사에서 탈락했고, 당시 면세점 탈락으로 인한 대량 실업, 관광산업 위축 우려 등으로 비난의 목소리가 높았다. 이에 관세청, 기획재정부와 청와대는 기존 정부의 기조였던 면세점 특허 수 확대를 통해 독과점 문제를 본격적으로 해소하기로 하고, 기획재정부는 2016월 3월 31일 '면세점 제도 종합 개선 방안'을 발표하게 된다.

그 내용은 기존에 정부가 견지했던 면세점 특허 수 확대를 통한 독과점 문제 해소에서 달라지지 않았다. 신동빈 회장과의 단독 면담(2016. 3. 14) 이후에도 정부의 정책 기조는 변화하지 않았던 것이다.

이와 관련하여 안종범 수석은 헌법재판소에 증인으로 출석하여 "특허제도 자체를 근본적으로 한번 바꿔 보자고 해서 용역을 발주도 하고 상당히 오랜 기간 연구한 결과 아직은 시기상조이기 때문에 여러 가지 대기업에 페널티를 가하면서 특허제도는 개선해 나가자, 또 선정 과정에 공정을 기하자, 그 핵심 내용이 담긴 것을 3월 말에 발표한 것으로 알고 있다"고 하여, 특허제도의 근본적인 개선은 오랜 동안 준비해 왔으나 시기상조이므로 현실적인 대안인 '면세점 특허 수 확대'를 다른 방안들과 함께 추진해 왔다는 취지로 증언했다(2017. 1. 16, 헌법재판소 증언).

안종범 수석은 대통령 형사재판에서도 "면세점 제도 자체에 대한 전반적인 개선책은 롯데가 탈락하기 이전부터 논의가 계속됐다. 면세점 특허제도 때문에 면세점을 선정할 때마다 과당 경쟁 문제나 독과점 문제가 계속 생겼기 때문에 이를 바로잡고자 근본적으로 검토하고자 한 것은 롯데 탈락 이전이었다"는 취지로 증언했다(2018. 1. 30, 대통령 형사사건 증언).

그리고 특히 주목할 부분은, 기획재정부의 발표 이후에 있었던 대통령의 지시사항이다. '대통령 지시사항 과제별 이행상황표'에는 2016년 4월 25일 대통령이 "최근 면세점 발표와 관련하여 너무 많은 것은 아닌지 재검토할 것", "관광객 통계 불신이 많고, 일자리 창출 효과 등의 통계도 재점검하여 발표 시 통계를 잘 만들어 발표하는 방안 강구할 것"을 하달한 것으로 되어 있다. 신동빈 회장과의 독대 이후에 오히려 면세점 수를 지나치게 늘리지는 말 것을 지시한 것이다. 청탁이 있었다고 결코 볼 수 없는 정황이다.

SK 89억은 출연조차 불발

총 200억 중 89억만 뇌물?
안종범 "부적절하다" 출연 무산시켜
워커힐면세점 등 현안엔 별무소득

박 대통령과 최서원에게 '뇌물'을 공여했다는 기업은 롯데그룹만이 아니다.

　대통령은 "최서원과 공모해 워커힐호텔 면세점 특허, SK브로드밴드와 CJ헬로비전 인수합병 및 최재원 부회장의 가석방과 관련된 부정한 청탁의 대가로 (SK그룹) 최태원 회장으로 하여금 케이스포츠재단에 35억 원, 비덱스포츠에 50억 원, 더블루케이에 4억 원 등 합계 89억 원의 뇌물을 공여하게 했다"는 혐의로 검찰에 의해 기소되었다.

　1심 재판부는 "최태원 회장이 2016년 2월 16일 대통령과의 단독 면담에서 워커힐호텔 면세점 특허 등 SK그룹의 현안에 대해 대통령에게 이야기한 사실은 인정되지만, 대가 관계에 대한 명시적 언급이 있었다고 단정하기는 어렵다"는 이유로 명시적 청탁은 부정했다. 대신 '묵시적 청탁'은 있었다고 보고 뇌물죄에 대해 유죄를 선고했다. 항소심 재판부는 '명시적 청탁'을 인정하고 유죄를 선고했다.

SK그룹은 전경련의 요청에 따라 이미 미르재단에 68억 원, 케이스포츠재단에 43억 원을 출연한 바 있다. 그런데 검찰은 이런 출연금에 대하여는 뇌물죄로 따로 기소하지 않은 채 이후에 문제가 된 89억 원만 뇌물에 해당한다고 주장하고 있다. 동일한 기업이 동일한 재단에 출연하였는데 전자는 뇌물이 아니고 후자는 뇌물이라고 하는 것은 앞의 롯데그룹 경우와 마찬가지로 자의적인 주장이다.

대통령은 더블루케이나 비덱스포츠와 같은 회사는 전혀 알지 못한다. 최서원이 더블루케이와 비덱스포츠를 이용하여 사익을 취하려 한다는 사실을 애초에 알 수가 없었다.

검찰은 대통령이 최태원 회장에게 시각장애인 선수를 앞에서 이끌어 경기를 할 수 있게 도와주는 '가이드러너'를 소개하면서 SK같은 대기업이 이런 제도를 후원해 주면 좋겠다는 이야기를 한 사실을 알아낸 뒤, '가이드러너'에 대한 이야기를 들었다는 취지의 진술서를 최 회장에게서 받고 이를 주요한 증거로 사용했다. 하지만 최 회장은 법정에서 "대통령의 '가이드러너'에 대한 권유를 가볍게 흘려듣고 이를 잊고 지내다가 이형희 부회장이 떠올려 주어서 생각이 났다"고 증언했다(2017. 6. 22, 대통령 형사사건 증언). 그리고 '가이드러너'와 관련한 후속 조치를 지시하거나 확인한 사실도 전혀 없다. 이는 '가이드러너'에 대한 이야기가 단순한 권유나 소개 차원에 머물렀음을 보여 주는 것이다.

대통령 역시 최태원 회장이나 안종범 수석 등에게 이와 관련되는 추가적인 언급을 전혀 하지 않았다. 대통령은 평소 지시나 요청한 사항에 대하여는 업무 담당자에게 직접 전화하거나 부속실에 지시하는 방식으로 반드시 확인해 왔다는 점을 고려하면, 대통령이 추가적인 확인을 하지 않았다는 점을 통해서도 '가이드러너'에 대한 언급이 단순한 소개나 권유 차원을 넘지 않았음을 알 수 있다.

게다가 최태원 회장은 이 '뇌물' 혐의와 관련해 기소되지도 않았다. 검찰의 주장대로 최 회장이 대통령과 독대 과정에서 SK그룹의 현안에 대한 '부정한 청탁'을 했다면, 이후 협상이 결렬되어 실제 자금이 집행되지 않았다고 하더라도 최 회장의 범죄가 성립된다. 직접 뇌물을 공여하지 않더라도 뇌물을 '약속'하거나 '공여의 의사를 표시'만 해도 뇌물공여죄는 성립하기 때문이다. 뇌물을 '약속'한 자는 불기소하면서 뇌물을 '요구'한 자만 기소하는 것은 뇌물에 관한 죄의 정상적인 처리 방식이 아니다.

검찰이 롯데 신동빈 회장은 기소한 반면 SK 최태원 회장은 불기소한 배경에는 여러 가지 고려가 있었겠지만, 최 회장이 2015년 광복절 특사로 출소한 지 2년도 채 되지 않는다는 점도 어느 정도 작용했을 것이라 생각한다.

　케이스포츠재단 정현식 사무총장과 박헌영 과장, 비덱스포츠 한국지사장 장순호는 2016년 2월 29일 SK그룹 관계자들을 만난 자리에서, 가이드러너학교 설립 및 연구용역비 등 명목으로 더블루케이에 4억 원, 케이스포츠재단에 35억 원, 독일 비덱스포츠에 50억 원 등 합계 89억 원을 지원해 줄 것을 요청했다. 그러면서 이 중 50억 원은 독일의 비덱스포츠로 직접 송금해 줄 것을 요구했다.

　SK관계자들은 더블루케이와 비덱스포츠가 제대로 돌아가는 회사인지 의구심을 품었다. 이들은 상부에 부정적인 취지의 보고를 한 뒤, 2016년 3월 30일 '세 군데 89억 원' 대신 '케이스포츠재단에만 30억 원'을 지원하겠다는 역제안을 했다. 일종의 완곡한 거절의 의사표시를 한 것이다. 지급 시기도 최대한 늦추려고 추가 협상을 두 달 이상 지속했다.

　그럼에도 이러한 내용들은 최태원 회장에게는 따로 보고조차 되지 않았던 것으로 보인다. 대통령의 직접적인 요청이 있었고 최태원 회장이 이를 실무진에 직접 지시한 것이라면 상상하기 어려운 일이다.

　이와 관련, SK 박영춘 부사장은 협상을 지속한 이유에 대해 "청와대가 요청한 민원은 여러 검토 결과 상당한 문제점을 많이 내포하고 있었기 때문에 그런 문제점을 충분히 알고도 SK의 지원을 바라는 것인지 확인하고 싶었다. 그래서 아마 사업의 문제점이 충분히 전달되면 이런 사업을 계속하자고 안 할 수도 있겠다, 그런 과정으로 일관되게 대응했다"고 증언했다(2018. 1. 9. 대통령 형사사건 증언).

같은 날 SK 김창근 회장의 증언을 특히 유의해 들어 볼 필요가 있다. 발췌해 옮기면서 맞춤법에 맞게 다소 고쳤다.

"김영태 부회장으로부터 '이상한 사람들이 와서 89억을 달라고 해서 일언지하에 거절했다'는 이야기를 스쳐 지나가듯 (들었다). 박영춘 지금 부사장이나 김영태 부회장한테 얘네들이 A4 용지 하나 되는 계획서를 들고 와서 89억 이야기를 했다고 했다. 우리 그룹이 1년에 15억 내지 20억을 펜싱을 지원해서 메달을 몇 개 따는데, 그야말로 16명이 출전해서 14명이 메달을 땄다. 단체전까지 해서. 그런데 (얘네들이) 무슨 애들을 가르친다면서 (우리를) 불편하게 해서 (…)." (2018. 1. 9. 대통령 형사사건 증언)

여러 증언들을 종합해 보면, SK그룹 관계자들은 더블루케이나 비덱스포츠 관련 제안이 대통령의 요청에 의한 것인지에 의구심을 품고 그 정확한 실체가 무엇인지 파악하고자 했던 것으로 보인다. SK그룹 관계자들은 정현식 사무총장이나 안종범 수석을 통해 이러한 시도를 했다. 일부 관계자는 법정에서 "윗선을 통해 부탁이 온 것 같기는 하지만 실무자들이 많이 부풀려서 요구하고 있을 가능성이 높다고 생각했다"는 취지로 증언을 하기도 했다.

SK 관계자는 제안된 사업이 적절하지 않다는 취지의 이메일을 안종범 수석에게 보냈다. 안 수석은 "이메일에, 제안받은 사업들에 대해 하나하나 왜 힘든지 설명을 하고, 제일 마지막에 '이런 사업 하나하나 하는 것보다 아예 추가 출연 얼마를 더 하겠다'는 것이 있어서, 제가 그것을 보고 이형희 부사장한테 '파악해서 안 되겠다고 하면 안 하는 것이지, 추가 출연도 할 필요 없다'는 식으로 이야기를 하고 그 점을 대통령께 말씀드렸다. 대통령께서도 수긍하셨다"고 증언했다(2018. 1. 30. 대통령 형사사건 증언).

이런 점에 비추어 대통령은 케이스포츠재단이 SK에 제안한 내용에 대해 인지하지 못하고 있었던 것으로 보인다. 대통령은 막연히 케이스포츠재단이 '가이드러너' 사업을 수행하는 데 SK가 도움을 줄 수 있으면 좋겠다는 정도의 언급은 한 것으로 보이지만, 이를 빙자해 더블루케이에 용역비 4억 원을 지급하거나 독일 비덱스포츠에 50억 원을 지급하는 제안 등에 대해서는 안종범 수석으로부터 처음 들었던 것 같다. 그리고 SK로부터 지원받는 것 자체가 부적절하다고 판단하고 추가 출연조차 할 필요가 없다는 의사를 전달한 듯하다. SK그룹은 2016년 5월경 케이스포츠재단 등에 추가 지원을 하지 않아도 된다는 통지를 안 수석으로부터 받고 협상 절차를 종료하게 된다.

만약 최태원 회장이 대통령으로부터 직접 케이스포츠재단 등에 대한 지원 요청을 받았다면, SK그룹이 케이스포츠재단 관계자 등에게 역제안을 하거나 이들의 실체가 무엇인지 파악하며 협상을 지연시키는 일은 없었을 것이다. 또한 케이스포츠재단을 통해 수고스럽게 사업계획서까지 작성하여 제시하면서 돈을 요구하는 불필요한 절차를 거칠 필요는 애초부터 없었을 것이며, 대통령이 이런 출연은 부적절하다고 판단하고 중단시킬 이유도 없었을 것이다.

결국 SK의 경우도 최서원이 사실상 본인이 운영하는 더블루케이와 비덱스포츠를 통해 자금을 지원받기 위해 그것이 대통령의 뜻인 것처럼 호가호위를 한 것으로 추측된다.

워커힐 면세점 문제는 SK 내부적으로 중요한 문제는 아니었던 것으로 보인다. SK그룹의 연간 매출 규모 130조 원 중에서 면세점의 매출은 고작 1천억 원 정도로 0.1퍼센트에도 미치지 못하는 수준이었고, 면세점이 위치한 워커힐호텔이 상대적으로 접근성이 좋지 않아 애초에 롯데나 신라 면세점과 같은 경쟁력을 갖기가 어려운 상황이었다. 워커힐 면세점이 특허 재신청에서 탈락한 뒤 각종 경제신문에서는 탈락이 오히려 SK그룹에 잘된 일이라는 기사나 논평이 있을 정도였다. 게다가 워커힐 면세점은 롯데와 달리 2016년도 면세점 제도 개선 이후에도 규모나 위치 상의 불리함 등으로 인해 다시 탈락했다.

그리고 롯데월드타워 면세점이나 SK그룹의 워커힐호텔 면세점이 탈락되기 이전부터 관세청과 기획재정부는 '면세점 특허 수확대'를 추진하고 있었고, 이러한 기조는 박 대통령과 최태원 회장과의 단독 면담 이후에도 일관되게 유지된다. 특히, 롯데그룹의 경우와 마찬가지로 대통령이 "최근 면세점 발표와 관련하여 너무 많은 것은 아닌지 재검토할 것" 등을 지시(2016. 4. 25)한 점은 검찰이 주장하는 최태원 회장의 청탁이 있었다고 볼 수 없는 상황인 것이다.

SK그룹은 SK브로드밴드를 통해 케이블TV 업체인 CJ헬로비전의 인수합병을 추진하였고, 2016년 2월 26일 임시주주총회에서 두 회사 사이에 체결된 합병 계약의 승인 결의가 이루어졌다. 하지만 이에 대하여 KT, LG유플러스 등 경쟁 업체들은 위 합병에 강력히 반대하고 있었다. 이런 상황에서 공정거래위원회는 2016년 7월 18일 최종적으로 합병을 불허하는 결정을 내렸으며, 대통령은 이에 대하여 개입한 사실이 전혀 없다.

애초에 최태원 회장은 위 인수합병에 그다지 적극적인 태도를 취하지 않았고, SK그룹 대관(對官) 담당 임원 역시 이런 문제는 대통령까지 갈 사안은 아니라고 판단하고 안종범 경제수석에게 "합병 문제가 가능하면 빠른 시기에 결정되었으면 좋겠다는 취지의 부탁을 했다"고 진술한 사실도 있다.

'안종범 수첩'의 기재에 따르면 2016년 3월 15일 대통령은 합병에 대해 부정적인 입장을 피력한 것으로 보인다. 그런데 당시는 SK그룹과 케이스포츠재단이 한창 협상을 진행 중이던 시기였다. 대통령이 케이스포츠재단 등을 통해 SK그룹으로부터 지원을 받고자 했다면, 협상이 한창 진행 중이던 시기에 이러한 입장을 피력하지는 않았을 것이다. 대통령은 케이스포츠재단이나 최서원과는 전혀 무관하게 국정을 운영해 왔던 것이다.

검찰은 "대통령과 최태원 회장의 독대 당시 대통령 말씀자료에 워커힐 면세점 문제나 SK브로드밴드와 CJ헬로비전 인수합병 문제가 포함되어 있다"고 주장하나, 이는 대통령 말씀자료의 성격을 호도하는 처사다. 대통령 말씀자료는 대기업 회장 등과 면담하기 전에 해당 업무 담당 비서관들이 최대한의 내용을 담아 준비하는 참고용 자료에 불과하고, 대통령이 반드시 면담 장소에서 말씀자료에 기술된 내용을 언급하는 것도 아니다.

2014년 횡령 등으로 유죄를 선고받고 복역 중이던 최재원 SK 부회장의 가석방 문제는, 앞서 친형인 최태원 회장 본인이 부정적인 여론에도 불구하고 사면을 받은 입장이었기 때문에 다시 대통령에게 제대로 이야기할 수 있는 입장 자체가 아니었던 것으로 보인다. 최 회장이 대통령과 면담(2016. 2. 16)했을 때 "동생(최재원)이 없어 조카들 볼 면목이 없다"는 인사말을 건넸지만 대통령은 아무런 대답도 하지 않았다고 한다. 최 회장으로서는 도저히 더 이상의 이야기를 꺼낼 수 있는 상황이 아니었던 것이다(2017. 6. 22. 대통령 형사사건 최태원 증언).

검찰이 주장하는 SK그룹의 현안인 워커힐호텔 면세점 특허, SK텔레콤과 CJ헬로비전 인수합병 및 최재원 부회장의 가석방이 모두 실현되지 못했다. 이러한 상황에서 2016년 2월 16일 당시 최태원 회장이 대통령에게 이런 현안들에 대해 '부정한 청탁'을 했다고 보기는 어렵다.

08

1원도 안 나온 뇌물죄

'경제공동체'는 억지 꿰맞추기

최순실 300조 재산설?… 실제는 228억

대통령과 돈 관계 결탁 흔적 없어

형·아들 비리로도 대통령 안 건드렸다

안민석 더불어민주당 국회의원은 '프레이즈 보고서'를 원용하여 박정희 전 대통령의 통치 자금이 당시 돈으로 9조 원, 현재 가치로 300조 원에 달한다며, 그 돈의 일부가 최서원에게 흘러들어 갔을 것이라는 의혹을 제기했다. 이 의혹은 금세 최서원의 숨겨진 재산이 300조 원이라는 루머로 탈바꿈하여 국민들의 분노에 불을 붙였다.

  하지만 최서원은 더블루케이를 이용해 케이스포츠재단에 7억 원대 연구용역을 제안하여 돈을 타내려 하다 사기미수로 기소되었다. 숨겨진 재산이 300조라면 이자만 해도 조 단위인데 구태여 푼돈 사기를 범할 이유가 있을까? 박영수 특별검사팀은 2017년 3월 6일 최서원이 보유한 재산이 228억 원이라고 밝혔고, 더 이상의 재산은 나오지 않았다. 상식적으로 사리에 부합하지 않음에도 많은 사람들이 최서원이 300조 원을 가지고 있다고 믿을 만큼 루머는 괴력을 발휘했다.

최서원 역시 헌법재판소에 출석하여 "지금 미승빌딩 갖고 있는 거는 30년 전 압구정 처음 개발할 때여서 배추밭이 많았을 때였다. 당시 교회가 싼 값에 나온 게 있어 그걸로 유치원을 20년 이상 운영하다가 증축한 거다. 그게 사실상 재산 전부다"라는 취지로 재산 형성 과정을 밝힌 바 있다.

최서원은 이어 "대통령께서 (1998년 대구달성 국회의원) 보궐선거 나가실 때도 주변에 아무도 안 계셨고, 그때도 굉장히 어려운 상황에서 저희가 도와줬다. 전두환 시절에 핍박을 많이 받으셨는데 그때 굉장히 마음을 힘들게 가지셔서 거의 가택에 계셨기 때문에 그때 많은 위로를 좀 편지로나 뭐 해 드린 적이 있다. 제가 곁을 떠나지 못하는 이유도 뭐 챙겨 주실 분도 마땅히 없었고 본인 개인적인 거나 이런 거 해 주실 분이 없어서. 제 나름대로 충신으로 남고자 했는데 결국 이렇게 누명을 쓰고 물의를 일으킨 데 대해서는 정말 죄송한 마음이다"라고 증언했다(2017. 1. 16, 헌법재판소 증언).

최서원의 300조 재산설은 최서원과 대통령의 '경제공동체'설로 발전했다. 특검은 최서원의 뇌물 혐의를 대통령에게 전가시키기 위한 논리로 경제공동체설을 들고 나왔다. 최서원과 대통령이 경제적으로 이익을 공유하는 경제공동체 관계이므로 최서원이 받은 뇌물은 대통령이 받은 것과 동일하다는 논리였다. 어쩌면 대통령이 직접적으로 취한 이득이 없었기 때문에 들고 나온 고육지책이었던 것으로 보인다.

하지만 최서원과 대통령이 경제공동체라는 사실은 전혀 입증되지 않았다. 대통령은 최서원에게 옷 심부름을 시킬 때도 윤전추 행정관이나 이영선 행정관을 통해 일일이 비용을 지급했다.

내가 보기에는 대통령은 재물 자체에 욕심이 없는 분이다. 아니, 관심 자체가 없는 분이다. 삼성동 자택에 직접 가 보지는 않았지만 청와대에 들어오시기 전까지 그곳에서는 20~30년 된 가전제품들을 그대로 썼다고 한다. TV도 얼마 전까지 금성사 제품을 그대로 사용했다고 들었다. 가족도 없는 분이, 그렇다고 재산이 전혀 없는 것도 아닌데, 그 명예를 중시하시는 분이 뭐가 아쉽다고 최서원을 통해 푼돈을 챙기려 하셨겠는가. 정말 말이 안 된다. 최서원과 경제공동체가 될 이유가 없는 것이다.

2017년 1월경 언론에는 최서원이 전 재산을 딸 정유라에게 남긴다는 유언장을 작성한 사실이 기사화되었는데, 최서원과 대통령이 경제공동체 관계라면 그 재산을 정유라에게 넘기는 것은 사리에 부합하지 않는다. 때문에 법원도 경제공동체 여부에 대하여는 따로 판단을 하지 않았다. 다만, 박 대통령이 최서원과 '공모'했다며 뇌물죄를 유죄로 인정했는데, 이것도 받아들이기 어렵다.

아울러 검찰은 대통령의 삼성동 사저 대금이나 사저 관리 및 인테리어 공사 비용에 대해서도 의문을 제기했으나, 대통령의 삼성동 사저 대금은 기존 장충동 주택 매각 대금으로 구입했으며, 당시 장충동 집 매각 대금이 삼성동 집 구입 대금보다 많다는 사실은 2007년 경선 때 한나라당 검증위원회의 검증보고서를 통해서도 입증된 내용이었다. 또한, 삼성동 사저에는 오랫동안 사저를 관리한 별도의 관리인이 있었고, 최서원이 삼성동 사저 인테리어 공사를 한 사실이 없다. 안봉근 비서관도 대통령 형사사건에서 "최서원이 사저 관리했다는 이야기를 들은 적 없다. 침실 방 위치 바꾸고 인테리어 공사를 한 적이 있는데 별도 업체와 계약해서 진행했다"는 취지로 증언했다(2018. 1. 22, 대통령 형사재판 증언).

　만약 경제공동체 논리를 그대로 적용하면 노무현·이명박 전 대통령들의 형들, 김영삼·김대중 전 대통령들의 아들들의 비리도 전 대통령들에게 그대로 적용되어야 한다. 대통령과 최서원의 관계보다 형이나 아들과 같은 친족관계가 경제공동체 논리에 보다 적합한 사안이기 때문이다. 하지만 역대 그런 논리로 대통령을 탄핵하거나 형사처벌한 경우는 없었다.

　다시 정호성 비서관의 증언이다.

　2007년도 당시 한나라당 대선후보 경선은 본선이나 마찬가지였기 때문에 그때 양쪽에서 사실 상당히 올인했었습니다. 그때 대통령은 정말 돈이 없어 자기 집 담보로 해서 은행 대출 받아서 캠프 열었고, 그다음에 후원회 돈으로 했고, 그때 캠프에 참여했던 분들이 십시일반 돈 모아서 사용했습니다.

그때 정말 돈이 없어 허덕댔던 부분은 캠프 출입했던 모든 기자들이 잘 알고 있습니다. 그때가 본선 같은 경선이었기 때문에, 그때 돈이 있었으면 나옵니다. 그런데 최서원 씨가 대통령한테 도와준 거 하나 없고 대통령께 돈 쓰라고 준 거 하나 없었습니다. 그때 다들 명확하게 아는 겁니다. 이게 뭐 스위스에 비자금이 있고 최서원, 최태민이 대통령 재산 관리했다는 거는 허무맹랑한 소리입니다.

(2017. 1. 19. 헌법재판소 증언)

"대통령, 부정부패엔 결벽증 수준"
돈 바랐다면 재단 등 이용했겠나
뒤로 이익 취하려던 최순실
대통령 몰래 하려니 소득 없고 뒤탈만

박근혜 전 대통령은 2012년 12월 19일 제18대 대통령선거에서 총 1,577만여 표, 득표율 51.6퍼센트로 당선되었다. 대한민국 헌정사상 최초의 여성 대통령이고, 1987년 직선제 개헌 이래 현 대통령까지 일곱 번 치러진 대선에서 전무후무한 과반수 득표였다. 2013년 2월 25일 헌법에 따라 대한민국의 법질서를 수호하겠다고 엄숙하게 선서한 후 대통령으로 취임했다.

박 전 대통령은 재임 기간 동안 통합진보당 해산, 공무원연금 개혁, 공공기관의 경영 정상화 추진, 일관성 있는 대북 정책과 북한 인권 옹호, 문화융성과 창조경제 추진 등 국민들에게 약속해 왔던 정책들을 소신을 갖고 추진했다. 그에 따라 재임 기간 동안 국가신용등급은 역대 최고 수준으로 회복되었고, 재정건전성과 대외건전성은 양호하게 유지되었다.

이러한 전 과정을 옆에서 지켜본 정호성 비서관은 2017년 9월 18일 대통령 형사사건에 증인으로 출석해 솔직한 소회를 토로한 바 있다. 당시는 대리인단이 총사퇴를 하기 전이어서 대통령도 출석한 상태였다. 정 비서관의 증언은 곁에서 지켜본 대통령의 참모습과 함께, 최서원에 대한 평가, 그리고 자신의 과오에 대한 회한까지 담겨 있어 시사하는 바가 크다. 여기서는 일부만 발췌해 소개하고, 나머지는 '부록 3'으로 둔다.

이 사건이 벌어지고 난 후 국가적으로 참 많은, 엄청난 일들이 일어났습니다. 그중에서도 특히 제가 가슴 아픈 것은 대통령님에 대해서 너무나 왜곡되고 잘못 알려지는 것들이 너무나 많이 있는 것 같아서, 그것이 눈에 보여서 참 가슴이 아픕니다.

대통령께서는 사실 가족도 없으시고 정말 사심 없이 24시간 국정에만 올인하신 분입니다. 특별히 낙도 없으시고, 정책 추진하시면서 일부 조그만 성과가 나면 그것을 낙으로 삼고 보람 있게 생각하시는 분입니다. 옆에서 어떻게 사셨는지 제가 너무나 잘 알고 있기 때문에, 어떤 마음으로 국정에 임하셨는지 잘 알기 때문에 부정부패, 뇌물 이런 것에 대해서는 정말 경기를 일으킬 정도로 결벽증을 가지고 계신 분이기 때문에, 그런데도 지금 이런 상황에 있는 것이 너무나 가슴이 아픕니다.

그리고 지근거리에서 모셨던 사람으로서 정말 좀 더 잘 모시지 못했던 부분에 대해서 죄송스럽고 회한이 많습니다. 지금 검찰이나 변호인 측에서 여러 질문들을 하고 제가 진술거부권을 행사했지만, 사실 오늘 재판이, 이렇게 하고 있는 문건 유출 사건과 관련하여서는 저는 오히려 이 사건이 사실 대통령님께서 얼마나 정성 들여서 국정에 임하셨는가를 보여 주는 하나의 사례라고 개인적으로 생각합니다.

세부적인 평가는 관점에 따라 다를 수 있지만, 박근혜 대통령이 국가를 파국으로 이끌 만한 과오 없이 국정을 수행해 온 점에 대하여는 누구도 이견이 없을 것이다. 하지만 검찰과 특검은 대통령을 뇌물죄의 공범으로 기소했고 1심과 항소심 재판부는 대통령에게 뇌물죄를 인정했다. 하지만 이는 상식적이지 않다. 이미 검찰과 특검이 엄청난 인력을 동원하여 대통령과 최서원, 안종범 등 관련자의 계좌를 추적하였지만 대통령이 받은 돈은 1원도 나오지 않았다. 대통령이 뇌물을 단돈 1원도 받은 사실이 없다는 것, 이것이 이 사태의 진실을 웅변한다.

헌법재판소가 박 대통령을 파면하기 위해 '헌법 수호 의지'라는 모호한 개념을 처음으로 꺼내 들었던 것처럼, 박 대통령을 뇌물죄로 엮기 위해 검찰은 '경제공동체'를, 법원은 '묵시적 청탁'을 들고 나왔다. 변호사들에게도 생소한 개념들을 들고 나왔다는 사실 자체만으로도 사태의 본질이 무엇인지 알 수 있다. 본래 진실은 간단하지만 꾸미려 할수록 복잡해지는 법이다.

상식적으로 범죄에 가담한 사람이 한 푼도 챙기지 않는다는 것은 말이 되지 않는다. 검찰과 특검, 그리고 법원은 "최서원과 공모했고 제3자에게 뇌물이 지급되었으니 대통령에게도 뇌물죄가 성립된다"고 판단했으나, 대통령이 제3자인 재단이나 최서원, 정유라에게 뇌물을 챙겨 줄 이유가 없다. 뇌물을 지급받았다는 미르재단, 케이스포츠재단은 공익 목적으로 설립된 재단이고, 재단의 기금은 공익 목적으로 합법적으로 사용될 뿐이다. 최서원이 더블루케이 같은 회사를 설립해서 재단으로부터 용역을 수주하는 방식으로 이득을 취하고자 한 것은 사실이지만, 그것은 대통령과 무관한 일이었다. 대통령은 그런 사실을 전혀 몰랐다. 일국의 대통령이 재단을 만들어 놓고 불과 수억 원을 편취하고자 대기업 회장들을 만나 출연을 강요했다는 것은 상식에 부합하지 않는다. 차라리 대기업 회장들에게 직접 돈을 달라고 하는 편이 더 쉽고도 확실한 방법이었을 것이다.

최서원이 대통령과 경제공동체 관계인 것도 아니다. 대통령은 최서원으로부터 금전적 지원을 받은 사실이 없고, 최서원도 마찬가지일 것이다. 최서원은 전 재산을 딸 정유라에게 남기겠다고 유언장도 썼다. 대통령과 최서원이 경제공동체 관계라면 있을 수 없는 일이다.

최서원이 대통령을 팔아 위세를 과시했을 수는 있다. 또한, 대통령이 최서원에게 속아 더블루케이가 기업들과 접촉할 수 있도록 일부 가교 역할을 했을 수도 있다. 하지만 이러한 점이 사실이라 하더라도 대통령이 뇌물죄의 책임을 져야 하는 것은 아니다. 최서원과 뇌물죄를 공모한 사실도, 뇌물을 직·간접적으로 수수한 사실도 없기 때문이다.

대통령은 누구보다 기업인들과 긴밀하게 접촉해야 하는 존재다. 역대 대통령 모두 재임기간 중 기업의 출연으로 공익 목적의 재단이나 기금 등을 설립한 사례가 있다. 정도의 차이는 있겠지만 이러한 기금이나 재단에 정부가 직·간접적으로 관여하지 않은 경우는 거의 없다. 이러한 점에서 대통령에 대한 뇌물죄 적용은 상식적이지 않고 사리에도 부합하지 않는다.

최서원은 더블루케이를 통해 이득을 취하려 했던 것으로 보이지만 실제 이득을 취하기에는 기본적인 역량 자체가 부족했다. 그래서 미르재단을 통해 7억 원의 용역을 수주하려다 실패하고 사기미수로 기소되었을 뿐만 아니라, 롯데로부터 70억 원을 재단을 통해 출연받았으나 반환할 수밖에 없었고, SK로부터 89억 원을 출연받기로 하는 협상을 진행하던 중 이를 중단할 수밖에 없었다. 그 밖의 경우에도 대부분 원하는 결과를 도출하지 못했다. 대통령 몰래 일을 진행하려다 보니 진행이 쉽지 않았던 부분도 있었을 것이다. 이 모두가 대통령이 관여되어 있지 않다는 사실을 보여 주는 정황이다.

무엇보다도 대통령이 정말 뇌물을 받고자 했다면 불편하게 재단을 설립하거나 최서원을 시켜 더블루케이를 만들게 하고 그 회사를 통해서 용역을 수주하게 하는 등의 방식을 취하지는 않았을 것이다. 즉, 대통령이 뇌물을 받고자 했다면 본인의 지위를 이용하여 손쉽게 뇌물을 받을 수 있음에도 뒤탈이 날 수밖에 없는 어설픈 방식을 사용했다는 것 자체가 사리에 부합하지 않는 것이다.

09

직권남용죄의 남용

법원, '지위'와 '직권' 남용 구별
관-기업 협조는 공익적 순기능 많아
직권남용죄는 정치보복에 악용 우려

형법 제123조는 "공무원이 직권을 남용하여 사람으로 하여금 의무 없는 일을 하게 하거나 사람의 권리 행사를 방해한 때에는 5년 이하의 징역, 10년 이하의 자격정지 또는 1천만 원 이하의 벌금에 처한다"고 규정하고 있다. 직권남용죄다.

검찰은 다양한 '직권 남용' 혐의로 대통령을 기소했다. 최서원의 지인이 운영하는 케이디코퍼레이션이 현대자동차에 제품을 납품하도록 한 혐의, 최서원이 주도하는 플레이그라운드가 현대자동차로부터 광고 용역을 수주하도록 한 혐의, 포스코에 펜싱팀을 창단하게 하고 최서원이 주도하는 더블루케이가 그 매니지먼트를 하도록 한 혐의, KT에 특정 인사를 채용하거나 전보시키도록 하고 플레이그라운드를 광고대행사로 선정하도록 한 혐의, GKL이 더블루케이와 에이전트 계약을 체결하도록 한 혐의, 하나은행에 특정 인사를 승진시키도록 한 혐의 등이 그것이다.

하지만 대통령 형사사건 1심과 항소심 재판부 모두 대통령이나 경제수석의 '지위'를 남용한 불법행위일 뿐, '직권'을 남용한 것으로 보기는 어렵다는 등의 이유로 현대자동차의 플레이그라운드 지원, KT 및 하나은행에 대한 인사 개입 등 혐의에 대해 무죄를 선고했다. 공무원이 '직권(직무권한)'을 남용한 경우에는 직권남용죄가 성립하지만, 직무권한에 속하지 않는 사항의 경우에는 '지위'를 이용한 불법행위가 성립될 뿐 직권남용죄는 성립되지 않는다는 취지다.

포스코에 펜싱팀을 창단하게 하고 최서원이 주도하는 더블루케이가 그 매니지먼트를 하도록 한 혐의에 대하여는, 1심 재판부는 유죄를 선고하였으나, 항소심은 "포스코 산하에 스포츠단이 창단되지 않았고 더블루케이와 매니지먼트 계약도 체결되지 않았다"는 이유로 무죄를 선고했다.

항소심에 따르면 더블루케이는 최초 포스코에 펜싱팀이 아니라 여자 배드민턴팀 창단을 요구했다. 그런데 회의 자리에서 포스코 관계자는 창단 비용이 과도하다는 등의 이유를 들어 여자 배드민턴팀 창단 제안을 거절했다. 그러자 더블루케이는 기존에 포스코가 운영 중인 체육팀에 일부 체육팀을 신설하여 통합 스포츠단을 창단하되 그 매니지먼트는 더블루케이가 맡는 안을 제안했으나 포스코는 이 제안 역시 거절했다.

대신 포스코는 계열사인 포스코피앤에스를 통해 펜싱팀을 창단하자는 제안을 하였고 더블루케이도 이를 수용했다. 하지만 그 후 더블루케이는 포스코피앤에스에 업무협약 체결을 요구하였으나 포스코피앤에스는 이사회 승인을 위해 구체적인 운영안 내지 관련 자료 제출이 선행되어야 한다며 업무협약 체결을 거절하였고, 이후로는 펜싱팀 창단이나 업무협약이 더 이상 진행되지 않았다.

결국 포스코는 더블루케이의 제안을 두 차례나 거절하였고, 펜싱팀 창단을 역제안하고 이를 더블루케이가 받아들였으나 이후로도 더블루케이와의 업무협약 체결을 거절했다. 펜싱팀 창단과 더블루케이와의 매니지먼트 계약은 결국 이루어지지 않은 것이다. 대통령의 직접적인 지시나 요청이 있었다면 도저히 가능하지 않은 상황이다.

대통령 형사사건 1심과 항소심 재판부는 케이디코퍼레이션이 현대자동차에 제품을 납품하도록 한 혐의나 GKL이 더블루케이와 에이전트 계약을 체결하도록 한 혐의에 대하여는 유죄를 선고했다. 하지만 이 사안 역시 다른 사안들과 달리 판단할 이유가 없다.

대통령은 케이디코퍼레이션과 최서원의 관계는 전혀 알지 못한 채 정호성 비서관으로부터 관련 보고를 받고, 중소기업의 애로 해소 차원에서 안종범 수석에게 내용을 들어 보고 제품을 국내 회사가 활용할 수 있는지 알아보라고 지시를 하였을 뿐이다.

이와 관련하여 현대자동차는 보도자료를 통해 "기아차는 2010년부터 원동기에 케이디코퍼레이션 제품을 이미 장착하고 있었고, 2011년 전력 소모 수치를 분석한 결과 20퍼센트 이상 에너지 효율이 발생한 것을 확인했다. 현대차도 2015년 2월 최초 납품받은 후 2개월간 사용한 뒤 그때까지의 전력 사용 기록 등을 분석해 에너지 효율이 20퍼센트 이상 향상된 것을 재차 확인했다. 케이디코퍼레이션은 국내 유일의 저온재생 흡착제를 생산하고 있는 업체이며, (기아차와 현대차는) 제품 변경을 통해 수입 대체 및 국산화 효과를 이루었다"는 입장을 밝힌 바 있다.

GKL이 더블루케이와 에이전트 계약을 체결하도록 한 혐의 역시 마찬가지다. 더블루케이 관계자는 GKL 대표이사에게 최초 배드민턴 및 펜싱 팀 창단과 더블루케이와의 80억 원 상당의 용역계약 체결을 요구했으나, GKL 대표이사는 난색을 표하며 완곡하게 거절의 의사를 표시했다. 당시 GKL은 2016년도 장애인 스포츠단 창단 및 운영을 위하여 사용할 수 있는 예산 10억 원 정도밖에 없었다고 한다. 결국 GKL 대표이사는 대신 장애인 선수단 창단을 제안했고, 이를 더블루케이가 수용했다.

더블루케이가 GKL에 예산에도 없는 80억 원 상당의 용역계약을 체결하려다 실패한 점을 고려하면, 본 사안도 최서원이 대통령과 '공모'하여 일을 진행했다고 보기에는 무리가 있다. GKL 대표이사는 안종범 수석으로부터 "더블루케이라는 컨설팅 업체가 있는데 한번 이야기를 들어 보시라"는 연락을 받은 적이 있는데, "표현이 그렇게 강하지는 않았다"고 진술한 바 있다(2017. 2. 14, 헌법재판소 증언). 이를 고려하면 오히려 최서원이 대통령을 이용하려 했으나 GKL의 상황이 제대로 파악되지 않은 상태여서 목적을 달성하지 못했다고 보는 것이 합리적이다.

법리적으로도 직권남용권리행사방해죄에 있어서 '직권의 남용'이란 "공무원이 일반적 직무권한에 속하는 사항을 불법하게 행사하는 것, 즉 형식적, 외형적으로는 직무 집행으로 보이나 그 실질은 정당한 권한 이외의 행위를 하는 경우를 의미한다"고 보는 대법원의 태도에 비추어, 대통령의 지시를 받은 경제수석이 기업 관계자들과의 개인적 친분 등에 기초하여 특정 중소기업 제품을 대기업에 검토해 달라고 하거나 매니지먼트 회사를 공기업에 소개하는 행위가 직권 남용에 해당되는지는 의문이 있다.

언론 보도에 따르면 특검의 삼성 수사로 인해 삼성그룹이 미래전략실을 해체하자 정부 고위 관계자가 "그동안 산업·경제정책을 수립하면서 민·관 합동 투자 등 기업의 협조가 필요할 때 삼성과 우선적으로 협의하는 경우가 많았다. 지금까지는 미래전략실 담당자를 만나면 됐으나, 앞으로는 모든 계열사를 일일이 상대해야 할 것 같다"고 말했다고 한다. 이와 같이 정부 차원에서 기업을 상대로 협조를 구하는 것은 공익적 차원의 정당행위로 당연히 용인되고 상황에 따라서는 장려되어야 한다. 그럼에도 이러한 협조 요청까지 무분별하게 직권남용죄를 적용하여 기소하는 것은 부당해 보인다.

사실 직권남용죄는 그동안 적용되는 사례가 드물었다. 하지만 대통령을 포함해 소위 국정 농단으로 기소된 38명 중 15명에게 이 혐의가 적용되었고, 요즘 사법행정권 남용 의혹을 받고 있는 전·현직 고위 법관들에게도 이 혐의가 적용되고 있다.

한 언론 보도에 따르면 2016년 검찰이 처리한 직권 남용 사건 1,049건 중 기소된 사람은 24명으로 약 2.29퍼센트이고 이 중 구속된 사람은 4명에 불과하다. 이 혐의로 2016년 대법원 확정판결을 받은 12명의 피고인 중 9명이 무죄 선고를 받았다고 한다. 직권남용죄는 그만큼 입증이 쉽지 않고 모호한 조항이고, 그렇기 때문에 정치보복의 수단으로 사용될 우려가 높은 규정이기도 하다.

과거 박지원 전 문화관광부장관은 2000년 제1차 남북정상회담을 앞두고 산업은행이 현대상선에 4천억 원 대출을 하도록 한 혐의로 노무현 정부 출범 직후 '대북송금 특검'에 의해 직권남용죄로 기소되었다. 박지원 전 장관은 유죄판결을 받고 재판이 대법원에 계류 중인 상태에서 "직권남용죄가 명확성의 원칙에 위배되어 위헌"이라며 헌법소원을 제기했다. 헌법재판소는 2006년 7월 27일 직권남용죄에 대하여 8 대 1로 합헌 결정을 내렸다.

당시 권성 헌법재판관은 유일하게 직권남용죄가 위헌이라는 취지의 반대의견을 개진했다. 권 재판관의 반대의견을 발췌해 간추려 보았다.

이 사건 법률 조항은 직권의 종류나 성격에 관하여 아무런 제한을 두고 있지 않으므로 모든 공무원의 모든 직무상 권한을 의미하는 것으로 보아야 하는바, 법적 강제력이 수반되지 않는 협조 요청이나 권고, 단순한 사실의 통지 등과 같은 단순한 사실행위도 모두 직무상 권한의 행사로 엮어 낼 수 있고 이렇게 되면 이 사건 법률 조항의 적용 범위는 사실상 무한정 넓어지게 된다. (…)

이와 같은 모호성과 광범성은 수사기관이 그 규범 내용을 명확하게 인식하여 어떠한 행위가 이 사건 법률 조항에 해당하는지를 일관성 있게 판단하기 어렵게 함으로써 결국 자의적인 해석과 적용의 여지를 남기고 있다. (…)

이 사건 법률 조항은, 이른바 정권 교체의 경우에 전임 정부의 실정(失政)과 비리를 들추어 내거나 정치적 보복을 위하여 전임 정부에서 활동한 고위 공직자들을 처벌하는 데 이용될 우려가 있고 때로는 국정 운영 과정에서 행하여진 순수한 정책적 판단이 비판의 대상이 된 경우에 악화되는 여론을 무마하기 위하여, 정치적 책임을 묻는 것을 넘어서, 공직자를 상징적으로 처벌하는 데에 이용될 위험성도 매우 크며 그러한 위험성이 현실적으로 나타나기도 한다.

직권남용죄가 정권 교체 시 전임 정부의 실정이나 비리를 들추어 내고 정치적 보복을 하기 위해 악용될 수 있다는 것인데, 10년

이 넘은 지금에도 그대로 적용될 수 있는 지적이다. 사법행정권 남용 혐의로 2018년 10월 구속된 임종헌 전 법원행정처 차장도, 구속된 후 첫 검찰 조사에서 자신의 구속을 "윗선을 수사하기 위한 '수단구속'이며, 직권남용죄의 남용"이라고 강력히 비판한 바 있다.

제4장

거짓의 산

탄핵사태의 '검은 진실'

01

드러난 흑막

우상호 "이제는 말할 수 있다"
최순실 제보 입수하고 비밀TF 꾸려
국민의당 몰랐고 국회의장은 알았다
상황 최고조 때 태블릿 보도 나와

탄핵 정국 당시 더불어민주당 원내대표였던 우상호 의원은 2017년 11월 6일자 〈시사IN〉 인터뷰 '이제는 말할 수 있다 ― 탄핵안 가결 막전막후'를 통해 탄핵소추안이 추진되고 가결된 내막을 털어놓았다. 인터뷰가 밝힌 내막이 사실이라면 '흑막'이라 해도 지나치지 않을 정도로 충격적이다.

　인터뷰 도입부를 보자.

　　2016년 4월 총선에서 우리가 이기고, 7월쯤 최순실 관련 제보들이 들어왔다. 8월 중순에 비공개로 최순실 TF를 꾸렸다. 조응천, 손혜원, 도종환 의원 등이 멤버였다. 각자 제보받은 걸 모아서 전체 그림을 그렸다. 그러면서 김재수 농림축산식품부장관 해임건의안 전선을 쳤다. 국정감사 전 여·야 대치를 확 끌어올릴 목적으로 던진 카드였다. 그때 박지원 국민의당 원내대표는 "김재수를 왜 그렇게까지 하는 거야?" 하고 묻기도 했다. 야권 공조 와중에도 최순실 건만은 우리가 공유를 안 했으니까. 나는 "그런 게 있어요"라고 얼버무렸다.

비공개 TF의 활약으로 매일같이 1면에 최순실이 등장했다. 청와대가 확 긴장했다. "국감을 파행시키라"는 오더가 와서 이정현 대표가 단식하고 정진석 원내대표는 국회의장과 싸우고 그랬다. 우리가 의도를 알잖나. 단독 국감을 밀어붙였다. 정세균 국회의장에게는 미리 보고했다. 우리의 다음 스텝을 알기 때문에 의장이 버텨 주었다. 단독 국감에서 황당한 사건이 계속 나왔다. 결국 청와대가 새누리당을 다시 국회로 들어가라고 시킨다. 아주 우왕좌왕했다. 그게 3주쯤 굴러가면서 상황이 최고조에 올랐을 때 JTBC의 태블릿PC 보도가 나왔다.

더불어민주당에서 태블릿PC 보도에 직접 관여했는지 여부는 밝혀지지 않았고, 우 의원도 이를 명확히 하지 않았다. 하지만 JTBC의 태블릿PC에 대한 보도 이후로 모든 것이 달라진 것은 잘 알려진 대로다.

JTBC는 2016년 10월 19일 "최순실이 대통령의 연설문을 손보는 것을 즐겼다"는 고영태의 진술을 단독 보도한 데 이어, 10월 24일에는 "최서원이 44개의 대통령 연설문 등 자료를 대통령이 발표하기 전 사적으로 받았다"고 역시 단독 보도했다. 이러한 보도들은 엄청난 파장을 일으켰다.

그런데 이상한 점은, 10월 24일 JTBC는 'PC 파일', '컴퓨터 파일', '최순실 씨 사무실에 있던 PC에 저장된 파일들'을 입수했다고만 보도하고 '태블릿PC'는 일언반구 언급하지 않았다는 사실이다. 기밀 자료가 저장되어 있던 컴퓨터가 데스크탑이나 노트북 컴퓨터가 아니라 태블릿PC였다는 사실은 그 이튿날 JTBC가 아닌 타 언론사를 통해 보도되었고, JTBC는 다시 하루 지난 10월 26일이 되어서야 처음으로 '태블릿PC'라는 표현을 사용하기 시작했다. 나도 이 사실을 다른 변호사를 통해 듣고 비로소 알고서 지금까지도 이상하게 생각하고 있다. 태블릿PC에 대해서는 그 이후에도 여러 의혹들이 제기되었고 논란은 아직도 진행형이다.

이 시점부터 박 대통령 탄핵과 파면, 구속, 이어진 제19대 대통령선거 과정까지 드루킹의 댓글 작업도 최고조에 달했다. '드루킹 특검'의 수사 결과 발표에 따르면 드루킹 일당은 박근혜 전 대통령의 탄핵 국면이 본격화된 시점부터 댓글 조작 활동을 급격히 늘린 사실이 확인되었다고 한다.

박근혜 대통령은 혼란을 수습하기 위해 2016년 10월 25일 제1차 대국민담화를 통해 일부 연설문이나 홍보물에서 최서원의 도움을 받은 사실이 있다고 솔직하게 밝혔다. 하지만 여론은 걷잡을 수 없이 악화되어만 갔다.

들기로는 대통령은 제1차 대국민담화를 할 당시까지도 최서원이 무슨 일을 했는지 알지 못하고 있었다. 대통령은 당시 독일에 있던 최서원과 통화를 하였는데, 최서원은 "저는 아무것도 모른다. 다 언론에서 하는 거짓말이다"라는 식으로 이야기했고, 대통령은 이 말을 믿고 최서원에게 "별 문제가 아니면 귀국해서 조사를 받으라"고 하고는 대국민담화를 했다고 한다. 대통령은 당시까지 최서원이나 그 주변에서 무슨 일을 했는지에 대해 전혀 알지 못하고 있었다. 돌이켜 보면 참 안타까운 장면이다.

결국 최서원은 10월 30일 독일에서 귀국했고, 다음 날부터 최서원에 대한 검찰 조사가 시작되었다.

1단계: 대통령 2선 후퇴 요구
비박 물밑접촉… 문재인 '교감'
총리 추천 거부… '대통령 퇴진' 당론
겉으로는 청와대와 강-온 '밀당' 계속

우상호 전 원내대표의 인터뷰에 따르면, 이후 당시 더불어민주당은 탄핵을 위해 3단계 전략을 준비했다. 그의 말이다.

"촛불집회가 시작되면서 당의 노선을 정할 필요가 있었다. 전략을 총 3단계로 짰다. 1단계, 대통령 2선 후퇴를 요구한다. 바로 탄핵으로 내달릴 수는 없었다. 진보-보수 진영 대결로 가면 '50 대 50' 싸움이다. 결국 탄핵소추안을 통과시키려면 새누리당에서 40석이 넘어와야 하는데, 처음부터 진영 대결이었으면 비박계가 오겠나. 진영 대결 인상을 주지 않도록 대선 주자인 문재인 전 대표 측에도 물러서 있는 게 좋겠다고 전했고, 당시 문 전 대표 쪽도 납득했다. 보수도 동조할 만한 절충안으로 접근하는 게 핵심 기조였다."

10월부터 새누리당 비박계에 공을 들였는지 묻는 질문에 대해서 그는 "아니다. 그때는 계속 청와대를 만났다. 대통령이 직접 약속하는 2선 후퇴라면 우리도 받는다고 했다. 그러자 대통령이 국회에 와서 '국회 추천 총리가 내각을 통할하도록 하겠다'라고 하나 마나 한 말을 했다(11월 8일). 정진석 원내대표를 만나서 '이런 말로는 절대 안 되니 전권을 넘긴다는 확실한 말을 해야 한다'고 했다. 청와대가 그게 그 뜻이라고 한다고 했다. 말이 되나(웃음). 이건 결국 탄핵으로 간다는 생각에 그 시점부터 비박계와 접촉했다"고 답변했다.

실제로 대통령은 2016년 11월 4일 제2차 대국민담화를 통해 "최서원 사태에 대한 수사에 적극 협조하도록 지시했고, 필요하면 본인 역시 검찰의 조사에 성실히 임할 각오이며 특별검사에 의한 수사까지 수용하겠다"는 입장을 밝혔다.

그럼에도 한국갤럽이 발표한 11월 첫째 주 정례 여론조사에서 대통령의 지지율은 5퍼센트로 폭락했다. 혼란 상황이 이어지자 대통령은 스스로 모든 권한을 내려놓고자 했다. 대통령은 11월 8일 국회의장을 찾아가 "국회가 추천하는 인물을 총리로 임명해 내각을 실질적으로 통할하게 하겠다"는 입장을 내놓았다.

하지만 국회는 총리 후보를 추천하지 않았다. 오히려 국민의당은 11월 10일 대통령 퇴진 요구를 당론으로 확정했고, 11월 14일 더불어민주당도 대통령의 2선 후퇴 및 거국 내각을 요구하기로 했던 기존 당론을 폐기하고 대통령의 퇴진을 요구하는 새 당론을 확정했다. 어쩌면 정해진 수순이었던 것으로 보인다.

국회는 11월 14일 정의당을 제외한 여·야 3당 원내 지도부가 야당 추천 특검에 합의했고, 11월 17일 '박근혜 정부의 최순실 등 민간인에 의한 국정농단 의혹사건을 규명하기 위한 특별검사의 임명 등에 관한 법률'을 통과시켰다. 이날 국회 차원에서도 '박근혜 정부의 최순실 등 민간인에 의한 국정농단 의혹사건 진상 규명을 위한 국정조사특별위원회'가 2017년 1월 15일까지 60일간의 활동에 들어갔다.

2016년 11월 20일 검찰은 "박근혜 대통령이 최서원, 안종범 등과 상당부분 공모 관계가 인정된다. 다만, 현직 대통령은 불소추 특권으로 인해 기소할 수 없다"는 입장을 언론에 발표하며, 최서원, 안종범 수석, 정호성 비서관을 구속 기소했다. 여론은 극도로 악화되었고 촛불 시위도 격화되었다.

11월 21일 야 3당은 대통령의 탄핵을 추진하기로 공식 당론을 확정했고, 11월 24일에는 탄핵소추안을 공동으로 마련하여 정기 국회 기간 내에 처리하고 새누리당 의원들의 참여를 호소하기로 합의했다.

2단계: 하야 요구

비박 동요 우려, 겉으론 유화 제스처
'대통령은 4월 퇴진 거부할 것' 확신
촛불집회 기세 타고 탄핵안 발의

다시 우상호 전 원내대표의 인터뷰 내용이다.

"(비박계는) 바로 탄핵으로 가는 것을 부담스러워 했다. 자진 사퇴를 권유해 보겠다고 하더라. 좋다, 그러면 우리는 탄핵 얘기는 안 하고 '하야하라'로 간다고 했다. 이게 우리 입장에서는 2단계였다. 일단 비박계가 움직일 공간을 열어 줬다. 이 국면에서 새누리당 원로들이 내놓은 안이 '4월 사퇴, 6월 대선'이다."

그는 박 대통령이 11월 29일 "진퇴를 국회에 맡기겠다"고 했을 당시의 상황에 대하여는 "(비박계가) 꽤 흔들렸다. 하루에도 몇 명씩 나갔다 들어갔다 나갔다 들어갔다…. 우리가 매일 표를 세 보는데 아무리 해도 안정적인 숫자가 안 나왔다. 비박계 모임이 40명에서 25명까지 왔다 갔다 하는데, 피가 바짝바짝 말랐다. 그 고비에서 촛불집회가 아주 큰 힘이 되었다"고 회상했다.

최후의 순간에 박 대통령이 4월 퇴진안을 받았다면 어떻게 되는 것인지 묻는 질문에는 "우선 절대로 받을 리가 없다는 확신이 있었다. 탄핵이 되지 않을 거라고 대통령이 오판하고 있었으니까. 만에 하나 받는다고 해도 탄핵소추안 상정을 할 생각이었다. 거기서 부결된다고 해도 조기 퇴진은 확보한 상황이니까"라고 대답했다.

대통령은 11월 29일 제3차 대국민담화를 통해 "대통령 임기 단축을 포함한 진퇴 문제를 국회에 맡기겠다. 여·야 정치권이 논의해 국정 혼란과 공백을 최소화하고 안정되게 정권을 이양할 수 있는 방안을 마련해 주면 그 일정과 법 절차에 따라 대통령직에서 물러나겠다"는 입장을 밝혔다. 그리고 11월 30일 박영수 변호사를 특별검사로 임명했다.

이후로 약 열흘 동안은 한 치 앞을 내다볼 수 없는 혼란스러운 상황이 이어졌다. 의원들은 각자 정치적 손익을 계산하기 바빴고 촛불집회와 여론의 위세에 눌려 다른 생각을 하기가 힘든 상황이었다.

12월 2일 새누리당은 대통령이 2017년 4월 말 퇴진하고 6월 말 대선을 치르자는 안을 당론으로 확정했다. 그러나 국회는 2016년 12월 3일 대통령에 대한 탄핵소추안을 국회의원 171명의 찬성으로 발의했다.

한편, 새누리당 비박계가 중심이 된 비상시국위원회는 12월 2일 국회 브리핑을 통해 대통령에게 12월 7일 오후 6시까지 '4월 퇴진, 6월 대선' 안에 대한 확답을 요구했다가, 야당에 의해 탄핵소추안이 발의되자 12월 4일에는 말을 바꾸며 대통령 입장 표명과 무관하게 국회 탄핵소추안 표결에 참여하기로 했다.

허원제 당시 청와대 정무수석비서관은 12월 5일 국회 국정조사특위에 출석하여 "대통령이 4월 퇴진, 6월 대선 당론의 수용 의사를 분명히 했다"고 밝혔다. 다음 날 대통령은 새누리당 지도부를 만나 "4월 퇴진, 6월 대선 당론을 받아들인다"는 입장을 명시적으로 밝혔다. 또한 "탄핵소추안이 가결되더라도 헌법재판소 심판 과정을 지켜보며 국가와 국민을 위해 차분히 가겠다"는 입장도 함께 천명했다.

3단계: 탄핵
"부결 땐 의원 총사퇴" 배수진
대통령 노력 외면, 소추안 끝내 통과
와중에 北 난수방송·비방 공세

대통령이 '4월 퇴진, 6월 대선' 안까지 받아들였으나, 새누리당은 대통령이 지도부를 만난 당일(12월 6일) 대통령 탄핵소추안에 대해 자유투표를 하는 것으로 당론을 채택했고, 2016년 12월 8일 더불어민주당, 국민의당 소속 의원 전원은 탄핵안 부결 시 의원직을 사퇴하겠다고 결의했다. 그리고 12월 9일 대통령에 대한 탄핵소추안이 국회에서 의결되었다.

'4월 퇴진, 6월 대선' 안을 국회가 받아들였더라면 어땠을까 하는 아쉬움이 많이 남는다. 안타까운 역사의 한 장면이다.

대통령은 세 차례에 걸친 대국민담화를 통해 국민들께 사죄의 뜻을 표명하고, 야당이 추천한 특별검사까지 수용했다. 그럼에도 혼란 상황이 계속되자 국회 추천 인물을 총리로 임명해 내각을 통할하게 하겠다는 입장을 밝혔고, 대통령의 임기 단축과 진퇴를 국회에 맡기겠다는 정권 이양 입장을 밝혔으며, '4월 퇴진, 6월 대선' 안까지 수용했다. 대통령은 혼란을 최소화하며 권한을 내려놓고자 끝까지 노력하였으나 국회는 탄핵소추안을 의결하여 대통령의 이러한 모든 노력을 외면했다.

'우상호 인터뷰' 내용대로라면 더불어민주당은 처음부터 탄핵을 예정하고 있었고, 국회의 대통령에 대한 제안들은 한갓 정치적 '퍼포먼스'에 불과했던 것이다. 국가의 혼란을 조기 수습하려는 의지는 그들에게 없었고 오로지 정치적 이해타산만이 존재했다. 그것이 국회 탄핵소추안 가결의 씁쓸한 진실이다. 적어도 '우상호 인터뷰'에 따르면 그렇다.

우 전 원내대표는 "일단 탄핵소추안에 찬성한 새누리당 의원들은 우리보다 더 열심히 탄핵 운동을 한다. 탄핵소추안이 부결되는 날에는 박 대통령이 반드시 보복할 테니, 이 사람들은 돌아서려야 돌아설 수가 없다", "비박계 탄핵파들은 탄핵에 실패하면 자기들은 죽는다고 생각해서 우리보다 더 열심히 만나고 다녔다"고 했다.

미국 제17대 대통령 앤드루 존슨(재임 1865~69)은 미국 역사상 최초로 탄핵 위기에 내몰렸다. 하지만 탄핵안은 최종 심급인 상원에서 1표 차이로 기각된다. 구사일생이었다. 그와 정치적으로 대립했던 상원의원 에드먼드 로스의 반대표가 결정적인 역할을 했다. 그는 반대표를 던진 이유에 대해 몇 년 후에 다음과 같이 말했다.

"만약 대통령이 불충분한 증거와 당파적인 이해관계로 인해 쫓겨나게 된다면 대통령직의 권위는 실추되고 결국 입법부에 종속될 것이다. 탄핵안은 우리의 훌륭한 정치조직을 타락시켜 의회 내의 당파 독재정치를 실현하고 국가를 위험에 빠뜨리려 했다."

로스를 비롯해 반대표를 던진 7명의 공화당 의원들은 다음 선거에서 모두 낙선했다고 한다. 용기 있는 선택의 쓰라린 대가였다. 하지만 그들은 미국의 민주주의를 지켰다. 미국은 결정적 장면에서 우리와 달랐다

우연의 일치인지, 아니면 한국의 혼란상을 감지하고 이를 '이용'하려 한 것인지 알 수 없지만, 북한은 2000년 제1차 남북정상회담 후 중단했던 난수(亂數) 방송을 16년 만인 2016년 6월 24일부터 재개했다. 난수 방송이란 숫자와 문자 등을 조합한 난수 형태의 암호를 불러 주는 형태의 방송으로, 남파 간첩에게 지령을 전달하기 위해 사용된다. 간첩들은 방송에 등장하는 숫자를 미리 정해

둔 책자나 난수표와 조합해 지령의 내용을 파악하게 된다. 통일부는 2016년 7월 20일 대변인 정례 브리핑을 통해 난수 방송 재개에 대해 "상당기간 동안 자제해 오다 최근 들어와서 다시 재개된 것에 대해 심히 유감스럽게 생각한다"는 입장을 밝혔다.

북한의 난수 방송 재개 직후인 2016년 7월경부터 언론에 미르 재단에 대한 기사가 보도되기 시작했다. 시점이 묘하게 일치하고 있었다.

대남 비방도 이 무렵부터 눈에 띄게 증가했다. 2016년 11월 22일자 언론 보도에 따르면, 통일부는 '최근 북한의 대남 선전·선동 공세'라는 보도자료를 내고 "북한이 '최순실 게이트'와 연계시켜 한국 정부의 대북 정책 신뢰성을 훼손시키려 시도하고 있다"고 지적했다. 그리고 통일부는 북한 관영 매체들을 분석한 결과 2016년 3분기 들어 대통령에 대한 1일 평균 실명 비난이 9월 10.2건에서 10월 12.1건, 11월 16일까지 16.4건으로 늘었으며, 11월 들어 최순실 관련 비난은 전체 대남 비난의 60퍼센트가량을 차지한다고 했다. 이러한 정세를 이용한 북한의 선동 공세가 더욱 강화될 것이며 일부 단체들과의 선별적 접촉을 시도, 국론 분열을 위한 통일전선 공세를 강화할 것으로 예상된다는 전망도 내놓았다. 북한이 일부 단체들과 접촉하여 탄핵을 위한 여러 가지 물밑 작업을 했으리라는 분석이 가능한 장면이다.

김정은 북한 국무위원장은 탄핵심판의 해인 2017년 신년사를 통해 "지난해 남조선에서는 대중적인 반정부 투쟁이 세차게 일어나 반동적 통치 기반을 밑뿌리채 뒤흔들어 놓았다. 남조선 인민투쟁사에 뚜렷한 자욱을 새긴 지난해의 전민항쟁은 파쑈독재와 반인민적 정책, 사대매국과 동족대결을 일삼아 온 보수 당국에 대해 쌓이고 쌓인 원한과 분노의 폭발이다. (…) 박근혜와 같은 반통일 사대매국 세력의 준동을 분쇄하기 위한 전민족적 투쟁을 힘있게 벌려야 한다"고 했다. 대통령 실명을 거론하며 투쟁해야 한다고 선동한 것이다.

그리고 민주노총은 촛불집회를 주도한 '박근혜정권퇴진 비상국민행동'에 참여해 핵심적인 역할을 했다. 촛불집회 현장에는 '문제는 자본주의, 사회주의가 답이다', '북한이 우리의 미래이며 희망이며 삶이다' 등 북한의 대남 통일전선전략 구호와 유사한 구호들도 등장했다는 주장도 제기됐다.

박 대통령 탄핵사태와 관련해 최초로 고발장을 제출한 '투기자본감시센터'는 민주노총 서울본부 건물 3층에 위치하고 있다. 투기자본감시센터는 2016월 9월 29일 '최순실사건'에 대한 고발장을 검찰에 제출한 바 있다.

02

여성이라는 이유만으로

여혐의 희생자들

10월 16일 처형된 마리 앙투아네트
같은 날 朴前대통령 재판 거부
"복수는 안 돼" 최후진술도 비슷

박근혜 대통령이 형사재판에서 최후변론을 하고 일체의 재판을 거부한 날은 2017년 10월 16일이었다. 공교롭게도 그 224년 전 이날 프랑스 왕비 마리 앙투아네트가 단두대의 이슬로 사라졌다.

마리 앙투아네트를 단두대로 보낸 로베스피에르는 국왕 루이 16세에 대한 재판 자체를 부정하면서 바로 사형시켜야 한다고 했다.

"루이 16세를 재판하는 것은 혁명을 비난하는 것입니다. 루이는 재판의 대상이 될 수 있다면 석방될 수 있고 무죄일 수도 있습니다. 아니, 판결이 나올 때까지 그렇게 추정되어야 합니다. 하지만 루이가 석방될 수 있다면, 무죄로 추정될 수 있다면, 혁명은 어떻게 되는 것입니까? 조국이 살아야 하므로 루이는 죽어야 합니다."

국민공회는 로베스피에르의 주장과 달리 루이 16세를 재판에 회부했지만 결국 그의 의도대로 사형이 선고되었다. 1793년 1월 21일 루이 16세는 파리의 혁명광장에서 2만 명의 시민들이 지켜보는 가운데 단두대에서 목이 잘렸다. 그의 나이는 39세였다.

로베스피에르는 왕비 마리 앙투아네트도 제물로 삼았다. 그녀는 같은 해 10월 16일 단두대에 섰다. 그녀는 악의적인 루머의 희생양이었다. "빵이 없으면 케이크를 먹으면 된다"는 발언을 한 적이 없었다. 프랑스 왕비 신분에 비해 오히려 검소한 편이었고 빈민 구제에 관심이 많았다. 하지만 그녀는 동성애, 근친상간을 했다는 누명을 뒤집어쓰고 처형당했다. 긴 막대기를 가지고 놀다 고환을 다쳐 우는 아이의 아픈 곳을 만진 죄가 근친상간이었다. 9살짜리 어린아이의 강요된 진술만으로 유죄가 인정되었다. 마리 앙투아네트가 무죄라는 사실을 대부분의 사람들이 알고 있었지만, 혁명을 위해 유죄일 수밖에 없었다. 때문에 혹자는 그녀를 역사상 최초의 '여혐(女嫌)의 희생자'로 평가하기도 한다.

마리 앙투아네트가 처형 직전 시누이에게 쓴 편지에는 "나는 최후의 순간에 그분(루이 16세)과 마찬가지로 처신하기를 바라고 있습니다. 거리낄 것이 없기에 나는 평온합니다. 불쌍한 아이들을 남기고 가는 것이 정말 마음에 걸립니다. (…) 다만, 우리의 죽음에

복수할 생각은 하지 말기 바랍니다"라는 내용이 담겨 있었다. 그녀는 단두대 앞에서도 품위를 잃지 않았다. 사형 집행자의 발을 실수로 밟자 예의를 갖춰 사과를 했을 정도다.

　로베스피에르 역시 불행한 운명을 피하지 못했다. 집권 기간 약 1년 동안 30여만 명을 체포하고 그중 약 1만 7천 명을 단두대에서 처형시키는 공포정치를 자행한 그는 결국 과도한 숙청으로 반대파의 역습을 받아 루이 16세와 마리 앙투아네트를 죽인 그 단두대에서 1794년 7월 28일 처형되었다.

굿, 섹스, 최순실 아바타

"숫우주가 돕는다"는 코엘료 소설 대목
'통일대박'은 신창민 책 제목에서
허위 판명돼도 루머 해악은 남아

박근혜 대통령은 헌정사상 최초의 여성 대통령이다. 여성 대통령이면서 독신이었다. 이 점이 사람들의 호기심을 자극했고, 탄핵 정국에서 각종 루머로 표출되었다고 생각한다.

　2014년 4월 16일 세월호 사고 발생 당일 오전에 대통령이 미용 시술을 받았다거나 프로포폴 주사를 맞고 자느라 사고 대응이 늦었다는 루머가 있었지만, 특검 조사를 통해서도 그런 사실은 확인되지 않았다. 심지어 최서원의 아버지 최태민의 20주기 천도제에 '인신 공양'을 하기 위해 세월호를 침몰시켰다거나, 세월호사고 당일 굿을 했다는 허무맹랑한 루머까지 나돌았으나, 이 역시 모두 허위로 밝혀졌다.

〈시사IN〉의 주진우 기자는 이런 말까지 했다.

"(청와대에서) 비아그라가 나왔다. 그다음 마약 성분이 나왔다. 계속해서 더 나올 거다. 이제 섹스와 관련된 테이프가 나올 거다."

(2016. 11. 25, 도쿄 와세다대학 토크콘서트)

이 발언과 맞물려 세간에서는 대통령과 최서원의 전 남편 정윤회 씨와의 세월호 당일 밀회설이 다시 돌았으나, 역시 허위로 판명되었다. 정유라가 박근혜 전 대통령의 딸이라는 루머도 퍼졌으나 거짓으로 밝혀졌고, 최서원의 아들이 청와대에 근무한다는 루머도 돌았으나 최서원에게는 아들이 없는 것으로 밝혀졌다.

청와대가 2015년 발기부전 치료제 비아그라를 구입했다고 보도하며 의혹을 제기하였으나, 청와대는 2016년 멕시코, 에티오피아 등 순방을 앞두고 주치의 자문을 거쳐 고산병 예방 및 치료를 위한 목적에서 구입했다고 밝혔다. 한 야당 의원은 국회 청문회에서 청와대가 반입한 전립선비대증 치료제 '프로스카'가 탈모 방지용으로도 사용되는 점을 지적하며 최서원의 측근으로 대머리인 차은택이 사용한 것 아니냐는 의혹을 제기했으나, 이 역시 사실이 아닌 것으로 밝혀졌다.

이처럼 너무나 많은 헛소문들이 의혹이라는 이름으로 제기되고 보도됐지만, 모두 다 사실이 아님이 판명되었다. 의혹을 제기하는 자들 역시 의혹이 사실이 아니라는 점을 알고 있었을 것이다. 하지만 그들은 의혹 제기를 통해 필요한 것을 얻었다. 여론 선동이다.

의혹들이 사실이 아닌 것으로 밝혀졌어도 여론 선동을 통해 형성된 여성 대통령에 대한 부정적 이미지들은 쉽게 사라지지 않았고, 탄핵심판 과정에서나 형사재판 과정에서 두고두고 부담으로 작용했다.

〈중앙일보〉 인터넷판(2016. 10. 27)에는 제17대 대통령선거를 위한 한나라당 경선 중이던 2007년 7월 20일 당시 주한 미 대사관이 미국에 보낸 외교 전문에서 "최태민을 '한국의 라스푸틴'으로 평가했고, 최태민 목사가 박근혜 후보의 심신을 완전히 지배했다고 보고했다"는 취지의 기사가 게재되었다. 하지만 실제 외교 전문에는 "박근혜 한나라당 대통령경선후보의 반대 세력들이 최태민 목사를 '한국의 라스푸틴'으로 부르고, 최태민 목사가 박근혜 후보의 심신을 완전히 지배했다는 루머가 있다"는 취지로 돼 있다고 한다. 한국의 집권당 대선후보 경선 과정에서 발생한 '네거티브 공격'에 대한 미 대사관의 보고가 '사실 확인 내지 평가' 보고로 둔갑한 것이다.

돌이켜 보면 참 우스운 일이지만, 탄핵 광풍이 몰아치던 당시 국민들은 대통령이 아무것도 모르는 꼭두각시라고 생각했다. 오죽했으면 정홍원 전 국무총리가 대통령에 대한 루머가 사실이 아니라는 취지의 글을 언론에 배포했다. 그 글을 통해 "제가 2년 동안 총리로 재직하면서 회의나 면담 등 기회에 대통령을 숱하게 많이 만났고, 많은 대화를 나눠 보았습니다. 저는 그 기회에 대통령이 오랫동안 공부를 많이 해서 너무 많이 알고 있다는 느낌을 받을 때가 자주 있었습니다"라고 해명했다.

'무속(巫俗)에 빠진 무능한 여자'라는 루머는 더욱 기가 찰 일이었다. 박 대통령은 2015년 5월 5일 어린이날 행사에서 "간절히 원하면 전 우주가 도와준다"는 발언을 했는데, 언론에서는 이 발언을 대통령이 무속에 빠진 근거라고 주장했다. 이 루머는 최태민 목사의 과거 행적과 결합되어 의혹을 증폭시켰다. 박 대통령은 '무속에 빠진 무능한 여자'였고, 그래서 최서원이 국정 전반에 깊숙이 개입할 수 있었다는 상상까지 덧붙여졌다. 하지만 대통령은 어린이날 행사 전 브라질을 방문했고, 해당 발언은 브라질의 소설가 파울로 코엘료의 『연금술사』에 나오는 대목임이 뒤늦게 밝혀졌다.

2016년 11월 1일 YTN은 당시 미국 공화당의 도널드 트럼프 대통령후보가 유세 현장에서 힐러리 클린턴 후보를 비판하기 위해 "여성 대통령의 끝을 보려거든 한국의 여성 대통령을 보라"고 발언했다고 보도했다. 하지만 이는 한 네티즌의 장난을 YTN이 검증 없이 기사화해 내보낸 오보였다.

같은 해 11월 11일 더불어민주당 이재정 의원은 국회 대정부질문 시 오방색 끈과 오방무늬가 들어간 정부 달력을 황교안 총리에게 건네며 샤머니즘 의혹을 부각시키기도 했다. 그 장면을 TV

로 본 나는 '이유 여하를 떠나 저건 아닌데'라는 생각이 들었다. 이런 식으로 박 대통령은 '무속에 빠진 무능한 여자'라는 이미지가 형성되었다. 최태민의 딸 최서원이 국정 전반에 깊숙이 개입했다는 오보들은 이런 이미지를 국민들에게 더욱 깊이 각인시켰다.

박 대통령이 2014년 신년기자회견에서 사용한 '통일대박'이라는 표현이 최서원의 아이디어라는 오보도 그렇다. '통일대박'은 신창민 교수의 책 『통일은 대박이다』에서 나온 것이란 사실이 밝혀졌으나, '통일대박' 오보는 여러 단계 인용을 거치며 "최서원이 대북 문제에 적극적으로 개입했다", "박 대통령은 최서원의 아바타"라는 식으로까지 발전했다. 최서원이 대통령 행세를 하며 국무회의에 직접 관여했다거나, 최서원이 박 대통령의 이란 순방 때 대통령 전용기에 동승했다는 기사도 나왔으나 사실이 아닌 것으로 밝혀졌다. 대통령경호실이 최서원을 경호했다거나 박 대통령이 최서원을 '선생님'이라 불렀다는 참으로 허무맹랑한 기사까지 나왔다.

어이가 없는 일이지만, 실제로 당시 국회 소추위원단이나 검찰은 대통령이 최서원을 뭐라고 불렀는지를 여러 증인들을 통해 직접 확인하려고까지 했다. 대통령이 최서원을 '선생님'이라고 불렀다는 증언을 듣고 싶었을 것이다. 조금만 생각해 봐도 말도 안 되는 루머와, 얼른 봐도 가공(架空)임이 뻔한 언론 보도들에 국회와 검찰까지 휘둘릴 만큼 온 나라가 광기에 빠져 있었던 것이다.

최서원은 대통령의 오랜 지인이기는 했지만 그 이상도 이하도 아니었다. 최서원은 대통령과의 오랜 친분으로 18대 대선 당시 남자 보좌관들이 하기 힘든 의상 준비 등 역할을 하였고, 연설문에 관하여도 일반 국민의 관점이나 감성적인 표현을 살리는 부분에서 일부 도움을 주었을 뿐이다. 최서원이 뒤에서는 대통령을 팔아 호가호위한 측면이 있지만 대통령 앞에서는 얼마나 공손했는지는 재판 과정에서 드러난 최서원의 태도를 통해서도 충분히 확인할 수 있다.

안봉근 비서관은 대통령을 20년 가까이 모시는 동안 대통령과 최서원이 같이 식사를 하는 것을 본 적이 없다고 증언한 사실도 있다(2018. 1. 22, 대통령 형사재판 증언). 이재만 비서관도 동일하게 "대통령이 최서원과 식사하는 모습을 본 적이 없다. 최서원 씨는 대통령님께 상당히 깍듯했고, 대통령님께서 공과 사가 분명하신 분이기 때문에 최서원 씨가 사적인 부탁을 하는 것도 어렵지 않겠나 생각한다"고 했다(2018. 1. 25, 대통령 형사재판 증언).

대통령이 24시간 국정에만 매진한 부분에 대해서는 정호성 비서관의 꾸밈없는 증언이 있어 들어 볼 만하다. 분량이 길어 일부만 옮기고 전문은 '부록 3'에 수록했다.

"대통령은 24시간 국정에 올인하시는 분이다. 이게 요즘 너무나 잘못 알려지고 매도돼서 참 가슴이 아프다. 각 수석실에서 올라오는 보고서들이 굉장히 많다. 하루 100페이지 이상 올라가는데 대통령은 한 장도 안 빼놓고 본인이 하나하나 다 챙겼다. 혹시라도 못 본 부분은 옆에 쌓아 놨다가 토요일, 일요일 보시고 그때 그때 최종적인 의사결정을 내려야 하니 바로바로 수석들하고 통화도 하시고. 여하간 그런 부분에서 굉장히 꼼꼼하시고 책임감이 강하셨다. 주말 같은 경우도 7시나 7시 반이면 전화하셨다. 그거는 일찍 일어나셔서 보시다가 너무 일찍 전화하면 실례니까 딱 그때 시간 되면 전화하셨던 거다. 그만큼 업무에 철저하셨다."

03

촛불이 혁명이라고?

촛불이 유죄일 수 없으니 대통령이 유죄?

문재인, '민심' 들먹이며 헌재 압박

야, 의원들 '촛불 총동원령'도

'자유 없는 민주'는 독재인 것 모르나

문재인 대통령은 2018년 10월 14일 프랑스를 국빈방문했다. 그 자리에서 그는 프랑스혁명과 '촛불혁명'을 거론하며 양국이 '아래로부터의 시민혁명'을 공유하고 있다고 했다.

　'탄핵 촛불' 당시부터 프랑스혁명이 자주 회자되었다. 광화문광장에는 프랑스혁명을 상징하는 장면들이 자주 연출되었다. 단두대 모형과 함께 목이 잘린 채 장대에 꽂혀 있는 피 흘리는 대통령의 얼굴 모형도 등장했다. 나는 TV로 그 장면들을 지켜보며 '해도 해도 너무한다'고 생각했었다.

프랑스혁명 때와 한국의 상황이 많이 닮았다. 박근혜 대통령도 악의적 루머의 희생양이었다. 루이 16세와 마리 앙투아네트를 처형한 로베스피에르가 구체제(앙시앵 레짐) 타파를 내세우며 혁명을 주도했던 것처럼 문재인 정부 역시 '촛불혁명'을 강조하면서 '적폐 청산'을 이어 가고 있다.

'촛불혁명' 세력의 행태는 탄핵심판 당시부터 지속되었다.

2016년 12월 9일 국회의 탄핵소추안이 가결된 이후 더불어민주당을 비롯한 당시 야당들은 헌법재판소에 대하여 지속적으로 압박의 메시지를 보냈다.

추미애 당시 더불어민주당 대표는 탄핵소추안 국회 통과 후인 2016년 12월 11일 "헌법재판소가 내년(2017년) 1월 말까지 심판을 내리는 것이 촛불 민심에 부응하는 길"이라고 압박했다.

그에 앞서 문재인 더불어민주당 전 대표는 국회 탄핵소추 전인 11월 28일 JTBC와의 인터뷰에서 "헌법재판소가 감히 다른 결정을 할 수 없을 것"이라고 했다. 소추안 통과 후인 2016년 12월 16일에는 또 다른 언론과의 인터뷰에서 "탄핵이 기각되면 혁명밖에 없다"는 발언을 해 논란을 일으켰다. 문 전 대표는 이후에도 "헌재의 결정에 승복하겠지만, 민심과 동떨어진 결정이 나오면 국민들이 용납하지 못할 것"이라고 했다.

당시 성남시장이던 이재명 경기도지사는 헌재의 탄핵심판 진행 중이던 2017년 2월 12일 "국민(의 뜻)에 반하는 탄핵 기각 결론을 따라야 한다는 것은 모순이다. 헌재도 탄핵해야 한다. 탄핵이 기각될 경우 다시 퇴진운동을 펼치겠다"고 했다.

더불어민주당, 국민의당, 민주당 등 야 3당은 2017년 2월 8일 "헌법재판소는 이정미 재판관의 퇴임일인 3월 13일 이전에 탄핵 심판을 인용해야 한다"는 입장을 공동으로 내놓았다. 더불어민주당은 탄핵심판이 기각될 수 있다는 가능성이 제기되자 당 차원에서 2월 10일 촛불집회 총동원령을 내리고 소속 의원들에게 주말 촛불집회 참여를 독려하기도 했다. 이런 행동들은 헌법재판소에 큰 압박으로 작용했을 것이다. 물론 당시 여당 국회의원 일부도 탄핵 인용에 반대하는 태극기집회에 참석하기는 했지만, 이는 당 차원에서 탄핵심판을 인용해야 한다는 입장을 내거나 총동원령을 내리고 유력 대권 주자가 의견을 피력하는 야당의 행태와 동일 선상에서 비교할 수 없다.

이러한 일련의 행태는 헌법이 규정한 탄핵 절차를 무시하는 것이다. 순간순간 바뀌는 여론의 위험성을 잘 알고 있기에 민주주의는 각종 제도와 절차를 구비해 두고 있다. 이런 제도와 절차를 무시할 경우 민주주의는 자유민주주의가 아닌 '인민민주주의'로 전락할 위험에 노출되게 된다. 민주주의라는 '수단'은 자유라는 '본질'과 결합될 경우에만 의미를 지닐 수 있으며, 자유 없는 민주주의인 인민민주주의는 전체주의나 독재로 흐를 수밖에 없다.

거대 야당이나 유력 대권 주자가 공공연하게 헌법재판소의 일정에 압박을 가하고 탄핵 기각 시 불복할 듯한 태도를 보이는 것은 민주주의와 법치주의를 무시하는 처사에 다름 아니다. 자유민주주의는 헌법기관과 헌법이 정해 놓은 절차를 존중하는 태도에서부터 시작된다.

하지만 '촛불혁명' 세력의 행태는 정권을 잡은 이후에도 변한 것이 없다. 앞서 지적했듯 대통령이 파면되고 형사재판을 받고 있던 2017년 7월 14일 청와대는 '캐비닛 문건'을 발견했다고 발표했고, 10월 12일에는 '세월호 사고일지 조작'에 대해 브리핑했다. 전자는 블랙리스트 형사재판, 후자는 박 대통령에 대한 추가구속영장 발부에 압박을 가하려는 의도가 명백했다. 마치 "촛불혁명이 유죄일 수 없으니 대통령이 유죄"라고 주장하는 것 같았다.

'촛불혁명'이 어떻게 마무리될지는 시간이 좀 더 지나야 알 수 있을 것 같다. 문재인 정부가 과거의 전철을 밟지 않기를 바랄 뿐이다.

"민심이라는 야수는 생각하지 않는다"
英 언론인 "한국은 법 위에 민심"
언론과 댓글공작도 사태 부채질
'100만 촛불'이 탄핵 근거 될 순 없어

35년간 한국에 거주하면서 주한 외신기자클럽 회장을 지낸 영국의 전 언론인 마이클 브린(Michael Breen)은 국회에서 탄핵소추안이

의결된 뒤 미국 외교전문지 〈포린 폴리시〉에 '한국 민주주의에서 국민은 분노한 신(神)이다'라는 제목의 글을 기고했다. 그는 그 글에서 "한국에서 민중의 감정이 일정한 선을 넘으면 강력한 야수로 돌변해 정책 결정 과정과 확립된 법치를 붕괴시킨다. 한국인들은 이를 민심이라 부른다. 정확한 표현은 군중의 감정이다"라고 하면서, 법치보다 군중의 감정을 우선시하는 한국적 민주주의는 진정한 의미의 민주주의로 보기 어렵다는 취지의 주장을 했다.

"한국에서 법적 판단을 할 때에는 엄청난 수준의 대중적 압박이 작용한다. 예를 들어 박 대통령은 무슨 범죄를 범했는지와 무관하게 감옥에 갈 것이라고 어느 정도 확실하게 말할 수 있다. 어떤 사안이든 민심에 따라 검사들은 엮을 수 있도록 법을 해석할 수 있는 여지가 충분하다. 그렇지 않으면 검사들은 다른 방법을 쓸 수도 있다. 대통령 주변의 보좌진들을 회유하여 검사들이 만든 시나리오에 동의하도록 할 수 있다."

브린의 분석은 정확했다. 대통령은 '대중적 압박'에 몰려 탄핵되었고, 구속되고 기소되었다. 검사들은 어떤 식으로든 사건을 엮고, 대통령 주변 인물들을 회유했다.

브린의 이어지는 지적이다.

> 민심이라는 야수는 잠시라도 멈춰 생각하는 법이 없다. 10월 말 (태블릿PC) 기사가 터졌을 때 한국인들이 생각하는 대통령의 이미지는 신뢰를 저버리고 정신병동에 들어가 있는, 형제자매와도 떨어져

살며, 농간을 부리는 한 절친으로부터 수동적으로 지시를 받는, 한 나이든 독신 여성이었다. 대중은 즉시 분노를 폭발시켰고 박 대통령에게 적당한 지도자에게 권한을 이양하고 하야하라고 요구했다. 그런데 이어서 흥미로운 일들이 일어났다. 이야기가 전개되면서 주로 검찰과 언론의 탐사보도 등을 통해서 증거가 점차 늘어나면서 박 대통령의 고분고분한 원래의 이미지가 신속하게 변했다.

현재 초점은 대통령이 최순실에게 직접 지시를 했는가, 그리고 최순실을 통해 권력 핵심과의 관계를 악용하여 이득을 취했는지이다. 그래서 이야기는 한국 대통령들에게 매우 전형적으로 일어났던 구식 부패 이야기로 바뀌었다.

그의 지적대로, 최서원이 국정을 좌지우지했고 박 대통령은 최서원의 꼭두각시에 불과했다고 잘못 믿은 국민들의 분노와 절망감을 등에 업고 국회는 박 대통령을 탄핵소추하였으나, 탄핵심판 단계에서는 박 대통령이 최서원의 부탁을 들어주거나 최서원에게 부정한 지시를 하였는지가 문제될 뿐 더 이상 어느 누구도 박 대통령이 최서원의 꼭두각시에 불과했다고 이야기하지는 않았다.

대통령 대리인단은 헌법재판소에 제출한 답변서를 통해 같은 문제점들을 지적한 바 있다. "4~5퍼센트의 낮은 지지율"과 "100만 촛불집회로 국민의 탄핵 의사가 분명해졌다"는 국회 탄핵소추의결서의 주장은 그 자체로 헌법이 보장하는 대통령의 임기를 완전히 무시하는 위헌적 처사임을 밝혔다. 낮은 지지율이나 촛불집회에 많은 인원이 모였다는 이유로 탄핵되어야 한다는 주장 자체가 법과 제도를 무시한 주장이며 인민민주주의 하에서나 가능한 주장이다.

또한, 탄핵소추의결서에 첨부된 참고자료에는 검찰 공소장과 무분별하게 남발된 언론의 폭로성 기사뿐이고 명확하게 소추 사유를 증명할 수 있는 객관적 증거는 없다는 점, 국회 소추 의결 절차에서도 대통령에게 억울함을 호소할 수 있는 아무런 기회도 제공되지 않았는데 대통령에게도 절차상의 권리로서 최소한의 방어권이 보장되어야 한다는 점을 주장했다.

답변서의 내용에 대해 언론은 엄청난 비판을 쏟아냈다. 인터넷 댓글들은 두말 할 나위도 없었다.

언론의 오보는 탄핵사태를 확대재생산하는 데 결정적 역할을 했다. 사실 나조차도 각종 루머들이 난무하던 2016년 말쯤에는 대통령에 대해 오해를 하기도 했고 그런 루머들로 인해 충격도 많이 받았다.

다행히 나는 다른 청년 변호사들과 토론을 하면서 눈을 뜰 수 있었던 것 같다. 누구도 무엇이 진실인지를 파악할 수 없었기 때문에 기사들을 놓고 서로 알고 있는 사실과 대비시켜 보며 사실인지 여부를 확인해 나갔다. 사실인지 여부를 알 수 없는 경우에는, 사실이라고 가정하더라도 대통령이 조기에 물러나는 것이 옳은지, 물러난다면 이후에 어떤 상황이 벌어질지 등에 대해 여러 가지로 토론했던 것 같다. 정말 루머와 오보의 홍수 속에서 제대로 정신 차리기 어려운 시기였다.

언론은 루머를 제대로 된 검증 없이 보도했고, 익명의 취재원을 내세워 단독, 특종을 앞 다투어 보도했다. 그 가운데 다수는 오보로 드러났지만 아무도 거기는 관심이 없었다. 모두들 계속 생겨나는 새로운 가짜 뉴스에만 온통 관심이 쏠려 있었고, 진실 여부는 중요하지 않았다. 언론이 루머나 익명의 취재원을 인용해 보도를 하면 다른 언론이 검증 없이 이를 받아 재생산하고, 종편에서는 패널들이 이를 분석하며 오보를 사실로 둔갑시켰다. 이러한 언론의 태도가 대통령에 대한 여론을 걷잡을 수 없이 악화시켰다.

언론의 오보와 함께, 당시 조직적인 댓글 작업도 있었다. 그 대표적인 사례가 '드루킹사건'이다.

이 사건은 아이러니하게도 2018년 초 집권 더불어민주당 법률대책단의 댓글 고소로부터 드러나기 시작했다. 더불어민주당은 닉네임 '드루킹'이 문재인 대통령에 반대하는 악의적인 댓글 공작을 했다고 판단하고 고소했으나, 수사 과정에서 드루킹이 지난 탄핵 정국과 대선 과정에서 더불어민주당을 위해 댓글 조작을 한 사실이 함께 드러나 버린 것이다.

2018년 6월 임명된 허익범 '드루킹 특검'은 두 달여간의 수사를 마친 뒤 8월 27일 수사 결과를 발표했다. 이날 특검은 드루킹 일당이 2016년 12월 4일부터 2018년 3월 21일까지 각종 포털사이트를 통해 뉴스기사 8만 1천여 개에 댓글 140여만 개를 달고 약 9,971만 건의 공감·비공감 횟수를 조작한 혐의로 9명을 기소했다고 발표했다. 주범인 '드루킹' 김동원, 그리고 그와 공모한 혐의로 기소된 김경수 경남도지사(사건 당시 더불어민주당 국회의원)는 이 책 초쇄 발간 직후인 2019년 1월 30일 1심에서 유죄로 실형을 선고받고 항소한 상태다.

드루킹의 댓글 조작 기간의 초기는 국회의 탄핵소추안 의결 직전부터 헌법재판소의 파면 결정이 있은 무렵까지를 포함하며, 댓글을 단 기사 수와 댓글 수의 어마어마한 규모로 탄핵심판 당시 여론에도 적지 않은 영향을 미쳤을 것으로 보인다. 특검이 밝혀내지 못한 댓글 조작도 상당할 것이고, 드루킹 일당 외에도 다른 댓글 조직이 있었을 가능성까지 감안하면 당시에 엄청난 여론 조작이 있었을 것으로 짐작된다.

당시 나도 인터넷 기사와 댓글을 보며 이상하다고 느낀 적이 많았다. 기사가 게재되기 무섭게 댓글이 수백 개 이상씩 달리고 상위 댓글은 추천 수가 수천 개나 1만 개 이상씩 달리는 것을 보고 이상하다는 생각은 했었지만, 매크로까지 동원한 엄청난 조작이 있으리라고는 생각지 못했다.

조직적인 댓글 작업은 여론 왜곡에 결정적인 영향을 미쳤다. 대다수의 국민들이 포털사이트를 통해 기사를 검색하고 댓글 반응을 국민 여론으로 여기고 있던 상황에서 댓글 조작이 미치는 영향은 어마어마했다. 기자들마저 댓글 반응이 무서워 제대로 기사를 쓰지 못하는 지경까지 이르렀다. 공감·비공감 횟수 조작을 통해 포털사이트의 메인화면에 등장하는 기사를 임의로 선별할 수 있었고, 국민들은 수많은 기사들 중에서 특정 세력에 의해 선별된 기사들 위주로 열독할 수밖에 없는 상황이었던 것이다. 이는 단순한 실정법 위반이 아니라 우리 헌법이 보호하는 언론의 자유에 대한 중대한 침해에 해당하며, 공무원이 관여된 경우라면 당연히 탄핵이나 징계 사유에 해당한다.

무분별하게 남발되는 오보에 대해 2017년 초반부터 언론사들 스스로 조금씩 자정 노력을 하기도 했다. 조선일보, 월간조선, 미래한국, 경남일보, 뉴스앵글 등 언론사에서 루머들을 바로잡기 위한 기사를 게재했다. 그 기사들을 읽고 참 반가웠던 기억이 있다. 그 기사들을 정리한 자료들은 헌법재판소에 참고자료로 제출했다. 하지만 상황을 되돌리기에는 역부족이었다.

나에게 한 문장만 달라. 누구든지 범죄자로 만들 수 있다.

선동은 한 줄로 가능하지만 이를 반박하려면 수십 장의 문서와 증거가 필요하다. 그리고 그것을 반박하려 할 때면 사람들은 이미 선동당해 있다.

나치 선전장관 괴벨스의 어록에 나오는 말들이다. 이 말이 21세기 대한민국에서 그대로 실현된 것이다.

나가며—두 개의 프레임

"법정은 역사가 심판한다"
거짓의 산 헤치고 싹트는 진실들
자유민주주의 참뜻 깨닫는 계기로

2017년 3월 10일, 그날의 기억을 다시 떠올리는 것은 지금도 괴로운 일이다. 헌재 재판관들의 논리가 좀더 탄탄했더라면, 좀더 당당했더라면 하는 아쉬움이 강하게 남아 있다. 우리 역사에 영원히 남을 결정이었기 때문이다.

2016년 가을 이후 아직까지 진행 중인 박근혜 전 대통령 탄핵사태를 바라보는 두 개의 프레임이 있다.

하나는 대통령이 최서원과 공모하여 국정을 농단했다고 보는 프레임이다. 언론, 국회, 검찰과 특별검사, 헌법재판소와 법원이 인정하는 프레임이다. 이 프레임에 따르면 대통령은 최서원의 꼭

두각시다. 대통령을 통해 최서원은 국정을 농단했다. 장·차관을 포함한 고위 공직자를 멋대로 임명하고 해임하게 했다. 국가 기밀도 제한 없이 열람한다. 대통령은 최서원을 위해 미르재단과 케이스포츠재단을 설립하고 대기업 회장들을 만나 출연을 강요한다. 대통령은 세월호 사고 발생 당일 굿을 하고 미용시술을 했다. 무속에 빠져 있고 최서원에게 정신적으로 지배당하고 있어서 평소에도 정상적인 생활이 불가능하다. 최서원은 대통령을 이용해서 이미 300조 원을 해외에 빼돌려 놓았다.

다른 하나의 프레임은 탄핵심판과 형사재판 과정을 지켜보며 실상을 깨닫게 된 국민들과 일부 언론을 통해 조금씩 드러나고 있는 프레임이다. 이 프레임에 따르면 대통령은 국정을 운영하면서 단돈 1원의 뇌물도 받은 사실이 없다. 대통령은 당선 이후 가족들도 청와대에 들이지 않으며 국정 운영에만 매진해 왔다. 대통령은 대한민국의 재도약을 위해 문화·체육 분야의 발전이 필수적이라고 보고 문화융성 등을 위해 노력해 왔다. 그러던 중 문화·체육 분야의 발전이 민간 부문의 활성화 없이는 쉽지 않다고 인식하고 대기업들의 협조를 받아 미르재단과 케이스포츠재단의 설립을 지원하게 된다. 순수한 의도였고 설립 과정에서 대기업을 압박하거나 재단을 통해 사익을 취하고자 한 적이 없었다.

하지만 최서원의 생각은 달랐다. 대통령과의 관계를 이용해 돈을 벌고 싶었다. 그래서 더블루케이를 설립해 재단으로부터 용역을 받아 이득을 취하고자 했다. 고영태 등이 체육 관련 경험이 있어 함께 일했다. 하지만 전문성 부족 등으로 용역을 수주하거나 다른 대기업들과 협상을 진행하는 일은 쉽지 않았고, 대통령의 눈을 피해 이런 일들을 진행시키는 것은 더더욱 힘들었다. 일부 협상 건들은 대통령 귀에 들어갈까 두려워 중간에 중단시킨 경우도 있었다. 결국 최서원은 더블루케이를 통해 손해만 입었다. 고영태 등은 최서원이 대통령과 가깝다는 사실을 알고 이를 이용해서 이득을 취하려고 하였으나 여의치 않았고, 최서원과의 사이가 멀어지게 되자 '게이트'를 기획하게 된다.

대통령은 연설문의 문구 등에서 최서원의 도움을 받은 적은 있지만 다른 공문서를 최서원에게 전달하도록 지시한 사실은 없었다. 하지만 정호성 비서관의 느슨한 일 처리로 일부 문건이 최서원에게 넘어간 일은 있다. 정 비서관은 최서원과 친분이 있었기 때문에 최서원의 요청을 쉽게 거절하지 못했던 것으로 보인다. 최서원이 드러나 있지 않은 사람이라 문건을 전달하더라도 별 문제가 없을 것이라고 생각했다.

대통령은 최서원이 삼성과 사적으로 접촉해서 승마 지원을 받는 등 이득을 취하리라고는 상상도 하지 못했다. 이 또한 최서원이 대통령의 위세를 이용하여 저지른 일이다. 삼성은 대통령이 최서원에 대한 승마 지원을 요청한 것은 아니었지만 최서원이 대통령과 가깝다는 사실은 알고 있었기 때문에 '보험'을 든다는 차원에서 최서원을 지원했다. 삼성은 최서원이 대통령을 움직일 수는 없지만 삼성이 하는 일에 훼방을 놓을 수 있다는 점을 두려워 했다.

우리 사회에서는 아직도 이 두 가지 프레임이 대립 중이다. 하지만 시간이 좀 더 지나고 이번 사태에 대한 여러 가지 감정들이 가라앉은 상태에서 팩트를 하나하나 조합해 보면 어느 프레임이 더 진실에 가까운지 쉽게 확인할 수 있을 것이다.

구 유고슬라비아 전범 재판을 위한 국제형사재판소에서 상임재판관을 지낸 권오곤 한국법학원장은 한 언론와의 인터뷰에서 이번 탄핵심판과 관련하여, "공정한 재판의 이념을 해치면서까지 신속해야 한다는 건 있을 수 없는 일"이라고 강조하면서, 제2차 세계대전 전범을 처리한 1945~46년 '뉘른베르크 재판'에서 로버트 잭슨 수석검사가 한 다음과 같은 모두(冒頭)진술을 인용했다.

"뉘른베르크 재판소가 사건을 심판하지만, 결국에는 판결에 의해 재판소가 심판을 받는다. 우리가 피고인을 재판하는 기록이 나중에 역사가 우리를 평가하는 기록이 된다는 것을 잊어서는 안 된다."

변호사로서 형사재판을 수행하다 보면 흔히 겪는 일 중 하나가 참고인이나 공동피고인의 거짓 진술이다. 사람은 진실만 말하지 않는다. 본인의 이해관계가 걸린 문제에서는 더욱 그렇다. 참고인은 자신도 함께 처벌될까 두려운 경우에 수사기관에 협조하게 되고, 그 과정에서 진술은 부풀려진다. 수사기관이 원하는 진술을 하지 않을 경우 처벌될 수 있다고 생각하면 의식적으로 거짓을 말하거나, 그렇지 않더라도 사실과 판단이 뒤죽박죽이 되어 새로운 사실로 탈바꿈되기 쉽다.

수사기관이 작성하는 조서에는 질문 내용이나 용어 사용에서 수사기관의 '관점'이 투영된다. 피의자에게 유리한 질문은 잘 하지 않는다. 진술이 애매하면 수사기관은 피의자에게 불리한 쪽으로 되묻고 조서 작성 과정에서 피의자에게 불리한 쪽으로 정리하는 경우가 많다. 피의자에게 유리할 수 있는 진술을 의도적으로 배제하는 경우도 많다.

때문에 수사기관이 작성한 조서는 공개된 법정에서 증거 조사 과정을 거친다. 변호인이 재판 과정에서 다른 증거들을 통해 조서를 반박하고, 법관이 양측의 입장을 다 들어 본 뒤 객관적인 관점에서 합리적으로 취사선택하는 것이 우리 사법 시스템이다. 이러한 시스템이 이번 탄핵사태에서는 제대로 작동되지 않았다.

대통령 탄핵사태가 진행되는 동안 여론은 일방적으로 대통령을 비난했다. 오보와 댓글 공작도 여론을 더욱 악화시켰다. 국회의 탄핵소추안이 가결되고 대통령 직무권한이 정지된 상황 속에서 많은 사람들이 검찰과 특별검사의 조사에 협조했다. 어떤 이들은 입건을 면하기 위해, 어떤 이들은 구속된 상태에서 본인의 책임을 떠넘기기 위해 사실과 다른 진술을 했고, 또 어떤 이들은 정상적으로 이루어진 일도 "이제 와서 보니 최서원이 개입했던 것 같다"는 식으로 진술하기도 했다.

검찰과 특검은 누구를 구속할지, 누구를 기소할지, 구형은 얼마나 할지를 일방적으로 정할 수 있었고, 이런 권한을 최대한 활용했다. 검찰은 고영태 녹음 파일을 확인하였음에도 그에 대한 수사를 따로 진행하지 않았고, 고영태에 대한 수사와 구속을 촉구하는 목소리들이 있었으나 따로 반응하지 않았다. 고영태에 대한 구속영장 청구는 탄핵심판이 종료된 이후인 2017년 4월 13일에 비로소 이루어졌다. 정유라의 경우 두 번째 구속영장이 기각되고 세 번째 구속영장 청구가 논의되는 상황에서 정유라가 2017년 7월 12일 이재용 부회장의 재판에 출석하여 불리한 증언을 쏟아냈고, 이후 검찰은 더 이상 정유라에 대한 구속영장을 청구하지 않았다. 특검의 수사에 협조적이었고 수사 고비 때마다 결정적인 진술을 해서 특검 관계자들 사이에서 '복덩이'니 '특급 도우미'니 하는 별칭까지 얻었던 장시호에 대해 특검은 1년 6월을 구형하여 편의를 봐주었으나, 법원은 이례적으로 구형보다 높은 2년 6월의 실형을 선고한 사실도 있다.

진실과 거짓이 뒤죽박죽이 된 조서들은 탄핵심판과 형사재판 과정에서 제대로 검증되지 못했다. 헌법재판소는 8인 재판부를 고집하며 시한을 못 박아 둔 채 속도전을 펼쳤다. 그 과정에서 헌법재판관들은 검찰이 작성한 조서는 모두 열람하였음에도 정해진 시한을 이유로 수많은 증인들에 대한 증인 채택을 직권으로 취소하였고, 대통령 대리인단에게는 제대로 된 반박 기회가 주어지지 않았다.

대통령 파면 이후 이어진 형사재판 과정에서도 주 4회 재판 진행으로 인해 변호인들에게는 제대로 된 반박 기회가 주어지지 않았다. 증인들과 관련자들의 조서를 분석하고 여타 증거들을 파악한 뒤 정상적으로 재판에 임할 시간 자체가 주어지지 않았던 것이다.

탄핵심판과 형사재판은 국정의 최고책임자인 대통령이 관여했거나 지시를 했는지가 핵심 쟁점인 사안이었지만, 대통령과 직접 접촉했던 자들이 대통령이 범죄행위를 했다는 진술을 한 경우는 거의 없다. 때문에 검찰은 두 단계나 세 단계 이상을 거친 하위 관계자들의 진술을 조합해서 대통령이 관여했거나 지시했을 것이라고 추정하고, 다시 그 추정 위에 새로운 추정을 쌓아 올리는 형식의 입론을 펴고 있다. 따라서 헌법재판소나 형사법원 재판부가 모순되는 사실 속에서 진실을 확정하고 입증의 정도를 따지는 일은 무엇보다 중요했다. 하지만 헌법재판소와 법원은 제대로 된 역할을 하지 못했다. 그렇게 거짓은 산처럼 쌓여 갔다.

대통령 탄핵사태를 거치면서 많은 것을 보고 듣고 느꼈다. 그동안 단단하다고 믿었던 법원과 검찰에 대한 생각도 많이 달라졌다. 정치권과 언론이 주동하는 광풍이 몰아치니 법원도 검찰도 제 역할을 하지 못했다. 우리 자유민주질서를 지탱하는 기둥들이 모두 흔들리고 있었다. 우리 자유민주주의 체제가 이렇게 허약한 줄 예전에는 미처 몰랐다.

다른 한편으로는 사람이란 존재가 얼마나 나약한지, 수많은 정보들 속에서 진실을 찾아가는 노력이 얼마나 필요한지, 그리고 어려운 상황에 닥쳤을 때 자기 생각을 가지고 행동한다는 것이 얼마나 어려운 일인지를 새삼 느꼈다.

언젠가 대통령께 드린 편지에서 "아직 대통령님의 소명이 남은 것 같다"고 쓴 적이 있다. "이번 사태는 비극이지만 그로 인해 스스로 생각하는 자유 시민들이 깨어나고 있는 것 같다"고 말씀드렸다. 단순히 정보를 수동적으로 받아들이는 것이 아니라 비판적으로 사고하는 사람들이 늘었고, 자생적인 우파 조직들도 생겨나고 있다. 유튜브 방송도 활발하다. 다행스런 일이다.

모든 것은 드러나야 제대로 정리될 수 있다. 어쩌면 우리는 너무 오랜 기간 동안 대한민국의 정체성에 대해, 자유에 대해 제대로 고민해 보지 못했다. 하지만 계기가 주어졌고, 이제는 달라져야 한다.

부록

탄핵심판 대통령 의견서

(전문, 2017. 2. 27 헌법재판소 제출)

1. 들어가며

존경하는 헌법재판관 여러분.

먼저, 국내외의 어려움이 산적한 상황에서 저의 불찰로 국민들께 큰 상처를 드리고, 국정 운영에 부담을 더하고 있는 것을 매우 송구스럽게 생각합니다.

저는 최종변론을 준비하면서, 지난 4년의 대통령 재임 기간을 돌이켜 보았습니다. 부족한 점도 많았고, 제 스스로도 만족하지 못했던 순간들도 있었습니다.

여러분이 아시다시피, 저는 지난 1998년 대구 달성군 보궐선거를 통해 정치에 입문을 하였습니다. 그날 이후 대통령으로 취임하여 지금에 이르기까지 단 한 순간도 저 개인의 유불리를 따지지 않고 오로지 국가와 국민만을 생각하며 최선을 다해 바른 정치를 하려고 노력했습니다.

2004년 3월 한나라당의 대표최고위원으로 당선된 후 가장 먼저 여의도 공터에 천막 당사를 설치하였고, 총선 이후에는 국민들께 드렸던 약속대로 당사를 매각하고, 천안 중앙연수원을 국가에 헌납하면서 약속에 대한 진정성을 보여 드렸습니다.

저는 '정치는 현장에 있어야 한다'라는 신념 아래 시장, 공장, 노숙자 쉼터, 결식 아동 공부방 등 소외되고 어려운 서민들을 직접 찾아가서 그들의 목소리를 들었고, 지하 3,300미터의 갱도까지 내려가서 광부들의 어려움을 살폈으며, 중소기업인들과 재래시장 상인들의 애로사항은 더욱 세심하게 챙겼습니다.

저는 무엇보다도 이런 현장 방문이 '얼굴 비치기'가 아니라, 실질적인 '삶의 질'의 향상으로 이어질 수 있도록 현장의 의견을 반영하여 정책을 수립하고 법안과 예산으로 마무리하는 일련의 과정을 꼼꼼히 챙겼습니다.

민생 현장에서의 약속들을 하나하나 기록하여 직접 점검했고, 2006년에는 대한민국 정치사에서는 처음으로 국민들께 드렸던 약속들이 '어느 정도 단계에 와 있는지, 아직 실천하지 못한 것은 어떤 것이며, 왜 그렇게 되었는지'를 정리한 『대국민 약속 실천 백서』를 발간하였습니다.

제가 이러한 약속 실천 백서를 발간했던 이유는, 신뢰할 수 있는 사회와 선진국으로 인정받는 데 가장 기본이 되는 것은 '얼마만큼 책임질 수 있는 약속을 했고, 그것을 지키기 위해 어떠한 노력을 했는가?' 하는 것이라고 생각을 했었고, 국민과의 약속을 실천하는 데는 '협상'이 아니라 '노력'이 필요하다는 믿음 때문이었습니다.

대통령으로 취임한 후, 국민들께 드렸던 '경제부흥, 국민행복, 문화융성, 통일기반 조성' 등의 약속을 지키기 위해 할 수 있는 모든 노력을 다 해 왔습니다.

국민들의 믿음에 배신을 할 수 없다는 저의 약속과 신념 때문에 국정 과제를 하나하나 직접 챙기면서 국가와 국민을 위해 헌신하는 마음으로 국정을 수행해 왔습니다.

어려운 국제여건에서도 우리 기업들의 활력을 되찾아 주기 위해 과감하게 규제를 풀고 엄청난 투자를 해 왔으며, 북한의 위협과 주변국들의 갈등 속에서도 대한민국의 안보를 지키고 국익을 극대화하기 위해 밤낮없이 노력을 해 왔습니다.

그런데, 이처럼 국가와 국민을 위한 일이라는 신념을 가지고 펼쳐 왔던 많은 정책들이 저나 특정인의 사익을 위한 것이었다는 수많은 오해와 의혹에 휩싸여 모두 부정한 것처럼 인식되는 지금의 현실이 너무나 참담하고 안타깝기만 합니다.

저는, 정치인의 여정에서, 단 한 번도 부정과 부패에 연루된 적이 없었고, 주변의 비리에도 엄정했습니다. 최순실을 비롯한 주변 사람들의 잘못된 일 역시, 제가 사전에 조금이라도 알았더라면, 누구보다 앞장서서 엄하게 단죄를 하였을 것입니다.

이제, 저는 구체적인 사실관계나 법리적인 부분은 저의 대리인단에서 충분히 말씀드렸고 또한 최종적으로 정리해서 말씀을 드릴 것으로 알고 있기에, 탄핵심판의 피청구인이자 대한민국의 대통령으로서 탄핵심판의 마지막 변론기일을 맞아, 소추 사유에 대한 저의 생각을 말씀드림으로써 최후의 변을 하고자 합니다.

2. 공무상 비밀 누설, 인사권 남용에 대하여

먼저 이번 사태의 발단인 최순실과 저의 관계, 그리고 그로부터 파생된 공무상 비밀 누설, 국정 농단 의혹에 대하여 말씀드리겠습니다.

저는, 여러분들도 잘 아시듯이 어렵고 아픈 시절을 보내면서 많은 사람들이 등을 돌리는 아픔을 겪었었습니다. 최순실은 이런 제게 과거 오랫동안 가족들이 있으면 챙겨 줄 옷가지, 생필품 등 소소한 것들을 도와주었던 사람이었습니다.

저는 18대 대통령선거 등을 치르면서 전국의 수많은 국민들에게 저의 메시지를 전달했습니다. 각종 연설의 중요한 포인트는 보좌진과 의논하여 작성을 하였지만, 때로는 전문적인 용어나 표현으로 인해 일반 국민들의 입장에서는 말하는 사람의 진심이 제대로 전달되지 않는 경우도 가끔 경험을 하였습니다.

그러한 연유로, 저는 국민들이 들었을 때 이해하기 쉽고, 공감할 수 있는 표현에 대해 최순실의 의견을 때로 물어본 적이 있었고, 쉬운 표현에 대한 조언을 듣기도 하였습니다.

그동안 최순실은 제 주변에 있었지만, 그 어떤 사심을 내비치거나 부정한 일에 연루된 적이 없었고, 이로 인해 제가 최순실에 대하여 믿음을 가졌던 것인데, 돌이켜 생각해 보면 저의 그러한 믿음을 경계했어야 했는데 하는 늦은 후회가 듭니다.

하지만, 제가 최순실에게 국가의 정책 사항이나, 인사, 외교와 관련된 수많은 문건들을 전달해 주고, 최순실이 국정에 개입하여 농단할 수 있도록 했다는 주장은, 전혀 사실이 아닙니다.

정부의 각료나 공공기관장 등의 인선의 경우, 여러 경로를 통해 적임자를 추천을 받아, 체계적이고 엄격한 검증 절차를 거쳐 2~3배수의 후보자로 압축이 되면, 위 후보자들 중에서 적임자를 최종적으로 낙점을 하였습니다.

무엇보다 인사에 대한 최종적인 결정권자는 대통령이고 그 책임 역시 대통령의 몫입니다. 떠도는 의혹처럼 어느 한 개인이 좌우할 수 있는 문제가 아닙니다.

일부 공직자 중 최순실이 추천한 인물이 임명이 되었다는 이야기가 있으나, 저는 최순실로부터 공직자를 추천받아 임명한 사실이 없으며, 그 어떤 누구로부터도 개인적인 청탁을 받아 공직에 임명한 사실이 없습니다.

또한 공무원에 대한 임면권자로서, 대통령의 지시사항을 성실히 수행하지 못하거나 공직자로서의 능력이 부족하거나, 비위 등이 있는 경우 정당한 인사권을 행사하여 당해 공무원들에 대해 책임을 물은 사실은 있으나, 최순실을 포함한 어느 특정인의 사익에 협조하지 않는다 하여 아무런 잘못이 없는 공무원들을 면직한 사실은 추호도 없습니다.

최순실은 오랫동안 유치원을 운영한 경험은 있지만, 국가 정책이나 외교 분야에 전문성이 있는 사람이 아닙니다. 그렇기 때문에 대통령인 제가 그와 같은 최순실에게 국가의 주요 정책이나 외교 문제를 상의해서 결정한다는 것은 애초부터 생각조차 할 수 없는 일입니다.

3. 재단법인 미르, 재단법인 케이스포츠 설립, 모금에 대하여

무엇보다도, 저는 재임 중에 기업 활동을 옭아매는 규제를 풀어 어느 나라보다 자유로운 기업 활동을 보장할 수 있도록 최선을 다했으며, 기업에 부담을 주지 않기 위해 스스로를 엄격하게 자제해 왔습니다. 하지만, 정부의 한정된 예산만으로는 모든 정부 시책을 추진하기는 어렵고, 민간 기업의 자발적 참여와 협조가 반드시 필요한 분야도 있습니다.

저는 대통령에 당선되기 전부터 창조경제의 중요성을 역설해 왔고, 문화융성을 통하여 한류를 확산하고 체육 인재 양성을 통하여 국위를 선양하여 국가의 브랜드 이미지를 제고하면, 기업에도 이익이 되고, 이로 인해 일자리도 창출되어, 경제에 도움이 되리라고 생각했습니다.

특히, 세계경제가 제조업 성장의 한계에 부딪친 현 시점에서, 문화는 미래의 대한민국을 지탱해 줄 중요한 고부가가치의 산업이라 여겼으며, 한 나라의 정신이자, 소프트웨어라고 생각을 했고, 그래서 문화와 체육 분야의 성장을 위해 기업들의 투자를 늘 강조해 왔습니다.

기업인들도 "한류가 세계에 널리 전파되면 기업의 해외 진출이나 사업에 도움이 된다"며 저의 정책 방향에 공감해 주셨고, 그래서 저는 전경련 주도로 문화재단과 체육재단이 만들어진다는 소식을 관련 수석으로부터 처음 들었을 때, 기업들이 저와 뜻에 공감을 한다는 생각에 고마움을 느꼈고, 정부가 도와줄 수 있는 방안이 있으면 적극적으로 도와주라고 지시를 하였던 것입니다.

그런데, 그렇게 좋은 뜻을 모아 설립한 위 재단들의 선의가, 제가 믿었던 사람의 잘못으로 인해 왜곡되고, 이에 적극 참여한 우리나라 유수의 기업 관계자들이 검찰과 특검에 소환되어 장시간 조사를 받고, 급기야는 국가경제를 위해 노력해 오던 글로벌 기업의 부회장이 뇌물공여죄 등으로 구속까지 되는 것을 보면서 너무나 가슴이 아팠습니다.

대통령으로서 국가경제를 위해 세계를 상대로 열심히 싸우고 있는 우리 기업들을 도와주지는 못할망정 비난과 질시의 대상으로 추락하게 하고, 기업들이 이익을 사회에 환원하고 국가 발전에 공헌한다는 차원에서 공익적 목적의 재단법인에 기부한 것을, 뇌물을 제공한 것으로 오해받게 만든 점은 너무 안타깝습니다.

저는 그간 누누이 말씀드린 것처럼, 공직에 있는 동안은 저 자신을 철저하게 관리하여 어떠한 구설도 받지 않으려 노력해 왔으며, 삼성그룹의 이재용 부회장은 물론 어떤 기업인들로부터도 국민연금이든 뭐든 부정한 청탁을 받거나 이를 들어준 바가 없고, 또한 그와 관련해서 어떠한 불법적인 이익도 얻은 사실이 없습니다.

4. 중소기업 특혜, 사기업 인사 관여 의혹에 대하여

대통령이 특정 중소기업의 납품이나 수주를 도왔다거나, 사기업의 인사에 관여했다는 의혹에 대하여 말씀드리겠습니다.

저는 20대 초반 어머니를 여의고, 아버지를 도와 퍼스트레이디 역할을 대행했을 때부터 청와대에 들어온 민원을 점검하고 담당 부서들이 잘 처리하고 있는지를 일일이 확인해야만 마음이 놓였으며, 영세한 기업이나 어렵고 소외된 계층의 어려움을 조금이라도 덜어 주는 것이 국가 발전에 이바지하는 것이라고 생각을 했습니다.

저는 대통령으로 당선된 후 첫 경제 일정이 중소기업중앙회를 방문한 것에서도 알 수 있듯이, 평소에도 우수한 기술을 갖춘 중소기업들이 국내외에 제품을 납품할 수 있는 기회 한 번 제대로 잡지 못하고 소중한 기술이 사장되는 것을 안타까워 했었고, 그럴 때마다 합법적 범위 내에서 지원할 방안을 찾도록 관련 부서에 요청하였습니다. 대통령이 귀찮아 하지 않고 우수한 중소기업들의 애로사항을 적극적으로 해결해 주는 것이 올바른 국정 수행이라고 생각했습니다.

대통령으로서 국정을 수행하면서 현장을 방문했을 때, 중소기업들의 민원이나 지원 건의가 있으면 작은 부분이라도 챙겨 주어야 하는 것이 대통령의 당연한 의무라고 생각을 하고 관련 부서에 합법적인 범위 내에서 이를 지원할 방안을 찾도록 지시를 하였던 것입니다.

이는, 결코 누군가의 부정한 청탁을 위해서, 또는 누군가에게 개인적인 이권이나 이익을 주기 위한 것이 아니었습니다.

최순실이 제게 소개했던 'KD코퍼레이션'이라는 회사의 자료도 이러한 중소기업의 애로사항을 도와주려고 했던 연장선에서 판로를 알아봐 주라고 관련 수석에게 전달을 하였던 것이며, 위 회사가 최순실의 지인이 경영하는 회사이고 최순실이 이와 관련하여 금품을 받은 사실은 전혀 알지도 못했으며, 상상조차 하지 못했습니다.

사기업의 인사에 관여했다는 부분에 있어서도, 제가 추천을 했다는 사람 중 일부는 전혀 알지도 못하며, 제가 도움을 주려고 했던 일부 인사들은 능력이 뛰어난데 이를 발휘할 기회를 찾지 못하고 있다고 하여

능력을 펼칠 기회를 알아봐 주라고 이야기했던 것일 뿐, 특정 기업의 특정 부서에 취업을 시키라고 지시한 사실은 없습니다.

5. 언론 자유 침해

2014년 11월경 〈세계일보〉에서 '정윤회 국정 개입은 사실'이라는 제목의 기사를 보도하였고, 이후 그 근거로 청와대에서 작성된 감찰보고서를 공개하였습니다.

이 보도 이후에, 저는 같은 해 12월 초순경 주재한 수석비서관회의에서 "기초적인 사실 확인조차 하지 않은 채 외부로 문건을 유출하게 된 것은 국기문란"이라는 취지로 발언한 사실이 있습니다.

이는, 당시 청와대의 비밀 문건이 외부로 유출되어 보도되는 상황이 발생한다는 것은 공직 기강 차원에서 큰 문제라는 인식하에 이에 대한 철저한 진상 규명을 촉구하는 취지였을 뿐, 〈세계일보〉에 보도 자제를 요구하거나 언론의 자유를 침해할 의도가 있었던 것은 아닙니다.

그 후 검찰 수사를 통해 〈세계일보〉가 보도한 "정윤회가 국정에 개입하고 있다"라는 취지의 문건 내용은 사실이 아닌 것으로 밝혀졌지만, 그후 저의 비서진들에게 세계일보 조한규 사장의 해임을 요구하도록 지시를 하거나, 이를 알면서도 묵인한 사실이 없습니다.

6. 세월호 침몰사고에 대하여

세월호 침몰사고 당일, 저는 관저의 집무실에서 국가안보실과 정무수석실로부터 사고 상황을 지속적으로 보고를 받았고, 국가안보실장과 해경청장에게 "생존자 구조에 최선을 다하고 인명 피해가 발생하지 않도록 하라"고 수회에 걸쳐 지시를 하였습니다.

다만, 재난 구조 전문가가 아닌 대통령이 현장 상황에 지나치게 개입할 경우 구조작업에는 전혀 도움이 되지 않고 체계적인 구조계획의 실행에 방해만 된다고 판단을 하여 구조 상황에 대한 진척된 보고를 기다렸습니다.

'전원 구조'라는 연이은 언론의 보도 및 관련 부서로부터 받은 통계에 오류가 있는 보고로 인해 당시 상황이 종료된 것으로 판단을 했다가, 전원 구조라는 보도가 오보이고 피해 상황이 심각하다는 정정 보고를 받은 후에는 즉시 중대본 방문을 지시하였고, 관계 공무원들에게 "단 한 명의 생존 가능성도 포기하지 말고 동원 가능한 모든 인력과 장비를 동원하여 보다 세밀한 수색과 구조에 최선을 다하고, 피해 가족들에게 도움이 될 조치라면 조금도 망설이지 말고 적극 협조하여, 사고 현장의 가족들이 불편을 겪지 않도록 살펴 달라"고 지시하는 등, 구조와 사고 수습에 최선을 다할 것을 독려하였습니다.

일각에서, 당일 제가 관저에서 미용시술을 받았다거나 의료처치를 받았다고 주장하고 있으나 이는 전혀 사실이 아닙니다.

7. 마치며

저는 정치인으로서 지켜야 할 가치 중 가장 중요한 것은 '국민과 한 약속을 지키는 것'이라고 믿고 살아왔습니다. 대통령으로 취임한 그날부터 국민과의 약속을 실천하기 위해 저의 모든 시간과 노력을 쏟아 일해 왔습니다.

저는 이 땅의 모든 우리 아이들이 자신의 꿈을 펼쳐 나갈 수 있고, 모든 젊은이들이 학교를 졸업하고 자신들이 원하는 직장을 가질 수 있는 길을 열어 주어, 우리 후손들이 자신의 꿈을 펼칠 수 있는 풍요로운 나라를 만드는 것이, 이 나라의 정치인으로서 그리고 대통령으로서 책임지고 해야 할 사명으로 생각하였고, 이를 이룰 수 있다는 확신과 믿음을 가지고 혼신의 노력을 다해 왔습니다.

땀 흘린 만큼 보상받고, 노력한 만큼 성공하는 나라, 법과 원칙을 지키는 사람들이 성공하는 상식이 통하는 그런 나라를 만드는 것이 저의 소명이라고 생각을 했습니다.

돌아보면, 대한민국의 대통령으로서 제게 주어진 소명을 수행하기 위해 보낸 지난 시간들은 국민과의 약속을 실천하는 시간들이었습니다.

이번 사건을 겪으면서 주변을 제대로 살피고 관리하지 못한 저의 불찰로 인해 국민들의 마음을 상하게 해 드린 점에 대하여는 다시 한 번 송구스럽다는 말씀을 드립니다.

하지만, 지금껏 제가 해 온 수많은 일들 가운데 저의 사익을 위한 것은 단 하나도 없었으며, 저 개인이나 측근을 위해 대통령으로서의 권한을 행사하거나 남용한 사실은 결코 없었습니다.

다수로부터 소수를 보호하고 배려하면서, 인간에 대한 예의와 배려가 있으며, 결과에 대한 정당성 못지않게 그 과정과 절차에 대한 정당성이 보장되는 것은 대한민국의 미래와 역사를 위해 바람직하다고 생각합니다.

저는, 앞으로 어떠한 상황이 오든, 소중한 우리 대한민국과 국민들을 위해 갈라진 국민들의 마음을 모아 지금의 혼란을 조속히 극복하는 일에 최선을 다해 나가겠습니다.

헌법재판관님들의 현명한 판단과 깊은 혜량을 부탁드립니다.

대통령 대리인단 채명성 변호사의
헌재 탄핵심판 최후변론

(2017. 2. 27)

저는 오늘 이 자리에서 중대성의 관점에서 탄핵심판 청구가 기각되어야 하는 이유에 대해 간략히 말씀드리고자 합니다.

귀 재판부가 이미 2004년 선언한 바와 같이, 대통령을 파면하기 위해서는 단순히 '직무 집행에 있어서 헌법이나 법률을 위배한 때'가 아니라, 헌법이나 위배의 정도가 공직자의 파면을 정당화할 수 있는 중대한 경우라야 합니다. 이는 대통령 파면 결정으로 초래될 국정 공백, 국가적 분열, 국민이 직접 선출한 대통령의 임기를 강제로 종료시킴으로써 헌법상 대의민주주의, 국민주권주의가 받게 되는 손상 정도를 고려할 때 지극히 당연한 결론입니다.

중대성 판단을 위해서는 법 위반이 헌법질서에 미치는 부정적 영향과 파면으로 인해 초래되는 효과를 형량해야 합니다. 결국 법 위반의 정도가 어떠한지, 탄핵 결정으로 인한 헌법 수호 효과가 어떠한지와 탄핵 결정으로 인한 국론 분열과 정치적 혼란, 국정 공백과 같은 국가적 손실이 어떠한지를 비교형량해야 합니다.

그런데 본 사안의 경우 법 위반의 정도가 중한 경우에 해당되지 않습니다. 증거 조사 과정에서 소추위원 측이 제출한 모든 증거들을 종합하더라도 소추 사유가 인정되지 않는다는 점은 이미 충분히 입증되었습니다. 물론 최서원 등 주변 관리에 소홀했던 점은 있으나 이는 도덕적 책임일 뿐 법적 책임으로 보기는 어렵습니다.

또한, 탄핵이 기각되더라도 피청구인의 임기는 1년이 채 남지 않았으며, 여소야대인 상황에서 피청구인의 역할은 여·야 합의가 가능한 범위 내에서 합리적으로 이루어질 것이며, 주된 임무는 연말 대선의 공정한 관리에 국한될 것입니다.

반면 탄핵 결정으로 인한 부정적 효과는 심각한 수준입니다.

첫째, 탄핵 결정이 인용될 경우 대한민국은 걷잡을 수 없는 혼란에 빠져들게 될 것입니다. 태극기집회와 촛불집회로 대별되는 양 세력의 충돌은 대선을 불과 두 달 앞두고 더욱 심해질 것으로 보입니다. 반면 탄핵이 기각될 경우 양측 모두 12월 대선을 준비하는 쪽으로 전열 정비에 나설 것이므로 심각한 충돌은 피할 수 있을 것입니다.

둘째, 탄핵 결정으로 인해 대통령제의 근간이 흔들릴 우려가 큽니다. 대통령이 비선과 의견을 교환하고 공익 목적이더라도 민간 영역에 개입했다는 사유만으로 탄핵이 인용된다면 향후 어느 대통령도 탄핵의 위험에서 벗어나기는 어려울 것입니다. 여소야대인 상황에서는 언제나 탄핵의 위험이 상존하게 되고, 안정적 국정 운영이라는 대통령제의 가장 큰 덕목이 사라지고 마는 것입니다.

셋째, 대한민국에서 적법 절차라는 헌법적 가치는 사라지게 될 것입니다. 헌법재판소는 이 나라의 입헌민주주의를 지키는 최후의 보루입니다. 헌법의 원칙과 룰을 상황논리에 따라 임의로 해석, 적용해서는 안 될 것입니다.

그런데 이 사건 탄핵소추 경과를 살펴보면, 검찰의 위헌적 수사와 여론에 편승해서 국회의 탄핵소추가 이루어졌습니다. 탄핵소추 이후에는 검찰과 특검의 수사 결과를 사후적으로 반영하여 소추의결서 내용을 변경하고 증거를 추가하였습니다. 한편에서는 특검 수사와 형사재판이 진행되고 다른 한편에서는 탄핵심판 절차가 진행되는 기이한 상황이 발생하였습니다.

이 모두 헌법재판소법의 규정 취지와 달리 소추 사유와 동일한 내용의 공소사실에 대한 형사재판이 진행되고 있음에도 탄핵심판 절차를 정지하지 않은 채 계속 진행했기 때문에 발생된 일입니다.

게다가 탄핵심판 절차는 피청구인에게는 '기울어진 운동장'이었습니다. 청구인이 5만 페이지에 이르는 수사 기록을 증거로 제출했음에도 피청구인에게는 이를 탄핵할 기회가 제대로 보장되지 않았습니다. 귀 재판부는 부동의한 조서라도 변호인의 조력을 받았다는 이유만으로 증거능력을 인정하였고, 피청구인이 신청한 증인들의 상당수를 기각하여 반대신문권을 제대로 행사하기 어려웠습니다. 이러한 점들은 태블릿PC, 안종범 수첩 및 김수현의 녹취 파일에 대한 귀 재판부의 결정과 함께 탄핵 인용 결정이 날 경우 계속하여 논란을 일으킬 가능성이 높습니다.

여론이 나쁘다고 대통령을 탄핵시킨다면 여론재판 이상도 이하도 아닙니다. 또 대통령 파면 여부를 결정하는 중요한 재판에서 재판부 구성 문제로 심리를 서두르는 것도 사리에 부합하지 않습니다. 오직 법치주의의 기본 원칙에 충실하여 중대한 법 위반이 존재하는지 여부가 판단되어야 합니다.

탄핵 당시 5퍼센트였던 기각 여론은 현재는 20퍼센트에 이르며, 지속적으로 상승 추세에 있습니다. 설문 방식을 달리한 모 여론조사에서는 기각 여론이 30퍼센트에 이른다고 합니다. 이제는 여론에 따르더라도 탄핵은 기각되어야 합니다.

아무쪼록 대한민국의 백년대계를 위해, 일면 통치행위의 영역에 속한다고도 볼 수 있는 본 사안에 대하여 사법심사권의 행사를 자제하고 현명한 판단을 내려 주시길 기대합니다.

감사합니다.

정호성 비서관이 본 대통령, 그리고 회한

(헌법재판소 및 형사법정 진술 발췌)

가. 박근혜 대통령의 업무 스타일과 외교 무대 활동에 대하여

대통령은 24시간 국정에 올인하시는 분입니다. 이게 요즘 너무나 잘 못 알려지고 매도돼서 참 가슴이 아픕니다. 각 수석실에서 올라오는 보고서들이 굉장히 많아요. 하루 100페이지 이상 올라가는데 대통령은 한 장도 안 빼놓고 본인이 하나하나 끝까지 다 챙기십니다. 혹시라도 못 본 부분은 옆에 쌓아 놨다가 토요일, 일요일 보시고 그때그때 최종적인 의사결정을 내려야 하니 바로바로 수석들하고 통화도 하시고. 여하간 그런 부분에서 굉장히 꼼꼼하시고 책임감이 강하십니다. 주말 같은 경우도 7시나 7시 반이면 전화 와요. 그거는 일찍 일어나셔서 보시다가 너무 일찍 전화하면 실례니까 딱 그때 시간 되면 전화하셨던 거죠. 그만큼 업무에 철저하셨습니다.

해외 순방 같은 거 한번 가시게 되면 본인이 정상회담 말씀자료를 하나하나 다 챙기시고 우리 기업들 외국에 대신해서 세일즈 해야 할 부분들 다 챙기셨습니다. 제가 '대통령이 뭐 저렇게 하나하나 다 챙겨 가지고 이렇게 할 필요가 있는가?'라고 생각도 하고 그래서 경제수석, 외교안보수석, 외교부장관 이런 분들한테 "너무 그렇게 하나하나 이런 것까지 다 안 하셨으면 좋겠다. 대통령이 큰 틀에서 이렇게 말씀하시는 거지, 무슨 우리 기업들 이런 거 현안 하나까지 이렇게 다 챙기시는 게 좀 그렇지 않나" 이렇게 얘기하면 대통령 지시사항이라는데, 대통령이 그거 넣으라는데 자기네들이 뺄 수가 없다는 거예요.

외국 가시는 비행기 안에서도 미국이나 유럽 같은 데 비행 시간 12시간 이상 되는 경우도 많은데 한숨도 안 주무십니다. 그 안에서도 자료를 본인이 만드시고 체크하시고 수정하시고. 그 나라 가서 국빈만찬 하거나 이럴 때도 우리 기업들한테 도움 되라고 하나하나 얘기하시고 그러시느라 국빈만찬 끝나고 배고파서 죽 같은 거 드시고 그래요, 식사를 거의 못하시니까. 보통 해외 순방 갔다 오시면 하루나 이틀은 완전히 탈진하시죠. 그렇게 하나하나 보고서 이런 것들도 끝까지 챙기고 책임감 강하게 일하셨는데 마치 관저에서 맨날 쉬기나 하는 것처럼 이야기하니 가슴이 너무나 아픕니다. (2017년 1월 19일, 헌법재판소 증언)

기본적으로 다자(多者)외교 무대 나가면 실제적으로 회의나 이런 데서 발표하고 이런 것들은 이미 발표하기 전에 모든 나라에서 세팅되고 있는 것이기 때문에 그보다 라운지에서 일어나는 일들이 훨씬 중요합니다. 라운지는 정상들하고 통역만 들어가는 자리입니다. 아주 발군이셨습니다. 그런 데서 만나는 정상마다 대통령 주변에 쫙 모여들었고, 만나는 정상들 나라와 관련해서 하나하나 엄청나게 본인이 공부해서 만나는 사람마다 깜짝 놀랐습니다. 너무나 잘 알고 있어서. 그리고 적절한 말씀과, 언어도 영어, 중국어, 스페인어도 하시고 그러니까 정상들 사이에서 외교력이나 이런 부분에서 매우 뛰어났다고 기억하고 있습니다. (2018년 1월 16일, 대통령 형사재판 증언)

나. 대통령의 관저 집무와 세월호사고에 대하여

대통령님 청 안에 곳곳에 집무실이 있습니다. 본관에도 있고, 관저에도, 위민관 그러니까 비서진들이 근무하는 위민1관 3층에도 있고, 여러 군데 벙커에도 있고 여러 군데 다 있습니다. 그런데 주로 많이 사용하시는 데가 본관, 관저, 위민관의 집무실 이렇게 세 군데 주로 많이 사용하셨는데, 대통령께서 관저에 계신다고 해서 그게 쉬는 게 아니라니까요.

이분은 24시간 정말 가족도 없고 아무것도 없기 때문에 아주 그거 그냥 업무 파묻혀서 사시는 분이고 그래서 제가 종종 다른 사람들 특히 부속실 직원들이나 다른 사람들한테 종종 얘기한 게 "대통령님 이제 좀 놀아야 되는데, 좀 쉬셔야 되는데, 쉬셔야지 뭔가 창의성도 나오고 그러는데 매일 놀지 않고 저렇게 일만 해 가지고 참 문제다"라는 얘기를 많이 했고, 우리 대통령이 문제점은 제가 보기에 오히려 너무 만기친람(萬機親覽) 식으로 그걸 다 보시고 그걸 하나하나 챙기는 게 문제지, 이거를 안 보고 이러는 게 문제가 아니거든요.

얼마 전에 대통령님께서 세월호 관련해 가지고 자료 제출했다는 걸

신문에 난 걸 보니까 점심시간 이후에 최원영 보건복지부 수석(고용복지수석)하고 기초연금 관련해서 한 10여 분 통화한 이런 것도 있는데, 하여간 관저에 보면 뭘 이렇게 체크해 가지고 수시로 통화하시고. 대통령님께서 그날 점심식사를 하실 때 어떻게 하셨는지 모르겠어요, 안 봤기 때문에. 그런데 일반적으로 우리 식사하시면서 뉴스 틀어 놓고 보시면서 천천히 드시는 경우가 많이 있거든요. 저 같은 경우는 밥 먹으면서 전원 구조됐다고 그러니까 다행이다, 그런 얘기를 했고, 제 추측건대 대통령님께서도 12시 50분에 기초연금 관련해서 수석하고 10여 분간 통화하고 그럴 상황이면 뭔가 마음 편하게 다른 업무를 보시지 않았을까, 그런 생각이 듭니다.

그러니까 이게 본인이 실장한테 전화하셔서 잘 구출하라고 전화하시고 또 그걸 못 믿어 가지고 한 번 또 하고 해경청장한테도 또 하고. 지도자가 자기가 직접 구하는 것도 아닌데 해당 담당 책임자한테 전화해 가지고 지시하고 그다음에는 보고를 받는 게 저는 당연하다고 생각을 합니다. 물론 이렇게 큰 사상자가, 희생자가 발생했기 때문에 왜 좀 더 잘하지 못했느냐고 질책하고 비판하고 이런 부분에 대해서는 그거는 정부가 감내해야 될 숙명이라고 생각을 하고요.

누가 얼마나 비판을 하더라도 그거는 어쩔 수 없지만, 마치 그 시간 동안에 아무 일도 안 하고 뭐 마치 굿 했으니 이런 식으로, 누구를 만나고 미용시술 받지 않았냐, 이런 식으로 하는 것은 우리가 누워서 침 뱉기라고 생각합니다. 적어도 우리나라 대통령이 박근혜 대통령뿐만 아니라 이전에 이명박 대통령, 노무현 대통령, 김대중 대통령 어느 누구도 국민들이 무슨 사고 났는데 그렇게 딴짓 할 사람 없어요.

따로 언론에 안 나왔으면 하는 부분인데, 대통령님께서 위(胃)가 안 좋으십니다. 위장이 안 좋으시기 때문에 자주 체하세요. 자주 체하시기 때문에 식사를 천천히 혼자 이렇게 드시는 경우가 많이 있고 보통 이렇게 체하면 저는 잘 모르는데 굉장히 힘든 것 같습니다, 체하게 되는 경우에. 그래서 혼자 천천히 관저에서 드시는 경우가 많이 있고요. 그래서 업무 같은 경우도 대통령께서는 다 흐트러진 모습을 보이는 것을 되게 싫어하셨습니다. 사실 일하는 데 있어서 실질적으로 보고서라든가 이런 것들을 꼼꼼히 보고 체크하고 또 수석들하고 연락해 가지고 확인하고 이런 내용이 중요하지, 굳이, 아마 관저에서 이렇게 업무를 보시든 본관이나 위민관 집무실에서 업무를 보시든 대통령께서는 개인적으로 큰 차이를 못 느끼셨던 것 같습니다. (2017년 1월 19일, 헌법재판소 증언)

다. 연설문 작성에 대하여

요즘 언론 보도를 보고 안타깝게 생각되는 것 중에 하나, 대통령님께서 본인이 연설문을 본인이 이렇게 쓰는 능력이 별로 없고 떨어진다는 식의 기사들입니다. 정말 제대로 알지 못하는 그런 얘기인데. 대통령께서는 대구(對句), 비유 이런 표현에 굉장히 능하세요. 그리고 이게 그냥 대통령이 하늘에서 그냥 뚝 떨어진 게 아니라 정치 생활 하시면서, 2004년부터 한나라당 대표 하시면서 거의 2012년 대선 때까지 거의 8년 동안 당대표급으로 활동하신 분이잖아요. 수많은 연설과 수많은 행사와 이런 데서, 대통령님께서 어디 가서서 연설하시고 이럴 때, 정치인으로서 당대표 해서 이렇게 하실 때 보면 제일 잘하실 때는 연설문 가지고 가서 하셨을 때가 아니에요. 어떤 장소에 가셨는데 예를 들어 5분이나 10분 전쯤에 잠깐 말씀 좀 한마디 하셔야 된다는 것을 이렇게 알게 되실 때, 갑자기 준비되지 않은, 연설문이 준비되지 않은 상황에서 딱 올라가셨을 때 연설이 가장 뛰어납니다. 왜냐하면 자기가 그냥 생각한 거 쭉 얘기하면 아주 좋은 표현과 이런 것들도 쫙 구성이 되기 때문에. 그거를 대통령님께서 정치 1, 2년 하신 게 아니라 당대표급으로서 언론의 주목을 받으면서 한 마디, 한 마디 하고 이러는 게 다 보도가 되고, 모두가 다 아는 상황에서 대통령이 되기 전까지 그렇게 활동을 하시면서 대통령이 되신 거예요. 그러면 대통령 되시고 나서도 본인이 보기에, 그냥 주는 대로 읽으면 속 편하지, 본인이 뭐하러 맨날 힘들게 그거 수정합니까? 본인이 보기에 상당히 올라오는 게 마음에 안 들고 미흡하기 때문에 그런 것이고 그런 판단을 할 때 본인이 그것보다 훨씬 더 잘할 수 있기 때문에 그런 거죠. (2017년 1월 19일, 헌법재판소 증언)

라. 최서원과의 관계에 대하여

대통령께서 여성으로서 저희가 보좌할 수 없는 그런 부분이 있고, 그런 개인사적인 부분은 최서원 씨가 도와 드리고 그런 관계를 쭉 가져 온 것 같습니다. 그런데 옛날부터 최태민하고 어쩌고저쩌고 이런 얘기들이 많았기 때문에 굳이 이 사람을 대외적으로 드러내서 가십거리나 논란을 만들 필요가 없었습니다. 공식적으로 이 사람은 없는 사람, 그러니까 대외적으로 없는 사람이었습니다. 그냥 조용히 뒤에서 대통령님 돕는 사람이지, 밖으로 드러내지 않았으므로 이 사람 본인이 드러내 놓고 활동한다는 것은 상상도 못 하죠.

저나 다른 사람들도 대통령님 성격을 잘 압니다. 그래서 저 같은 경우는 정말 절제하고 조심하고 어떻게든 조금이라도 대통령님께 누(累)가 안 되기 위해서 최선을 다해서 노력을 했습니다. 저 같은 경우는 약속도 아예 안 잡고 사람들을 만나지를 않았어요. 그리고 거의 집에 못 가는 날도 부지기수고 열두 시 안에 퇴근해 본 적도 거의 없습니다. 저희가 그렇게, 대통령님이 부패나 이런 부분에 대해서 아주 결벽증과 같은 그런 거를 가지고 계신 분이기 때문에 저희가 모시는 사람 입장에서는 거기에 맞춰야 된다고 생각합니다. (…)

아무튼 이번에 이런 일이 발생하고 나서 개인적으로는 좀 참담한 게, 그토록 대통령님께 조금이라도 누가 안 되기 위해서 옆에 있는 사람들이 그토록 조심하면서 지냈는데 어떻게 말도 안 되는 곳에서 구멍이 뻥 나서 이게 이런 사태까지 왔는지. 그러니까 저희는 아까 말씀드렸듯이 당연히 최순실 씨도 그러한 삶을 살리라고 생각했습니다. (2017년 1월 19일, 헌법재판소 증언)

이번 사건이 벌어지고 나서 제가 굉장히 안타까운 점 중 하나가, 제가 아는 최서원 씨는 대통령이 여성이고 독신이라는 특수성 때문에 저희가 챙기지 못하는 부분들을 뒤에서 조용히 챙기는 사람이고, 어떤 개인적인 사심이나 이런 것들 드러내서 이렇게 한 적이 없었습니다. 그래서 이번 사건이 일어나고 나서 저는 공소장을 보고 나서 굉장히 놀랐는데, 알았으면 일이 이렇게 되도록 놔두지 않았을 것입니다. 저는 최서원 씨도 대통령이 자기가 부탁을 해도 절대로, 확실하게 명분이 있는 것 아니면 들어주지 않는다는 점을 명확히 알았으리라 생각합니다. (2018년 1월 16일, 대통령 형사재판 증언)

마. 비서관으로서의 회한

이 사건이 벌어지고 난 후 국가적으로 참 많은, 엄청난 일들이 일어났습니다. 그중에서도 특히 제가 가슴 아픈 것은 대통령님에 대해서 너무나 왜곡되고 잘못 알려지는 것들이 너무나 많이 있는 것 같아서, 그것이 눈에 보여서 참 가슴이 아픕니다.

대통령께서는 사실 가족도 없으시고 정말 사심 없이 24시간 국정에만 올인하신 분입니다. 특별히 낙도 없으시고, 정책 추진하시면서 일부 조그만 성과가 나면 그것을 낙으로 삼고 보람 있게 생각하시는 분입니다. 옆에서 어떻게 사셨는지 제가 너무나 잘 알고 있기 때문에, 어떤 마음으로 국정에 임하셨는지 잘 알기 때문에, 부정부패, 뇌물 이런 것에 대해서는 정말 경기를 일으킬 정도로 결벽증을 가지고 계신 분이기 때문에, 그런데도 지금 이런 상황에 있는 것이 너무나 가슴이 아픕니다.

그리고 지근거리에서 모셨던 사람으로서 정말 좀 더 잘 모시지 못했던 부분에 대해서 죄송스럽고 회한이 많습니다. 지금 검찰이나 변호인 측에서 여러 질문들을 하고 제가 진술거부권을 행사했지만, 사실 오늘 재판이, 이렇게 하고 있는 문건 유출 사건과 관련하여서는 저는 오히려 이 사건이 사실 대통령님께서 얼마나 성성 들여서 국정에 임하셨는가를 보여 주는 하나의 사례라고 개인적으로 생각합니다.

왜냐하면, 그냥 본인이 편하기 위해서는 실무자들이 올려 주는 대로 그대로 하시면 됩니다. 그러면 본인이 편한데, 대통령께서는 어떻게 해서든 조금이라도 국민들한테 좀 더 정확하고, 좀 더 적합하고, 좀 더 이해하기 쉽게 어떻게 전달할 수 없는가를 늘 고민하셨고, 그래서 본인이 직접 어떻게든 잘해 보시려고 내용뿐만 아니라 문장, 뉘앙스까지 다 손수 본인이 스스로 다 수정하시고 챙기고 그러셨습니다.

대통령께서 "이것 좀 문제 있는 것 아니냐", "이것 좀 약간 잘못된 것이 아니냐"고 지적하셨던 부분들, "이렇게 좀 고치면 좋지 않겠느냐"고 말씀하셨던 부분들은 확인해 보면 거의 다 대통령이 옳으셨습니다. 그렇게 대통령께서 하실 수 있었던 것은 정말 국정에 대해 엄청난 책임감 때문에 그렇게 하실 수 있었고, 저는 그런 모습이 지도자로서의 미덕이라고 생각했습니다. 그렇게 힘드신 그런 모습이었기 때문에 제가 좀 잘 도와 드리기 위해서 나름대로 최선을 다했고, 대통령님께서 그 과정에서 최순실 씨의 의견도 한번 들어 보는 게 어떠냐는 취지의 말씀이 있으셨습니다.

그렇지만 그것은 최순실 씨한테 문건을 전달해 주라는 그런 구체적인 지시는 아니셨고, 국정에 임하시는, 어떻게든 잘해 보시려고 하시는 그런 국정 책임자의 노심초사 그런 것이었습니다.

그래서 그것을, 제가 그 마음을 잘 알기 때문에 어떻게든 조금이라도 대통령님께 도움이 되고 싶어서 나름 노력하노라고 했고, 거의 매일매일 집에도 못 가고 사무실 소파에서 자면서 노력했는데, 제가 여러 가지를 좀 잘하느라고 하다가 조금 과했던 부분은 있었던 것 같습니다.

제가 이 재판에서 "그러면 이번 사건이 일어나고 나서 최순실 씨 주거지 등에서 여러 문건이 나온 것을 어떻게 최순실 씨가 가지고 있느냐?"고 했을 때, 그것을 준 것은 저이기 때문에 그 부분에 대해서는 제가 책임을 재판장님께 인정했고, 그렇지만 대통령님에 대해서는 대통령님께서 그것을 주라고 구체적으로 지시하신 것도 아니고, 건건이 어떤 문건을 주었는지도 모르십니다. 그리고 사적으로 무슨 이익을 위해서 그러신 것도 아니고 어떻게든 잘해 보시려고 노력하시던 과정에서 그런 것인데, 저는 세계 어떤 정상들이 다 하는 통치행위가 아닌가 생각하고, 그것을 어떻게 죄를 물을 수 있는지 참….

그리고 저는 대통령님께서 무슨 공모를 해서 최순실 씨한테 문건을 주었다는 그 부분은 정말 과하다고 생각해서 도저히 인정할 수 없어서, 제가 바로 재판장님께 제 재판에서 저의 혐의에 대해서 인정하고 대통령님과의 공모 부분은 인정하지 않고 재판장님께 판단을 구했던 것입니다.

정말 저는 사심 없이 혼신의 힘을 다해서 국정을 하는 과정에서 일어났던 일들에 대해서 재판장님께서 현명하신 판단을 해 주시기를 부탁드리겠습니다. (2017년 9월 18일, 대통령 형사재판 증언)

박근혜 (전) 대통령 탄핵사태 주요 일지

연도	날짜	내용
2013	2. 25	제18대 박근혜 대통령 취임

1) 탄핵 정국

연도	날짜	내용
2016	7. 26~	TV조선 한겨레 경향 등, 미르 K스포츠 최순실 정유라 등 의혹 제기
	10. 25	박근혜 대통령 제1차 대국민 담화
	10. 30	최순실 독일에서 귀국(10월 31일 검찰 조사 개시)
	11. 4	박근혜 대통령 제2차 대국민 담화
	11. 17	국회, '최순실 특검법' 통과, '최순실 국정조사특위' 발족
	11. 20	검찰, 최순실·안종범·정호성 등 기소 (대통령은 불소추 특권 이유로 불기소)
	11. 21	더불어민주당·국민의당·정의당, 대통령 탄핵 당론 확정
	11. 26	박근혜 대통령, 제3차 대국민 담화로 '질서 있는 퇴진' 약속
	11. 30	박근혜 대통령, '최순실 특검'에 박영수 변호사 임명
	12. 3	야 3당, 탄핵소추안 발의
	12. 9	국회 탄핵소추안 가결. 탄핵소추의결서 헌법재판소 접수, 대통령 직무권한 정지

2) 헌법재판소 대통령 탄핵심판

연도	날짜	내용
	12. 22	헌재 제1차 변론준비기일(2차 12월 27일, 3차 12월 30일). 강일원 주심재판관, 소추 사유를 5개로 정리 요구
2017	1. 3	헌재 제1차 변론기일(이후 총 17차례)

연도	날짜	내용
	1. 25	헌재 제9차 변론기일. 박한철 헌법재판소장, "3월 13일까지 선고되어야" 발언. 강일원 주심재판관, 재차 소추 사유 정리 재차 요구
	1. 31	박한철 헌재소장 퇴임(이후 이정미 재판관이 소장직무대행)
	2. 3	특검, 청와대 압수수색 무산
	2. 17	이재용 삼성전자 부회장 구속
	2. 27	헌재 최종변론기일(17차). '대통령 의견서' 대독, 대통령 대리인단 최후변론
	3. 10	대통령 탄핵심판 선고, 대통령 파면
	3. 12	박근혜 전 대통령, 삼성동 사저로 복귀

3) 박근혜 전 대통령 형사재판

연도	날짜	내용
	3. 21	박근혜 전 대통령, 서울중앙지검 피의자 출석
	3. 31	박 전 대통령 구속, 서울구치소 수감
	5. 9	제19대 대통령선거(5월 10일 문재인 대통령 취임)
	7. 14	청와대, 문화계 블랙리스트 등 관련 '캐비닛 문건' 공개
	8. 25	이재용 부회장 1심 선고(징역 5년)
	10. 12	청와대, "세월호 사고일지 조작" 브리핑
	10. 13	박 전 대통령 추가구속영장 발부
	10. 16	변호인단 총사퇴, 박 전 대통령 재판 거부
2018	2. 5	이재용 부회장 항소심 집행유예 선고
	4. 6	박 전 대통령 1심 선고(징역 24년, 벌금 180억 원)
	8. 24	박 전 대통령 항소심 선고 (징역 25년[타 재판 합산 33년], 벌금 200억 원)
2019	2. 16	박 전 대통령 상고심 구속기간 만료 예정 (4월 16일까지 한 차례 더 연장 가능)

탄핵 인사이드 아웃

탄핵심판·형사재판 변호사의 1년간의 기록

초판 1쇄 발행   2019년 1월 28일

초판 5쇄 인쇄   2019년 2월 20일

지은이   채명성

펴낸이   안병훈

펴낸곳   도서출판 기파랑

등 록   2004. 12. 27 제300-2004-204호

주 소   서울시 종로구 대학로8가길 56 동숭빌딩 301호   우편번호 03086

전 화   02-763-8996(편집부) 02-3288-0077(영업마케팅부)

팩 스   02-763-8936

이메일   info@guiparang.com

홈페이지   www.guiparang.com

ⓒ채명성, 2019

ISBN 978-89-6523-631-3   03300